高职高专经管类专业核心课程教材

经济法概论

（第2版）

王 玲 ◉ 主 编
黄秀丹 ◉ 副主编

清华大学出版社
北京

内 容 简 介

本书根据高职院校以培养高端技能型人才为主的根本任务，以项目导向、任务驱动来设计体例，安排教材内容。全书共分14个项目（经济法基础知识、个人独资企业法、合伙企业法、公司法、外商投资企业法、合同法、工业产权法、票据法、反不正当竞争法、产品质量法、消费者权益保护法、税法、会计法、经济仲裁法与经济诉讼法），在介绍主要经济组织法律地位的基础上，以合同签订、履行和纠纷处理的基本过程为主线，紧密结合业务操作环节展开，介绍经济活动常用的法律规则。

本书结构清晰，思路独特，有很强的实用性，可作为高职高专院校经济类专业学生教材，也可供企事业单位经济管理人员及广大社会人士参考使用。

本书封面贴有清华大学出版社防伪标签，无标签者不得销售。
版权所有，侵权必究。举报：010-62782989，beiqinquan@tup.tsinghua.edu.cn。

图书在版编目（CIP）数据

经济法概论/王玲主编. -- 2版. --北京：清华大学出版社，2024.6. --（高职高专经管类专业核心课程教材）. -- ISBN 978-7-302-66435-2

Ⅰ. D922.29

中国国家版本馆 CIP 数据核字第 2024RL1900 号

责任编辑：刘士平
封面设计：张鑫洋
责任校对：袁 芳
责任印制：宋 林

出版发行：清华大学出版社
网　　址：https://www.tup.com.cn，https://www.wqxuetang.com
地　　址：北京清华大学学研大厦A座　　邮　编：100084
社 总 机：010-83470000　　邮　购：010-62786544
投稿与读者服务：010-62776969，c-service@tup.tsinghua.edu.cn
质量反馈：010-62772015，zhiliang@tup.tsinghua.edu.cn
课件下载：https://www.tup.com.cn，010-83470410
印 装 者：三河市龙大印装有限公司
经　　销：全国新华书店
开　　本：185mm×260mm　　印　张：14.75　　字　数：319千字
版　　次：2017年9月第1版　　2024年7月第2版　　印　次：2024年7月第1次印刷
定　　价：45.00元

产品编号：097080-01

前言

党的二十大报告中指出：教育、科技、人才是全面建设社会主义现代化国家的基础性、战略性支撑。必须坚持科技是第一生产力、人才是第一资源、创新是第一动力，深入实施科教兴国战略、人才强国战略、创新驱动发展战略。要坚持教育优先发展，统筹职业教育、高等教育、继续教育协同创新，推进职普融通、产教融合、科教融汇，优化职业教育类型定位。职业教育的重要地位和作用越来越凸显，加强教材建设是提高职业教育人才培养质量的关键环节。

科学发展、时代更迭，需要教材内容及时更新完善。《经济法概论》一书自2017年出版以来，以其鲜明的特色受到社会各界广泛的认可，先后有多所高校采用本书作为教材，在短短的几年时间内多次印刷，且成功入选"十三五"职业教育国家规划教材。鉴于近几年我国出台、修订了一些法律，本书进行再次修订，以求更加完善。

本书作为教书育人的重要载体，具有科学性、知识性、思想性和政治性，它不仅传递理论知识和方法技能、传授方法论，还同时传授正确的价值观、传播政治思想价值和科学技术价值。市场经济是法治经济，经济活动必须遵纪守法。经济法是高职高专各专业普遍开设的课程，涵盖了企业、合同、知识产权、市场秩序维护、经济纠纷解决等各项法律内容，体现了平等、公正、法治、诚信等社会主义核心价值观。本书将专业知识与思想政治元素进行融合，对于培养社会主义建设人才具有重要的实践意义。

本书采用先进理论指导，以职业教育"三教改革"教育教学理念为指导，以问题为导向，以基础知识够用为度，注重实操与创新应用。本书按照"理实一体化混合式"教学模式进行整体设计，知识学习和技能训练及素质培养一体化。每个任务以任务导入提出任务要求，引起学生兴趣，之后引入知识介绍和相关的技能训练。另外，每个项目设有知识练习和拓展训练，帮助学生巩固练习。本书案例实例丰富，配以大量的实训和实操内容，注重培养学生实际操作和应用能力。

本书配有教学课件及习题答案，方便教师教学，学生自学。

本书可作为高职高专院校各专业学生教材，也可作为企事业单位经济管理人员的参考用书，还适合广大社会人士自学使用。

本书由辽宁经济职业技术学院王玲担任主编，黄秀丹担任副主编。具体分工如下：王玲编写项目六、项目七、项目九~项目十四。黄秀丹编写项目一~项目五、项目八。本书由王玲总纂与定稿。

　　本书的编写参考借鉴了许多国内外学者的专著和教材,在此深表感谢。同时,本书的编写得到了清华大学出版社以及编者所在单位的支持,在此一并表示感谢。

　　由于编者水平有限,书中疏漏之处在所难免,欢迎广大读者批评、指正。

编　者

2024 年 1 月

目 录

项目一 经济法基础知识 ·········· 1
- 任务一 经济法的概念与调整对象 ·········· 2
- 任务二 经济法的渊源 ·········· 3
- 任务三 经济法律关系 ·········· 5
- 项目训练 ·········· 8

项目二 个人独资企业法 ·········· 10
- 任务一 认识个人独资企业 ·········· 11
- 任务二 个人独资企业的设立 ·········· 12
- 任务三 个人独资企业的事务执行 ·········· 14
- 任务四 个人独资企业的解散清算 ·········· 15
- 项目训练 ·········· 16

项目三 合伙企业法 ·········· 18
- 任务一 认识合伙企业 ·········· 19
- 任务二 普通合伙企业 ·········· 20
- 任务三 有限合伙企业 ·········· 30
- 任务四 合伙企业的解散与清算 ·········· 32
- 项目训练 ·········· 33

项目四 公司法 ·········· 37
- 任务一 认识公司企业 ·········· 38
- 任务二 有限责任公司 ·········· 39
- 任务三 股份有限责任公司 ·········· 46

任务四　公司的财务和会计 50
　　任务五　公司的合并、分立、终止 52
　　项目训练 54

项目五　外商投资企业法 56
　　任务一　认识外商投资企业 57
　　任务二　中外合资经营企业法 58
　　任务三　中外合作经营企业法 61
　　任务四　外资企业法 65
　　项目训练 68

项目六　合同法 70
　　任务一　认识合同 71
　　任务二　合同的订立 73
　　任务三　合同的效力 78
　　任务四　合同的担保 81
　　任务五　合同的履行 91
　　任务六　合同的变更、转让和终止 94
　　任务七　违约责任 97
　　项目训练 100

项目七　工业产权法 103
　　任务一　认识工业产权 104
　　任务二　商标法 105
　　任务三　专利法 114
　　项目训练 123

项目八　票据法 125
　　任务一　认识票据 126
　　任务二　有关票据的法律关系 128
　　任务三　票据行为 130
　　任务四　票据权利 133
　　任务五　汇票、本票与支票 137

项目训练 ··· 144

项目九　反不正当竞争法 ··· 146
　　任务一　认识反不正当竞争法 ··· 147
　　任务二　不正当竞争行为的认定及法律责任 ··· 148
　　项目训练 ··· 153

项目十　产品质量法 ··· 155
　　任务一　认识产品质量法 ··· 156
　　任务二　产品质量的监督管理 ··· 156
　　任务三　生产者、销售者的产品质量义务 ··· 158
　　任务四　违反产品质量法的责任 ··· 160
　　项目训练 ··· 164

项目十一　消费者权益保护法 ··· 166
　　任务一　认识消费者权益保护法 ··· 167
　　任务二　消费者的权利与经营者的义务 ··· 168
　　任务三　消费者权益争议的解决与法律责任 ··· 172
　　项目训练 ··· 177

项目十二　税法 ··· 179
　　任务一　认识税法 ··· 180
　　任务二　我国现行主要税种 ··· 181
　　任务三　税收征收管理 ··· 187
　　任务四　税务争议的处理及违反税法的法律责任 ··· 189
　　项目训练 ··· 191

项目十三　会计法 ··· 194
　　任务一　认识会计法 ··· 195
　　任务二　会计机构和会计人员 ··· 196
　　任务三　会计机构核算与会计监督 ··· 198
　　任务四　违反会计法的法律责任 ··· 203
　　项目训练 ··· 205

项目十四　经济仲裁法与经济诉讼法 ·· **207**
　　任务一　经济仲裁法··· 208
　　任务二　经济诉讼法··· 214
　　项目训练·· 223

参考文献 ·· **226**

项目一

经济法基础知识

学习目标	
知识目标	了解经济法的概念与调整对象； 熟悉经济法的渊源； 理解经济法律关系的构成要素。
能力目标	能够识别适用经济法的渊源； 能够分析具体的经济法律关系，并能根据不同的法律关系、法律事实分析不同的法律结果，明确法律责任。

经济法概论（第2版）

任务一　经济法的概念与调整对象

任务导入

某高校大学生区某在临近毕业时意外接到学校勒令退学的通知，并被告知不予颁发毕业证书，理由是区某在校期间旷课45节，曾受"留校察看一年"的处分，后又殴打同学。区某却提出：该处分决定未按规定装入学生档案，自己对此甚至毫不知情。于是区某以学校违反《中华人民共和国教育法》和《中华人民共和国消费者权益保护法》为由将学校告上法庭，要求学校向他发放毕业证，还针对学校存在的教师资质不合格、乱收费等服务瑕疵要求学校按所收教育服务费加倍赔偿。学校认为自己对区某的处理是行使正当权利，并提出双方的关系不适用《消费者权益保护法》。

任务要求：认识经济法的概念，分析本案是否适用经济法。理解、辨别经济法的调整对象，分析哪些社会关系属于经济法的调整范围。

相关知识

一、经济法的概念

法是国家制定和认可的，由国家强制力保证实施的法律规范的总和。经济法是其中的一个独立的法律部门。一般认为，经济法是调整国家在协调本国经济运行过程中发生的经济关系的法律规范的总称。

二、经济法的调整对象

法的调整对象就是法所调整的社会关系。经济法的调整对象是经济关系，但不是所有的经济关系都由经济法调整，经济法只调整特定的经济关系，即国家在协调本国经济运行过程中发生的经济关系。具体包括以下几种关系。

1. 市场主体组织管理关系

企业在设立、变更、终止和企业内部管理过程中发生的经济关系，称为市场主体组织管理关系。调整市场主体组织管理关系的法律主要由企业法构成，具体包括公司法、个人独资企业法、合伙企业法、外商投资企业法。

2. 市场管理关系

经济法调整市场管理关系主要是为了规范市场行为，维护公平竞争秩序，防止垄断。市场管理法主要有反不正当竞争法、产品质量法、消费者权益保护法等。

3. 宏观调控关系

宏观调控是国家为了保持经济总量的基本平衡，促进经济结构的优化，引导国民经济持续、迅速、健康发展，推动社会全面进步的经济措施。在宏观调控过程中发生的社会关系称为宏观调控关系。宏观调控方面的法律主要有预算法、税法、金融法、价格法、审计法、会计法等。

4. 社会保障关系

社会保障制度在构建和谐社会中发挥着基础作用，主要体现在调节收入分配、维护社会公平、保障社会成员的基本人权和社会权利、促进社会团结与和谐等方面。在社会保障过程中发生的经济关系，称为社会保障关系。我国调整社会保障关系的法律法规主要包括《中华人民共和国保险法》和优抚安置政策法规等。

任务二　经济法的渊源

任务导入

在代理一件产品质量纠纷的诉讼中，张律师为支持自己的观点，在法庭上提出了以下几个依据：①《中华人民共和国产品质量法》的某条规定可以支持自己的观点；②去年，本省高级人民法院在处理一件类似的产品质量纠纷案件时所作出的判决，其结果与自己的观点一致；③最高人民法院在一个关于产品质量纠纷案例处理的司法解释中作出的规定，可以支持自己的看法；④某著名学者在其著作中的论点，与自己观点一致，该论点已经被我国法律界广泛接受。

任务要求：①张律师提出的四个依据是否可能被法庭在审判中所采纳？②正确识别适用经济法的渊源。

相关知识

一、经济法渊源的概念

法的渊源是指法的各种具体表现形式。经济法的渊源是指经济法律规范借以存在和表现的形式。

二、经济法渊源的种类

我国经济法的渊源主要包括以下几种。

（1）宪法。宪法是国家的根本大法，由全国人民代表大会制定，宪法在一国的法律体系中具有最高的法律效力，是经济法的基本渊源。我国宪法规定："中华人民共和国的社会主义经济制度的基础是生产资料的社会主义公有制，即全民所有制和劳动群众集体所有制。""国家实行社会主义市场经济。国家加强经济立法，完善宏观调控。"

（2）法律。法律由全国人民代表大会及其常务委员会制定，其地位和效力仅次于宪法，是经济法的主要渊源。如《中华人民共和国公司法》（以下简称《公司法》）、《中华人民共和国企业破产法》《中华人民共和国证券法》（以下简称《证券法》）、《中华人民共和国票据法》《中华人民共和国审计法》（以下简称《审计法》）、《中华人民共和国商业银行法》等。

（3）行政法规。行政法规是指国家最高行政机关国务院，依据宪法和法律制定的规范性文件的总称。行政法规是经济法的重要渊源，包括《中华人民共和国公司登记管理条例》《中华人民共和国外汇管理条例》等。

（4）地方性法规。地方性法规是由省、自治区、直辖市、省和自治区的人民政府所在市、经国务院批准的较大的市的人大及其常委会，根据本行政区域的具体情况和实际需要制定和颁布的、在本行政区域内实施的规范性文件的总称。地方性法规的种类、数量繁多，在此不再一一列举。

（5）部门规章。部门规章是指国务院的组成部门及其直属机构在其职权范围内制定的规范性文件。例如，中国银行业监督管理委员会发布的《中华人民共和国外资银行管理条例实施细则》、中国证券监督管理委员会发布的《证券市场禁入规定》等。

（6）国际条约。国际条约是指两个或两个以上国家之间，或国家组成的国际组织之间，或国家与国际组织之间，共同议定的在政治、经济、科技、文化等方面，按照国际法规定它们相互间权利和义务关系的国际法律文件的总称。国际条约也是经济法的渊源之一。

实务操作指南——法律渊源适用的规则

1. 上位法优于下位法

上位法是指相对于其他规范性文件，在法的位阶中处于较高效力位置和等级的那些规范性文件。下位法是指相对于其他规范性文件，在法的位阶中处于较低效力位置和等级的那些规范性文件。根据《中华人民共和国立法法》的规定，宪法具有最高的法律效力，一切法律、行政法规、地方性法规、自治条例和单行条例、规章都不得同宪法相抵触。法律的效力高于行政法规、地方性法规、规章。行政法规的效力高于地方性法规、规章。地方性法规的效力高于本级和下级地方政府规章。省、自治区的人民政府制定的规章的效力高于本行政区域内的较大的市的人民政府制定的规章。

2. 特别法优于一般法

同一机关制定的法律、行政法规、地方性法规、自治条例和单行条例、规章，特别规定与一般规定不一致的，适用特别规定。

3. 新法优于旧法

由同一机关制定的各种规范性文件，新的规定与旧的规定不一致的，适用新的规定。

任务三　经济法律关系

任务导入

某市地方税务局发现某商场存在少缴税款的事实，税务部门根据《中华人民共和国税收征收管理法》的有关规定，责令该公司补缴税款，并处以一定数额的罚款。

任务要求：分析本案中经济法律关系的主体、客体和内容，正确理解经济法律关系各要素。

相关知识

一、经济法律关系的概念

法律关系是指法律规范在调整人们行为的过程中所形成的一种特殊的社会关系，即法律上的权利义务关系。经济法律关系是法律关系的一种表现形式，是指经济关系被经济法律规范确认和调整之后所形成的权利和义务关系。经济法律关系具有以下特征。

1. 经济法律关系是由经济法律规范确认和调整所形成的社会关系

经济法律规范是经济法律关系产生的前提和基础，没有经济法律规范的具体规定，经济法律关系就不能产生，其内容也无法实现。

2. 经济法律关系是以具体的经济权利和经济义务为内容的一种社会关系

法律关系是以权利和义务为内容的社会关系，权利和义务是法律关系的核心，经济法律关系的核心同样也是权利义务关系，具体来讲是经济权利和经济义务关系。

3. 经济法律关系是由国家强制力保证实施的社会关系

经济法律关系的权利义务一旦形成，即受国家强制力的保护，任何一方当事人不得违背；否则，就要承担经济法律责任。

二、经济法律关系的构成要素

法律关系的构成要素是指形成当事人之间权利义务关系的必要条件，任何法律关系都是由主体、客体和内容三个要素构成的，经济法律关系也不例外。经济法律关系的构成要素，是指经济法主体之间经济权利和经济义务关系的必要组成部分，包括经济法律关系的主体、客体和内容，这三者紧密相连，缺一不可。

1. 经济法律关系的主体

经济法律关系主体即经济法主体，是指参加经济法律关系，依法享有经济权利、承担经济义务的当事人。经济法律关系的主体是构建经济法律关系的第一要素。在我国，经济法律关系的主体包括以下几类。

（1）国家机关。国家机关是行使国家职能的各种机关的通称，包括国家权力机关、国家行政机关、国家司法机关等。

（2）企业。企业是依法设立的，以营利为目的的从事生产、流通和服务等经营活动的经济组织，包括各类法人企业、公司及其他非法人企业。企业是经济法法律关系的重要主体。

（3）事业单位。事业单位是依法设立的从事教育、科技、文化、卫生等公益服务，不以营利为目的的社会组织。

（4）社会团体。社会团体是指公民或组织自愿组成，为实现会员共同意愿，按照其章程开展活动的非营利性社会组织。社会团体包括人民团体、社会公益团体、文艺工作者团体、学术研究团体、宗教团体等。

（5）个体工商户、农村承包经营户。公民在法律允许的范围内，依法经核准登记，从事工商业经营的，为个体工商户。农村集体经济组织的成员，在法律允许的范围内，按照承包合同规定从事商品经营的，为农村承包经营户。

（6）公民。公民多为民事法律关系的主体，但在一定条件下也可以成为经济法律关系的主体，例如公司法律关系中的股东、个人所得税法律关系中的纳税人。

（7）国家。在一般情况下，国家不作为经济法律关系的主体出现，只有在特殊情况下才以主体资格出现，如发行公债、以政府名义与外国签订贸易协定等。

2. 经济法律关系的客体

法律关系客体是指权利和义务所指向的对象，没有法律关系的客体作为中介，就不可能形成法律关系。因此，客体是构成任何法律关系都必须具备的一个要素。经济法律关系的客体是指经济法主体的权利和义务指向的对象。经济法律关系的客体主要有以下几类。

（1）物。物是指具有一定经济价值，能为经济法主体自由支配，并符合法律规定的物质资料。包括实物、货币和有价证券。

（2）经济行为。经济行为是指经济法主体为实现一定的经济目的所实施的行为。包括经济组织管理行为、完成一定工作的行为和提供一定劳务的行为等。

（3）智力成果。智力成果是指人们脑力劳动所创造的非物质财富。主要包括商标、专利、专有技术、经济信息等无形资产等。

3. 经济法律关系的内容

法律关系的内容是指法律关系主体所享有的权利和承担的义务。经济法律关系的内容就是经济法律关系的主体在经济法律关系中所享有的经济权利和承担的经济义务。

（1）经济权利

经济权利是指经济法主体根据经济法律、法规的规定或约定而享有为或不为一定行为，或者要求他人为或不为一定行为的权利。经济权利主要有以下五类。

① 经济职权。经济职权是指国家机关在行使经济管理职能时依法享有的权利。经济职权的主要内容包括经济决策权、经济命令权、经济协调权、经济批准权、经济监督权等。经济职权既是国家机关的权利，也是其应承担的经济义务，必须依法行使，不得随意放弃或转让。

② 财产所有权。财产所有权即所有权，是指所有者对其财产依法享有的独立支配权，包括占有、使用、收益和处分的权利。

③ 经营管理权。经营管理权是财产所有权派生出来的一种权利，具体是指企业对于国家授予其经营管理的财产享有占有、使用和依法处分的权利。

④ 知识产权。知识产权是人们对其创造的智力成果所享有的专有权利。主要包括商标权、专利权、著作权等。

⑤ 请求权。请求权是指当经济法主体的合法权益受到侵犯时，依法享有要求侵权人停止侵权行为和要求国家机关保护其合法权益的权利。请求权的主要内容有请求赔偿权、请求调解权、申请仲裁权、经济诉讼权。

（2）经济义务

经济义务是指经济法主体为满足权利主体或权利主体要求，依法为一定行为或不为一定行为的责任。经济义务可分为法定义务和约定义务，法定义务是法律明文规定义务。约定义务是参加经济法律关系时双方当事人协商议定的义务，当事人约定的义务，必须以法律为依据。就企业等经济组织而言，经济义务主要有：对国家的义务；对消费者的义务；对内部组织和职工的义务；以及对其他经济法主体的义务等。另外，与经济权利相对应，经济义务主要包括正确行使所有权的义务、经营责任、经济职责和经济债务等。

三、经济法律关系的发生、变更和消灭

1. 经济法律关系的发生、变更和消灭的概念

经济法律关系的发生是指在特定的经济法主体之间形成一定的经济权利和经济义

务关系。经济法律关系的变更是指已经形成的经济法律关系通过一定的经济法律事实而引起的变化，包括主体、客体和内容的变化。经济法律关系的消灭是指经济法主体之间的权利和义务的消灭。

2. 经济法律事实

经济法律关系的发生、变更和终止都要基于一定的经济法律事实的出现。经济法律事实是指能够引起经济法关系发生、变更和终止的客观情况。

经济法律事实按照是否与经济法主体的主观意志有联系可以分为法律事件和法律行为两种。

法律事件是指不以经济法主体的意志为转移，能够引起经济法律关系产生、变更和终止的客观现象。具体包括两种：一种是自然事件，如地震、海啸、泥石流等；另一种是社会事件，如战争、动乱等，它们都能引起经济法律关系的产生、变更或终止。

法律行为是指经济法主体有意识的，能够引起经济法律关系产生、变更和终止的活动。包括合法行为和违法行为。

项目训练

■ 概念与知识

1. 基本概念

经济法　经济法律关系　经济法主体　经济法律关系客体

2. 选择题

（1）经济法的渊源有（　　）。
　　A. 宪法　　　　B. 法律　　　　C. 行政法规　　　D. 国际条约
（2）经济法调整的社会关系包括（　　）。
　　A. 市场主体组织管理关系　　　B. 市场管理关系
　　C. 宏观调控关系　　　　　　　D. 行政管理关系
（3）经济法律关系的要素包括（　　）。
　　A. 主体　　　　B. 客体　　　　C. 内容　　　　　D. 法律事实
（4）经济法律关系客体包括（　　）。
　　A. 物　　　　　B. 经济行为　　C. 智力成果　　　D. 经济职权
（5）以下选项中属于法律事件的有（　　）。
　　A. 地震　　　　B. 战争　　　　C. 海啸　　　　　D. 签订合同

3. 简答题

（1）经济法的调整对象有哪些？
（2）经济法的渊源有哪些？
（3）经济法律关系的构成要素有哪些？

（4）什么是经济法律事实？包括哪几类？

■ 分析与应用

案例

国债是中央政府以信用形式有偿筹集财政资金的一种方式，是国家信用的重要体现。国债作为政府信用工具，是财政政策与货币政策的协调配合机制，具有弥补财政赤字、筹集建设资金、调整宏观经济运行等多种功能。自1980年国债重启发行后，我国多次发行国债。2020年财政部加大政府债券发行力度，全年国债发行规模达到7.12万亿元。

问题：分析国债发行中涉及的经济法律关系的主体、客体和内容。

实训题

了解我国近年来制定、修改的经济法律种类有哪些。分析我国的经济法律还有哪些方面不够健全，提出你的改进建议。

项目二

个人独资企业法

学习目标	
知识目标	了解个人独资企业的概念和特征； 掌握个人独资企业的设立条件和程序； 掌握个人独资企业的事务管理方式。
能力目标	能够运用个人独资企业法的原理设立个人独资企业； 能够处理个人独资企业经营过程中涉及的法律问题。

任务一　认识个人独资企业

任务导入

小王大学毕业后进入一家企业做销售工作，工作两年后积累了一些经验和资金，想自己创业，听别人说开办个人独资企业相对容易，也想尝试一下，但他对个人独资企业缺乏了解。

任务要求：请你向小王介绍个人独资企业的优缺点。

相关知识

一、个人独资企业的概念和特征

个人独资企业简称个人企业，是指由一个自然人投资，全部资产为投资人所有的营利性经济组织。依照《中华人民共和国个人独资企业法》（以下简称《个人独资企业法》）规定，个人独资企业是指在中国境内设立，由一个自然人投资，财产为投资人个人所有，投资人以其个人财产对企业债务承担无限责任的经营实体。个人独资企业具有以下法律特征。

（1）个人独资企业是由一个自然人投资的企业。

（2）个人独资企业的财产归投资人个人所有。这里的"财产"包括投资人投入的财产和个人独资企业存续期间积累的财产。

（3）投资人以其个人财产对企业债务承担无限责任，不具有法人资格。

（4）个人独资企业的内部机构设置简单，经营管理方式灵活。个人独资企业的投资人既可以是企业的所有者，又可以是企业的经营者。

二、个人独资企业法的概念

个人独资企业法是调整个人独资企业的法律规范的总称。1999年8月30日第九届全国人大常委会第十一次会议通过了《个人独资企业法》，该法自2000年1月1日起施行。

任务二　个人独资企业的设立

任务导入

刘某是某高校的在职研究生，经济上独立于其家庭。2020年8月刘某在工商行政管理机关注册成立了一家主营信息咨询的个人独资企业，取名为"远大信息咨询有限公司"，注册资本为人民币1元。该公司营业形势看好，收益甚丰。后来黄某与刘某协议参加该个人独资企业的投资经营，并注入投资5万元人民币。经营过程中先后共聘用工作人员10名，对此刘某认为自己开办的是私人企业，并不需要为职工办理社会保险。后来该独资企业经营不善导致负债10万元。刘某决定于2021年10月自行解散企业，但因为企业财产不足清偿债务而被债权人、企业职工诉诸人民法院。

任务要求：
（1）该企业的设立是否合法？
（2）刘某允许另一人参加投资，共同经营的行为是否合法？
（3）该企业是否应当与职工签订劳动合同并为其办理社会保险？
（4）该企业的债权人在刘某不能清偿债务时能否向刘某的家庭求偿？
（5）刘某决定自行解散企业的做法是否合法？
（6）该企业债务应由谁承担？
（7）结合本案，熟悉个人独资企业设立条件及责任形式。

相关知识

一、个人独资企业设立的条件

根据《个人独资企业法》第八条的规定，设立个人独资企业应当具备下列条件。

（1）投资人为一个自然人，并且只能是中国公民。但是，并不是所有的中国公民都可以投资设立个人独资企业。如无民事行为能力人、国家公务员、党政机关领导干部、警官、法官、检察官、商业银行工作人员等，不得作为投资人申请设立个人独资企业。

（2）有合法的企业名称。个人独资企业的名称中不得使用"有限""有限责任"或者"公司"字样。

（3）有投资人申报的出资。投资人可以用货币、实物、土地使用权、知识产权或者其他财产权利出资。投资人可以个人财产出资，也可以家庭共有财产作为个人出资。以家庭共有财产作为个人出资的，投资人应当在设立登记申请书上予以注明，投资人以其家庭财产作为个人出资的，应当依法以家庭共有财产对企业债务承担无限责任。

（4）有固定的生产经营场所和必要的生产经营条件。

（5）有必要的从业人员。

二、个人独资企业设立的程序

申请设立个人独资企业，应当由投资人或者其委托的代理人向个人独资企业所在地的登记机关提出申请，登记机关应当在收到设立申请文件之日起十五日内，对符合法律规定条件的，予以登记，发给营业执照；对不符合法律规定条件的，不予登记。个人独资企业的营业执照的签发日期，为个人独资企业成立日期。在未领取营业执照前，投资人不得以个人独资企业名义从事经营活动。

个人独资企业设立分支机构，应当由投资人或者其委托的代理人向分支机构所在地的登记机关申请设立登记。分支机构的民事责任由设立该分支机构的个人独资企业承担。

实务操作指南——个人独资企业的注册流程

1. 需准备的材料

（1）投资人签署的《个人独资企业登记（备案）申请书》。

（2）投资人身份证明。

（3）投资人委托代理人的，应当提交投资人的委托书原件和代理人的身份证明或资格证明复印件（核对原件）。

（4）企业住所证明。

（5）《名称预先核准通知书》（设立申请前已经办理名称预先核准的须提交）。

（6）从事法律、行政法规规定须报经有关部门审批的业务的，应当提交有关部门的批准文件。

（7）国家工商行政管理总局规定提交的其他文件。

2. 个人独资企业申请办理流程

（1）申请：由投资人或者其委托的代理人向个人独资企业所在地登记机关申请设立登记。

（2）受理、审查和决定：登记机关应当在收到全部文件之日起十五日内，作出核准登记或者不予登记的决定。予以核准的发给营业执照；不予核准的，发给企业登记驳回通知书。

任务三　个人独资企业的事务执行

任务导入

2021年8月5日，甲出资10万元设立个人独资企业飞虹食品店，经营过程中先后共聘用工作人员10名，为节省资金，企业没有给职工缴纳社会保险费，也没有与职工签订劳动合同。因业务繁忙，聘请朋友乙负责企业事务管理，授权乙可以决定2万元以下的交易，标的额超过2万元的合同必须经甲本人同意。10月15日，乙未经甲同意，以企业的名义与丙签订了购买5万元货物的合同，丙不知道甲对乙的授权限制，依约供货。飞虹食品店未按期付款，理由是乙越权擅自签订的合同无效。

任务要求：飞虹食品店有哪些违法行为？企业与丙签订的合同是否有效？为什么？结合本案，理解个人独资企业事务执行的方式及注意问题。

相关知识

一、个人独资企业事务管理的方式

个人独资企业投资人可以自行管理企业事务，也可以委托或者聘用其他具有民事行为能力的人负责企业的事务管理。投资人委托或者聘用他人管理个人独资企业事务，应当与受托人或者被聘用的人签订书面合同，明确委托的具体内容和授予的权利范围。

受托人或者被聘用的人员应当履行诚信、勤勉义务，按照与投资人签订的合同负责个人独资企业的事务管理，不得有下列行为：①利用职务上的便利，索取或者收受贿赂；②利用职务或者工作上的便利侵占企业财产；③挪用企业的资金归个人使用或者借贷给他人；④擅自将企业资金以个人名义或者以他人名义开立账户储存；⑤擅自以企业财产提供担保；⑥未经投资人同意，从事与本企业相竞争的业务；⑦未经投资人同意，同本企业订立合同或者进行交易；⑧未经投资人同意，擅自将企业商标或者其他知识产权转让给他人使用；⑨泄露本企业的商业秘密；⑩法律、行政法规禁止的其他行为。

投资人对受托人或者被聘用的人员职权的限制，不得对抗善意第三人。

二、个人独资企业事务管理的内容

个人独资企业应当依法设置会计账簿，进行会计核算。个人独资企业招用职工的，

应当依法与职工签订劳动合同，保障职工的劳动安全，按时、足额发放职工工资。个人独资企业应当按照国家规定参加社会保险，为职工缴纳社会保险费，否则应承担法律责任。

任务四　个人独资企业的解散清算

任务导入

甲以夫妻共有的写字楼作为出资设立个人独资企业。企业设立后，其妻乙购体育彩票中奖 100 万元，后提出与甲离婚。离婚诉讼期间，甲的独资企业宣告解散，尚欠银行债务 120 万元。

任务要求：该项债务的清偿责任应如何确定？结合本案，熟悉个人独资企业的债务清偿规则。

相关知识

一、个人独资企业的解散

个人独资企业解散的原因包括：①投资人决定解散；②投资人死亡或者被宣告死亡，无继承人或者继承人决定放弃继承；③被依法吊销营业执照；④法律、行政法规规定的其他情形。

二、个人独资企业的清算

个人独资企业解散时，应当进行清算。《个人独资企业法》规定，个人独资企业解散，由投资人自行清算或者由债权人指定清算人进行清算。

投资人自行清算的，应当在清算前 15 日内书面通知债权人，无法通知的，应当予以公告。债权人应当在接到通知之日起 30 日内，未接到通知的应当在公告之日起 60 日内，向投资人申报其债权。

个人独资企业解散后，原投资人对个人独资企业存续期间的债务仍应承担偿还责任，但债权人在 5 年内未向债务人提出偿债请求的，该责任消灭。

个人独资企业解散的，应当按照下列顺序清偿债务：①所欠职工工资和社会保险费用；②所欠税款；③其他债务。

个人独资企业财产不足以清偿债务的，投资人应当以其个人其他财产予以清偿。

清算期间，个人独资企业不得开展与清算目的无关的经营活动。在按前述财产清偿顺序清偿债务前，投资人不得转移、隐匿财产。

个人独资企业清算结束后，投资人或者人民法院指定的清算人应当编制清算报告，并于清算结束之日起 15 日内向原登记机关申请注销登记。经登记机关注销登记，个人独资企业终止。

项目训练

■ 概念与知识

1. 基本概念

个人独资企业　个人独资企业法

2. 选择题

（1）下列关于个人独资企业的表述中，正确的是（　　）。

　　A. 个人独资企业的投资人可以是自然人、法人或者其他组织

　　B. 个人独资企业的投资人对企业债务承担无限责任

　　C. 个人独资企业不能以自己的名义从事民事活动

　　D. 个人独资企业具有法人资格

（2）根据《个人独资企业法》的规定，能够成为个人独资企业投资人的是（　　）。

　　A. 某国有企业下岗工人　　　　B. 某外国公司外籍人员

　　C. 某国家机关公务员　　　　　D. 某派出所警察

（3）根据《个人独资企业法》的规定，个人独资企业解散后，原投资人对个人独资企业存续期间的债务仍应承担偿还责任，但债权人在一定期间内未向债务人提出偿债要求的，该责任消灭。该期间是（　　）。

　　A. 6 个月　　　B. 1 年　　　C. 3 年　　　D. 5 年

（4）下列内容中符合《个人独资企业法》规定的有（　　）。

　　A. 公务员、警官、法官不得成为个人独资企业的投资人

　　B. 个人独资企业为非法人企业，没有注册资本的限额规定

　　C. 个人独资企业投资人对聘用人员职权的限制不得对抗外部善意的第三人

　　D. 个人独资企业不能设立分支机构

（5）个人独资企业聘用的经营管理人员，未经投资人同意，不得从事的行为有（　　）。

　　A. 从事与本企业相竞争的业务　　B. 同本企业订立合同或者进行交易

　　C. 将企业专利权转让给他人使用　　D. 将企业商标权转让给他人使用

3. 简答题

（1）个人独资企业的特征有哪些？

（2）个人独资企业的设立条件有哪些？

（3）个人独资企业的管理方式有哪些？
（4）个人独资企业的债务清偿的规则是怎样的？

■ 分析与应用

案例

甲设立了个人独资企业"A企业"，登记时明确以其个人财产5万元作为投资人甲的出资。甲聘请乙管理企业事务，同时规定，凡乙对外签订标的额超过1万元以上的合同，必须经甲同意。2月10日，乙未经甲同意，以A企业的名义向善意第三人丙购入价值2万元的货物。7月4日，A企业亏损，不能支付到期丁的债务，甲决定解散该企业，进行清算。经查，A企业和甲的资产及债务债权情况如下：①A企业欠交税款3 000元，欠乙工资5 000元，欠丁15万元；②A企业的银行存款1万元，实物折价8万元；③甲个人其他可执行的财产价值2万元；④甲仍与父母生活在一起，其父母有存款10万元。

问题：

（1）乙于2月10日以A企业名义向丙购买价值2万元货物的行为是否有效？

（2）5月，该企业急需设备。乙自行做主将自己的一套二手设备以1万元的价格卖给该企业。使用不到2个月，该设备报废，致使A企业不能履行对王某的合同，并承担了违约金5 000元。如何处理？

（3）如何满足丁的债权请求？甲是否因清算完成而免责？丁是否可以要求甲的父母偿还债务？

实训题

模拟设立一家个人独资企业。通过实训，掌握开办个人独资企业所应具备的条件，熟悉个人独资企业申请创办的具体流程。

项目三

合伙企业法

学习目标	
知识目标	理解合伙企业（普通合伙与有限合伙）的特点、合伙人的责任承担； 熟悉合伙企业的设立条件及程序； 掌握合伙企业的执行、入伙、退伙的效力。
能力目标	能够起草合伙协议书； 能够根据合伙企业设立条件、程序处理合伙企业设立事务； 能够处理入伙及退伙过程中的法律事务。

项目三　合伙企业法

任务一　认识合伙企业

任务导入

刘丽丽是一家私营企业的员工，手里有一些闲置资金，想和朋友一起投资办一家合伙性质的企业，但是又担心有风险，朋友说如果她害怕风险大可以让她做有限合伙人。她有些犹豫不决。

任务要求：请你帮助刘丽丽分析普通合伙企业与有限合伙企业有什么不同，为她提供建议。

相关知识

一、合伙企业的概念

合伙企业是指自然人、法人和其他组织依照《中华人民共和国合伙企业法》（以下简称《合伙企业法》）的规定在中国境内设立的普通合伙企业和有限合伙企业。普通合伙企业由普通合伙人组成，合伙人对合伙企业债务承担无限连带责任。有限合伙企业由普通合伙人和有限合伙人组成，普通合伙人对合伙企业债务承担无限连带责任，有限合伙人以其认缴的出资额为限对合伙企业债务承担责任。

合伙企业具有以下几个特征。

（1）合伙企业以合伙协议为成立的法律基础。合伙协议是调整合伙关系、规范合伙人相互权利义务、处理合伙纠纷的基本法律依据，对全体合伙人具有约束力，是合伙得以成立的法律基础。

（2）合伙企业须由全体合伙人共同出资，合伙经营。出资是合伙人的基本义务，也是其取得合伙人资格的前提条件。合伙人必须合伙参与经营活动，从事具有经济利益的营业行为。

（3）合伙人共负盈亏，共担风险。

二、合伙企业法的概念

合伙企业法是指调整合伙企业合伙关系的法律规范的总称。1997年2月23日第八届全国人民代表大会常务委员会第24次会议通过了《合伙企业法》，2006年

8月27日第十届全国人民代表大会常务委员会第23次会议对该法进行了修订,修订后的合伙企业法自2007年6月1日起实施。

任务二　普通合伙企业

任务导入

甲、乙、丙、丁、戊是某乡镇的居民,其中乙是甲的儿子,时年15岁,初中生。戊是甲的弟弟,是本县卫生局的副局长。五人于2021年3月6日达成书面协议,决定创办合伙企业,共同从事服装生产与销售。合伙协议规定:①合伙企业名称为"靓丽服装有限公司",营业地点为县城集贸市场南大街10号;②经营范围为服装生产与销售,合伙目的是共同经营,共享收益;③五人各出资6万元,于2021年3月15日前缴付;④利润平均分配,若有亏损,除戊之外,其他人平均分担;⑤合伙企业事务由甲负责执行;⑥企业解散时,各自收回自己的出资。

合伙协议经全体签字后,3月20日,甲持该协议向县工商局申请设立登记,该局于5月12日电话告知戊,因条件不符,不予登记。

任务要求:①本案中合伙人身份是否合格?为什么?②该合伙协议内容是否合法?③该企业设立程序中存在哪些问题?④结合本案,熟悉普通合伙企业设立的条件及程序。

相关知识

一、普通合伙企业的设立条件与程序

1. 普通合伙企业的设立条件

《合伙企业法》规定,设立合伙企业,应当具备下列条件。

(1) 有两个以上合伙人。自然人、法人和其他组织都可以依法成为普通合伙企业的合伙人。合伙人为自然人的,应当具有完全民事行为能力,无民事行为能力人和限制民事行为能力人不得成为合伙企业的合伙人。法律、行政法规规定禁止从事营利性活动的人,不得成为合伙企业的合伙人。国有独资公司、国有企业以及公益性的事业单位、社会团体不得成为普通合伙人。

(2) 有书面合伙协议。合伙协议应当载明下列事项:合伙企业的名称和主要经营场所的地点;合伙目的和合伙经营范围;合伙人的姓名或者名称、住所;合伙人的出资方式、数额和缴付期限;利润分配、亏损分担方式;合伙事务的执行;入伙与退伙;争议解决办法;合伙企业的解散与清算;违约责任。协议经全体合伙人签名、盖章后生效。

实务操作指南——合伙协议范本

第一章 总 则

第一条 根据《中华人民共和国合伙企业法》(以下简称《合伙企业法》)及有关法律、行政法规、规章的有关规定,经协商一致订立本协议。

第二条 本企业为普通合伙企业,是根据协议自愿组成的共同经营体。全体合伙人愿意遵守国家有关的法律、法规、规章,依法纳税,守法经营。

第三条 本协议条款与法律、行政法规、规章不符的,以法律、行政法规、规章的规定为准。

第四条 本协议经全体合伙人签名、盖章后生效。合伙人按照合伙协议享有权利,履行义务。

第二章 合伙企业的名称和主要经营场所的地点

第五条 合伙企业名称:

第六条 企业经营场所:

第三章 合伙目的和合伙经营范围及合伙期限

第七条 合伙目的:为了保护全体合伙人的合伙权益,使本合伙企业取得最佳经济效益。(注:可根据实际情况,另行描述。)

第八条 合伙经营范围:

(注:参照《国民经济行业分类标准》具体填写。合伙经营范围用语不规范的,以企业登记机关根据前款加以规范、核准登记的为准。合伙经营范围变更时依法向企业登记机关办理变更登记。)

第××条 合伙期限为××年。

(注:合伙协议约定合伙期限的,增加本条。)

第四章 合伙人的姓名或者名称、住所

第九条 合伙人共_____个,分别是:

1. _____。

住所(址):_____

证件名称:_____

证件号码:_____

2. _____。

住所(址):_____

证件名称:_____

证件号码:_____

以上合伙人为自然人的,都具有完全民事行为能力。

第五章 合伙人的出资方式、数额和缴付期限

第十条 合伙人的出资方式、数额和缴付期限:

1. 合伙人：_____。

以货币出资_____万元，以_____（实物、知识产权、土地使用权、劳务或其他非货币财产权利，根据实际情况选择）作价出资_____万元，总认缴出资_____万元，占注册资本的_____%。

首期实缴出资_____万元，在申请合伙企业设立登记前缴纳，其余认缴出资在领取营业执照之日起_____个月内缴足。

2. 合伙人：_____。

以货币出资_____万元，以_____（实物、知识产权、土地使用权、劳务或其他非货币财产权利，根据实际情况选择）作价出资_____万元，总认缴出资_____万元，占注册资本的_____%。

首期实缴出资_____万元，在申请合伙企业设立登记前缴纳，其余认缴出资在领取营业执照之日起_____个月内缴足。

（注：可续写，以非货币财产出资的，依照法律、行政法规的规定，需要办理财产权转移手续的，应当依法办理。）

第六章　利润分配、亏损分担方式

第十一条　合伙企业的利润分配，按如下方式分配。
_____

第十二条　合伙企业的亏损分担，按如下方式分担。
_____

（注：不得约定将全部利润分配给部分合伙人或者由部分合伙人承担全部亏损。合伙协议未约定或者约定不明确的，由合伙人协商决定；协商不成立的，由合伙人按照实缴出资比例分配、分担；无法确定出资比例的，由合伙人平均分配、分担。）

第七章　合伙事务的执行

第十三条　合伙人对执行合伙事务享有同等的权利。

经全体合伙人决定（注：也可依据《合伙企业法》第二十六条的规定在本条约定其他决定方式，例如"经三分之二以上合伙人决定"），委托（列出所委托合伙人）执行合伙事务；其中法人合伙人1委派_____、其他组织合伙人1委派_____（注：可根据实际续写，如无非自然人合伙人，此内容删去）代表其执行合伙事务，其他合伙人不再执行合伙事务（注：如果全体合伙人都执行合伙事务，此内容应删除）。执行合伙事务的合伙人对外代表企业。

第十四条　不执行合伙事务的合伙人有权监督执行事务合伙人执行合伙事务的情况。执行事务合伙人应当定期向其他合伙人报告事务执行情况以及合伙企业的经营和财务状况，其执行合伙事务所产生的收益归合伙企业，所产生的费用和亏损由合伙企业承担。

第十五条　合伙人分别执行合伙事务的，执行事务合伙人可以对其他合伙人执行的事务提出异议。提出异议时，暂停该事务的执行。如果发生争议，依照本协议第十六条的规定作出表决。受委托执行合伙事务的合伙人不按照合伙协议的决定执行事务的,其他合伙人可以决定撤销该委托。

第十六条 合伙人对合伙企业有关事项作出决议,实行合伙人一人一票并经全体合伙人过半数通过的表决办法。

(注:也可依据《合伙企业法》第三十条的规定在本条约定其他表决办法。)

第十七条 合伙企业的下列事项应当经全体合伙人一致同意。(注:也可依据《合伙企业法》第三十一条的规定在本条约定其他同意方式,例如约定下列全部或某一事项"应当经三分之二以上合伙人同意"或"经全体合伙事务执行人一致同意"等。)

(一)改变合伙企业的名称。

(二)改变合伙企业的经营范围、主要经营场所的地点。

(三)处分合伙企业的不动产。

(四)转让或者处分合伙企业的知识产权和其他财产权利。

(五)以合伙企业名义为他人提供担保。

(六)聘任合伙人以外的人担任合伙企业的经营管理人员。

第十八条 合伙人不得自营或者同他人合作经营与本合伙企业相竞争的业务。除经全体合伙人一致同意(注:也可依据《合伙企业法》第三十二条的规定在本条约定其他同意方式)外,合伙人不得同本合伙企业进行交易。

第十九条 合伙人经全体合伙人决定,可以增加或者减少对合伙企业的出资。(注:也可依据《合伙企业法》第三十四条的规定在本条约定合伙人是否可以增加或减少对合伙企业的出资;如果可以,也可约定其他决定方式。)

第八章 入伙与退伙

第二十条 新合伙人入伙,经全体合伙人一致同意(注:也可依据《合伙企业法》第四十三条的规定在本条约定其他同意方式),依法订立书面入伙协议。订立入伙协议时,原合伙人应当向新合伙人如实告知原合伙企业的经营状况和财物状况。入伙的新合伙人与原合伙人享有同等权利,承担同等责任(注:也可依据《合伙企业法》第四十四条的规定在本条约定新合伙人的其他权利和责任)。新合伙人对入伙前合伙企业的债务承担无限连带责任。

第二十一条 有《合伙企业法》第四十五条规定的情形之一的,合伙人可以退伙。(注:合伙协议约定合伙期限的,保留;否则,删除。)

合伙人在不给合伙企业事务执行造成不利影响的情况下,可以退伙,但应当提前三十日通知其他合伙人。(注:合伙协议未约定合伙期限的,保留;否则,删除。)

合伙人违反《合伙企业法》第四十五条或第四十六条规定退伙的,应当赔偿由此给合伙企业造成的损失。

第二十二条 合伙人有《合伙企业法》第四十八条规定的情形之一的,当然退伙。

合伙人被依法认定为无民事行为能力人或者限制民事行为能力人的,经其他合伙人一致同意,可以依法转为有限合伙人,普通合伙企业依法转为有限合伙企业。其他合伙人未能一致同意的,该无民事行为能力或者限制民事行为能力的合伙人退伙。

退伙事由实际发生之日为退伙生效日。

第二十三条　合伙人有《合伙企业法》第四十九条规定的情形之一的，经其他合伙人一致同意，可以决议将其除名。

对合伙人的除名决议应当书面通知被除名人。被除名人接到除名通知之日，除名生效，被除名人退伙。被除名人对除名决议有异议的，可以自接到除名通知之日起三十日内，向人民法院起诉。

第二十四条　合伙人死亡或者被依法宣告死亡的，对该合伙人在合伙企业中的财产份额享有合法继承权的继承人，经全体合伙人一致同意（注：也可依据《合伙企业法》第五十条的规定在本条约定其他同意方式），从继承开始之日起，取得该合伙企业的合伙人资格。

有《合伙企业法》第五十条规定的情形之一，合伙企业应当向合伙人的继承人退还被继承合伙人的财产份额。

合伙人的继承人为无民事行为能力人或者限制民事行为能力人的，经全体合伙人一致同意，可以依法成为有限合伙人，普通合伙企业依法转为有限合伙企业。全体合伙人未能一致同意的，合伙企业应当将被继承合伙人的财产份额退还该继承人。经全体合伙人决定，可以退还货币，也可以退还实物（注：也可依据《合伙企业法》第五十二条的规定在本条约定其他退还办法）。

第二十五条　退伙人对基于其退伙前的原因发生的合伙企业债务，承担无限连带责任。合伙人退伙时，合伙企业财产少于合伙企业债务的，退伙人应当依照本协议第十一条的规定分担亏损。

第九章　争议解决办法

第二十六条　合伙人履行合伙协议发生争议的，合伙人可以通过协商或者调解解决。不愿通过协商、调解解决或者协商、调解不成的，可以按照合伙协议约定的仲裁条款或者事后达成的书面仲裁协议，向仲裁机构申请仲裁。合伙协议中未订立仲裁条款，事后又没有达成书面仲裁协议的，可以向人民法院起诉。

第十章　合伙企业的解散与清算

第二十七条　合伙企业有下列情形之一的，应当解散。

（一）合伙期限届满，合伙人决定不再经营。

（二）合伙协议约定的解散事由出现。

（三）全体合伙人决定解散。

（四）合伙人已不具备法定人数满三十天。

（五）合伙协议约定的合伙目的已经实现或者无法实现。

（六）依法被吊销营业执照、责令关闭或者被撤销。

（七）法律、行政法规规定的其他原因。

第二十八条　合伙企业清算办法应当按《合伙企业法》的规定进行清算。

清算期间，合伙企业存续，不得开展与清算无关的经营活动。

合伙企业财产在支付清算费用和职工工资、社会保险费用、法定补偿金以及缴纳所欠税款、清偿债务后的剩余财产，依照第十一条的规定进行分配。

第二十九条　清算结束后，清算人应当编制清算报告，经全体合伙人签名、盖章后，在十五日内向企业登记机关报送清算报告，申请办理合伙企业注销登记。

第十一章　违约责任

第三十条　合伙人违反合伙协议的，应当依法承担违约责任。

第十二章　其他事项

第三十一条　经全体合伙人协商一致（注：也可根据《合伙企业法》第十九条第二款另行约定），可以修改或者补充合伙协议。

第三十二条　本协议一式_____份，合伙人各持一份，并报合伙企业登记机关一份。（注：此条供合伙人参考，设立合伙企业必须依法向企业登记机关提交合伙协议。）

本协议未尽事宜，按国家有关规定执行。

全体合伙人签名、盖章：（注：可选择。合伙人为自然人的应签名，合伙人为法人、其他组织的应加盖公章。）

年　月　日

（3）有合伙人认缴或者实际缴付的出资。合伙人可以用货币、实物、知识产权、土地使用权或者其他财产权利出资，也可以用劳务出资。合伙人以实物、知识产权、土地使用权或者其他财产权利出资，需要评估作价的，既可以由全体合伙人协商确定，也可以由全体合伙人委托法定评估机构评估。合伙人以劳务出资的，其评估办法由全体合伙人协商确定，并在合伙协议中载明。

以非货币财产出资的，依照法律、行政法规的规定，需要办理财产权转移手续的，应当依法办理。

（4）有合伙企业的名称和生产经营场所。合伙企业名称中应当标明"普通合伙"字样。

（5）法律、行政法规规定的其他条件。

2. 普通合伙企业设立的程序

申请设立合伙企业，应当向企业登记机关提交登记申请书、合伙协议书、合伙人身份证明等文件。企业登记机关应当自受理申请之日起20日内，作出是否登记的决定。予以登记的，发给营业执照；不予登记的，应当给予书面答复，并说明理由。

合伙企业的营业执照签发日期，为合伙企业成立日期。合伙企业领取营业执照前，合伙人不得以合伙企业名义从事合伙业务。

实务操作指南——合伙企业的注册流程

1. 需准备的材料

（1）全体合伙人签署的《合伙企业登记（备案）申请书》。

（2）全体合伙人的主体资格证明或者自然人的身份证明。

（3）全体合伙人指定代表或者共同委托代理人的委托书。

（4）全体合伙人签署的合伙协议。

（5）全体合伙人签署的对各合伙人缴付出资的确认书。

（6）主要经营场所证明。

（7）《名称预先核准通知书》（设立申请前已经办理名称预先核准的须提交）。

（8）全体合伙人签署的委托执行事务合伙人的委托书；执行事务合伙人是法人或其他组织的，还应当提交其委派代表的委托书和身份证明复印件（核对原件）。

（9）以非货币形式出资的，提交全体合伙人签署的协商作价确认书或者经全体合伙人委托的法定评估机构出具的评估作价证明。

（10）法律、行政法规或者国务院规定设立合伙企业须经批准的，或者从事法律、行政法规或者国务院决定规定在登记前须经批准的经营项目，须提交有关批准文件。

（11）法律、行政法规规定设立特殊的普通合伙企业需要提交合伙人的职业资格证明的，提交相应证明。

（12）国家工商行政管理总局规定提交的其他文件。

2. 合伙企业注册流程

（1）申请：由全体合伙人指定的代表或者共同委托的代理人向企业登记机关申请设立登记。

（2）受理、审查和决定。

申请人提交的登记申请材料齐全、符合法定形式，企业登记机关能够当场登记的，应予当场登记，发给合伙企业营业执照。

除前款规定情形外，企业登记机关应当自受理申请之日起20日内，作出是否登记的决定。予以登记的，发给合伙企业营业执照；不予登记的，应当给予书面答复，并说明理由。

二、普通合伙企业的财产

普通合伙企业的财产包括三个部分：一是合伙人的出资；二是以合伙企业名义取得的收益；三是合伙企业依法取得的其他财产。

合伙人在合伙企业清算前，不得请求分割合伙企业的财产；但是，法律另有规定的除外。合伙人在合伙企业清算前私自转移或者处分合伙企业财产的，合伙企业不得以此对抗善意第三人。

除合伙协议另有约定外，合伙人向合伙人以外的人转让其在合伙企业中的全部或者部分财产份额时，须经其他合伙人一致同意。合伙人之间转让在合伙企业中的全部或者部分财产份额时，应当通知其他合伙人。合伙人向合伙人以外的人转让其在合伙企业中的财产份额的，在同等条件下，其他合伙人有优先购买权；但是，合伙协议另有约定的除外。合伙人以外的人依法受让合伙人在合伙企业中的财产份额的，经修改合伙协议即成为合伙企业的合伙人，依照《合伙企业法》和修改后的合伙协议享有权利，履行义务。

合伙人以其在合伙企业中的财产份额出质的，须经其他合伙人一致同意；未经其他合伙人一致同意，其行为无效，由此给善意第三人造成损失的，由行为人依法承担赔偿责任。

三、普通合伙企业事务的执行

1. 普通合伙企业事务执行的方式

根据《合伙企业法》的规定，合伙人执行合伙企业事务可以有两种形式：一种是全体合伙人共同执行合伙企业事务；另一种是按照合伙协议约定或者全体合伙人的决定，委托1名或者数名合伙人执行合伙事务。采取第二种形式的，其他合伙人不再执行合伙企业事务。不参加执行事务的合伙人有权监督执行事务的合伙人，检查其执行合伙事务的情况。执行事务的合伙人应当向其他不参加执行事务的合伙人报告事务执行情况以及合伙的经营状况和财务状况，其执行合伙企业事务所产生的收益归全体合伙人，所产生的亏损或者民事责任，由全体合伙人承担。被委托执行合伙企业事务的合伙人不按照合伙协议或者全体合伙人的决定执行事务的，其他合伙人可以决定撤销该委托。

合伙企业对合伙人执行合伙事务以及对外代表合伙企业权利的限制，不得对抗善意第三人。

除合伙协议另有约定外，合伙企业的下列事务必须经全体合伙人一致同意：改变合伙企业的名称；改变合伙企业的经营范围、主要经营场所的地点；处分合伙企业的不动产；转让或者处分合伙企业的知识产权和其他财产权利；以合伙企业名义为他人提供担保；聘任合伙人以外的人担任合伙企业的经营管理人员。

2. 普通合伙人在执行合伙事务中的权利义务

合伙企业法对于合伙人权利的规定主要包括：①合伙人对执行合伙事务享有同等的权利；②不执行合伙事务的合伙人有权监督执行合伙事务合伙人执行合伙事务的情况；③合伙人有权随时了解企业的经营状况，为了解合伙企业的经营状况和财务状况，有权查阅合伙企业的会计账簿等财务资料；④合伙人分别执行合伙事务的，执行事务合伙人可以对其他合伙人执行的事务提出异议。提出异议时，应当暂停该项事务的执行；⑤受委托执行合伙事务的合伙人不按照合伙协议或者全体合伙人的决定执行事务的，其他合伙人可以决定撤销该委托。

合伙人的义务主要包括以下四个方面：①执行合伙事务的合伙人应当定期向其他不执行合伙事务的合伙人报告事务执行情况以及合伙企业的经营和财务状况；②合伙人不得自营或者同他人合作经营与本合伙企业相竞争的业务；③除合伙协议另有约定或者经全体合伙人一致同意外，合伙人不得同本合伙企业进行交易；④不得从事损害本企业利益的活动。

四、普通合伙企业的利润分配与亏损分担

合伙企业的利润分配、亏损分担，按照合伙协议的约定办理；合伙协议未约定或

者约定不明确的,由合伙人协商决定;协商不成的,由合伙人按照实缴出资比例分配、分担;无法确定出资比例的,由合伙人平均分配、分担。合伙协议不得约定将全部利润分配给部分合伙人或者由部分合伙人承担全部亏损。

五、普通合伙企业的债务清偿

合伙企业对其债务,应先以其全部财产进行清偿。合伙企业不能清偿到期债务的,合伙人承担无限连带责任。合伙人由于承担无限连带责任,清偿数额超过其亏损分担比例的,有权向其他合伙人追偿。

合伙人发生与合伙企业无关的债务,相关债权人不得以其债权抵销其对合伙企业的债务;也不得代位行使合伙人在合伙企业中的权利。

合伙人的自有财产不足清偿其与合伙企业无关的债务的,该合伙人可以以其从合伙企业中分取的收益用于清偿;债权人也可以依法请求人民法院强制执行该合伙人在合伙企业中的财产份额用于清偿。人民法院强制执行合伙人的财产份额时,应当通知全体合伙人,其他合伙人有优先购买权;其他合伙人未购买,又不同意将该财产份额转让给他人的,依照法律规定为该合伙人办理退伙结算,或者办理削减该合伙人相应财产份额的结算。

六、普通合伙企业的入伙、退伙

1. 入伙

入伙是指合伙企业成立以后,合伙人以外的第三人加入合伙企业,取得合伙人资格的行为。新合伙人入伙,除合伙协议另有约定外,应当经全体合伙人一致同意,并依法订立书面入伙协议。订立入伙协议时,原合伙人应当向新合伙人如实告知原合伙企业的经营状况和财务状况。入伙的新合伙人与原合伙人享有同等权利,承担同等责任。入伙协议另有约定的,从其约定。新合伙人对入伙前合伙企业的债务承担无限连带责任。

2. 退伙

退伙就是合伙人退出合伙企业,不再具有合伙人的资格。退伙一般包括自愿退伙、法定退伙和开除退伙。

(1)自愿退伙。自愿退伙是指合伙人按照自己的意愿而退出合伙。自愿退伙的原因包括两种情况:第一种情况为合伙协议约定合伙企业的经营期限的,如果有下列情形之一,合伙人可以退伙:合伙协议约定的退伙事由出现;经全体合伙人同意退伙;发生合伙人难以继续参加合伙企业的事由;其他合伙人严重违反合伙协议约定的义务。第二种情况为合伙协议未约定合伙企业的经营期限的,合伙人在不给合伙企业事务造成不利影响的情况下,可以退伙,但应当提前30日通知其他合伙人。

(2)法定退伙。法定退伙也称为当然退伙,是指根据法律规定的原因而出现的退伙。《合伙企业法》第48条规定,合伙人有下列情形之一的,当然退伙:作为合伙人的自然人死亡或者被依法宣告死亡;个人丧失偿债能力;作为合伙人的法人或者其他组织依法被吊销营业执照、责令关闭撤销，或者被宣告破产；法律规定或者合伙协议约定合伙人必须具有相关资格而丧失该资格；合伙人在合伙企业中的全部财产份额被人民法院强制执行。

合伙人被依法认定为无民事行为能力人或者限制民事行为能力人的，经其他合伙人一致同意，可以依法转为有限合伙人，普通合伙企业依法转为有限合伙企业。其他合伙人未能一致同意的，该无民事行为能力或者限制民事行为能力的合伙人退伙。

合伙人死亡或者被依法宣告死亡的，对该合伙人在合伙企业中的财产份额享有合法继承权的继承人，按照合伙协议的约定或者经全体合伙人一致同意，从继承开始之日起，取得该合伙企业的合伙人资格。

有下列情形之一的，合伙企业应当向合伙人的继承人退还被继承合伙人的财产份额：继承人不愿意成为合伙人；法律规定或者合伙协议约定合伙人必须具有相关资格，而该继承人未取得该资格；合伙协议约定不能成为合伙人的其他情形。

合伙人的继承人为无民事行为能力人或者限制民事行为能力人的，经全体合伙人一致同意，可以依法成为有限合伙人，普通合伙企业依法转为有限合伙企业。全体合伙人未能一致同意的，合伙企业应当将被继承合伙人的财产份额退还该继承人。

（3）开除退伙。合伙人有下列情形之一的，经其他合伙人一致同意，可以决议将其除名：未履行出资义务；因故意或者重大过失给合伙企业造成损失；执行合伙企业事务有不正当行为；合伙协议约定的其他事由。

对合伙人的除名决议应当书面通知被除名人。被除名人接到除名通知之日，除名生效，被除名人退伙。被除名人对除名决议有异议的，可以自接到除名通知之日起30日内，向人民法院起诉。

3. 退伙的法律后果

合伙人退伙，其他合伙人应当与该退伙人按照退伙时的合伙企业财产状况进行结算，退还退伙人的财产份额。退伙人对给合伙企业造成的损失负有赔偿责任的，相应扣减其应当赔偿的数额。

退伙时有未了结的合伙企业事务的，待该事务了结后进行结算。

退伙人在合伙企业中财产份额的退还办法，由合伙协议约定或者由全体合伙人决定，可以退还货币，也可以退还实物。

退伙人对基于其退伙前的原因发生的合伙企业债务，承担无限连带责任。

合伙人退伙时，合伙企业财产少于合伙企业债务的，退伙人应当依照法律规定分担亏损。

七、特殊的普通合伙企业

《合伙企业法》规定：以专业知识和专门技能为客户提供有偿服务的专业服务机构，可以设立为特殊的普通合伙企业。特殊的普通合伙企业名称中应当标明"特殊普通合伙"

字样。

特殊的普通合伙中，当一个合伙人或者数个合伙人在执业活动中因故意或者重大过失造成合伙企业债务时，应当承担无限责任或者无限连带责任，其他合伙人以其在合伙企业中的财产份额为限承担责任。合伙人在执业活动中非因故意或者重大过失造成的合伙企业债务以及合伙企业的其他债务，由全体合伙人承担无限连带责任。

任务三 有限合伙企业

任务导入

2021年3月，甲、乙、丙、丁准备共同投资设立一从事商品流通的有限合伙企业。合伙协议约定了以下事项：①甲以现金15万元出资，乙以房屋作价18万元出资，丙以劳务作价6万元出资，另外以商标权作价5万元出资，丁以现金10万元出资；②丁为普通合伙人，甲、乙、丙均为有限合伙人；③各合伙人按相同比例分配盈利、分担亏损；④合伙企业的事务由丙和丁执行，甲和乙不执行合伙企业事务，也不对外代表合伙企业；⑤普通合伙人向合伙人以外的人转让财产份额的，不需要经过其他合伙人同意；⑥合伙企业名称为"顺达物流合伙企业"。

任务要求： 该合伙协议存在哪些违法之处，说明理由。结合本案，分析有限合伙企业的设立条件，事务执行、份额转让及债务清偿规则。

相关知识

一、有限合伙企业的设立条件

设立有限合伙企业，应符合以下条件。

（1）有限合伙企业由两个以上50个以下合伙人设立，法律另有规定的除外。有限合伙企业至少应当有1个普通合伙人。国有独资公司、国有企业以及公益性的事业单位、社会团体不得成为有限合伙企业的普通合伙人。

（2）有限合伙企业名称中应当标明"有限合伙"字样，不得使用"有限公司""有限责任公司"等字样。

（3）有限合伙企业的合伙协议除符合普通合伙协议要求外，还应当载明下列事项：普通合伙人和有限合伙人的姓名或者名称、住所；执行事务合伙人应具备的条件和选择程序；执行事务合伙人权限与违约处理办法；执行事务合伙人的除名条件和更换程序；有限合伙人入伙、退伙的条件、程序以及相关责任；有限合伙人和普通合伙人相互转变程序。

（4）有限合伙人可以用货币、实物、知识产权、土地使用权或者其他财产权利作价出资，但有限合伙人不得以劳务出资。

有限合伙人应当按照合伙协议的约定按期足额缴纳出资；未按期足额缴纳的，应当承担补缴义务，并对其他合伙人承担违约责任。有限合伙企业登记事项中应当载明有限合伙人的姓名或者名称及认缴的出资数额。

二、有限合伙企业事务的执行

有限合伙企业由普通合伙人执行合伙事务。执行事务的合伙人可以要求在合伙协议中确定执行事务的报酬及报酬提取方式。

有限合伙人不执行合伙事务，不得对外代表有限合伙企业。有限合伙人的下列行为，不视为执行合伙事务：参与决定普通合伙人入伙、退伙；对企业的经营管理提出建议；参与选择承办有限合伙企业审计业务的会计师事务所；获取经审计的有限合伙企业财务会计报告；对涉及自身利益的情况，查阅有限合伙企业财务会计账簿等财务资料；在有限合伙企业中的利益受到侵害时，向有责任的合伙人主张权利或者提起诉讼；执行事务合伙人怠于行使权利时，督促其行使权利或者为了本企业的利益以自己的名义提起诉讼；依法为本企业提供担保。

三、有限合伙人的权利及与第三人的关系

除合伙协议另有约定外，有限合伙人可以同本有限合伙企业进行交易；有限合伙人可以自营或者同他人合作经营与本有限合伙企业相竞争的业务；有限合伙人可以将其在有限合伙企业中的财产份额出质。

有限合伙人可以按照合伙协议的约定向合伙人以外的人转让其在有限合伙企业中的财产份额，但应当提前 30 日通知其他合伙人。

有限合伙人的自有财产不足清偿其与合伙企业无关的债务的，该合伙人可以以其从有限合伙企业中分取的收益用于清偿；债权人也可以依法请求人民法院强制执行该合伙人在有限合伙企业中的财产份额用于清偿。人民法院强制执行有限合伙人的财产份额时，应当通知全体合伙人。在同等条件下，其他合伙人有优先购买权。

第三人有理由相信有限合伙人为普通合伙人并与其交易的，该有限合伙人对该笔交易承担与普通合伙人同样的责任。

有限合伙人未经授权以有限合伙企业名义与他人进行交易，给有限合伙企业或者其他合伙人造成损失的，该有限合伙人应当承担赔偿责任。

四、有限合伙企业的入伙与退伙

新入伙的有限合伙人对入伙前有限合伙企业的债务，以其认缴的出资额为限承担责任。

有限合伙人有以下情形之一的，当然退伙：作为合伙人的自然人死亡或者被依法宣告死亡；作为合伙人的法人或者其他组织依法被吊销营业执照、责令关闭撤销，或者被宣告破产；法律规定或者合伙协议约定合伙人必须具有相关资格而丧失该资格；合伙人在合伙企业中的全部财产份额被人民法院强制执行。

作为有限合伙人的自然人在有限合伙企业存续期间丧失民事行为能力的，其他合伙人不得因此要求其退伙。

作为有限合伙人的自然人死亡、被依法宣告死亡或者作为有限合伙人的法人及其他组织终止时，其继承人或者权利承受人可以依法取得该有限合伙人在有限合伙企业中的资格。

有限合伙人退伙后，对基于其退伙前的原因发生的有限合伙企业债务，以其退伙时从有限合伙企业中取回的财产承担责任。

五、有限合伙人与普通合伙人的资格转换

除合伙协议另有约定外，普通合伙人转变为有限合伙人，或者有限合伙人转变为普通合伙人，应当经全体合伙人一致同意。

有限合伙人转变为普通合伙人的，对其作为有限合伙人期间有限合伙企业发生的债务承担无限连带责任。

普通合伙人转变为有限合伙人的，对其作为普通合伙人期间合伙企业发生的债务承担无限连带责任。

任务四　合伙企业的解散与清算

任务导入

甲、乙、丙签订书面合伙协议共同投资设立一普通合伙企业，其中甲出资8万元，乙出资6万元，丙出资4万元。合伙协议中未约定利润和亏损分担比例。在合伙经营之前，乙曾欠丁公司一笔款项2万元。现丁公司从该合伙企业购进一批货物价款为2万元，丁以乙曾欠其2万元为由要求将货款抵销。乙表示同意，甲、丙对此不满，三人遂决定解散该合伙企业。

任务要求：①乙和丁的做法是否合法？②该企业解散时，该如何分配利润和分担亏损？③结合本案，熟悉合伙企业解散时债务清偿及亏损分担的规则。

相关知识

一、合伙企业的解散

合伙企业的解散是指合伙企业的终止。合伙企业有下列情形之一的，应当解散：①合伙期限届满，合伙人决定不再经营；②合伙协议约定的解散事由出现；③全体合伙人决定解散；④合伙人已不具备法定人数满 30 日；⑤合伙协议约定的合伙目的已经实现或者无法实现；⑥依法被吊销营业执照、责令关闭或者被撤销；⑦法律、行政法规规定的其他原因。

二、合伙企业的清算

1. 清算人的产生

合伙企业解散，应当由清算人进行清算。清算人由全体合伙人担任；经全体合伙人过半数同意，可以自合伙企业解散事由出现后 15 日内指定一个或者数个合伙人，或者委托第三人，担任清算人。自合伙企业解散事由出现之日起 15 日内未确定清算人的，合伙人或者其他利害关系人可以申请人民法院指定清算人。

2. 清算人的职责

清算人在清算期间执行下列事务：清理合伙企业财产，分别编制资产负债表和财产清单；处理与清算有关的合伙企业未了结事务；清缴所欠税款；清理债权、债务；处理合伙企业清偿债务后的剩余财产；代表合伙企业参加诉讼或者仲裁活动。

清算期间，合伙企业存续，但不得开展与清算无关的经营活动。

3. 债务清偿

合伙企业财产在支付清算费用和职工工资、社会保险费用、法定补偿金以及缴纳所欠税款、清偿债务后的剩余财产，依照法律的规定进行分配。

清算结束，清算人应当编制清算报告，经全体合伙人签名、盖章后，在 15 日内向企业登记机关报送清算报告，申请办理合伙企业注销登记。

合伙企业注销后，原普通合伙人对合伙企业存续期间的债务仍应承担无限连带责任。

合伙企业不能清偿到期债务的，债权人可以依法向人民法院提出破产清算申请，也可以要求普通合伙人清偿。

合伙企业依法被宣告破产的，普通合伙人对合伙企业债务仍应承担无限连带责任。

项目训练

■ 概念与知识

1. 基本概念

合伙企业　普通合伙企业　有限合伙企业

2. 选择题

（1）合伙企业存续期内，合伙人向合伙人以外的人转让其在合伙企业中的全部或者部分财产份额时，须经（　　）。
　　A. 其他合伙人一致同意　　　　　　B. 2/3 以上合伙人同意
　　C. 经合伙人过半数同意　　　　　　D. 经执行合伙企业事务的人一致同意

（2）根据《合伙企业法》规定，合伙人有（　　）情形的，为当然退伙。
　　A. 作为合伙人的自然人死亡　　　　B. 未履行出资义务
　　C. 作为合伙人的法人被宣告破产　　D. 个人丧失偿债能力

（3）甲、乙、丙、丁成立一有限合伙企业，其中甲、乙为普通合伙人，丙、丁为有限合伙人。1 年后甲转为有限合伙人，丙转为普通合伙人。此前，合伙企业欠银行50 万元，该债务直至合伙企业被宣告破产仍未偿还。下列有关对该 50 万元债务清偿责任的表述中，符合合伙企业法律制度规定的是（　　）。
　　A. 甲、乙承担无限连带责任，丙、丁以其出资额为限承担责任
　　B. 乙、丙承担无限连带责任，甲、丁以其出资额为限承担责任
　　C. 甲、乙、丙承担无限连带责任，丁以其出资额为限承担责任
　　D. 乙承担无限连带责任，甲、丙、丁以其出资额为限承担责任

（4）某合伙企业欠甲到期借款 3 万元，该合伙企业合伙人乙也欠甲到期借款 2 万元；甲向该合伙企业购买了一批产品，应付货款 5 万元。下列表述中，符合合伙企业法规定的是（　　）。
　　A. 甲可将其所欠合伙企业 5 万元货款与该合伙企业所欠其 3 万元到期借款以及合伙人乙所欠其 2 万元到期借款相抵销，甲无须再向合伙企业偿付货款
　　B. 甲只能将其所欠合伙企业 5 万元货款与该合伙企业所欠其 3 万元到期借款进行抵销，因此，甲仍应向该合伙企业偿付 2 万元
　　C. 甲只能将其所欠合伙企业 5 万元货款与乙所欠其 2 万元到期借款进行抵销，因此，甲仍应向该合伙企业偿付 3 万元
　　D. 甲所欠合伙企业之债务与该合伙企业及乙所欠其债务之间均不能抵销

（5）合伙企业财产在支付清算费用后，还应支付的费用包括（　　）。
　　A. 合伙企业的债务
　　B. 合伙企业所欠税款
　　C. 返还合伙所欠税款
　　D. 合伙企业所欠招用的职工工资和劳动保险费用

3. 简答题

（1）普通合伙企业的设立条件有哪些？
（2）普通合伙企业的事务执行方式有哪几种？
（3）有限合伙企业的设立条件有哪些？
（4）合伙企业解散的原因有哪些？

项目三 合伙企业法

■ **分析与应用**

案例 1

2019 年 2 月,甲、乙、丙三人共同出资开办合伙企业,合伙协议约定:甲出资 5 万元、乙出资 4 万元,丙以劳务出资,未约定利润分配和亏损分担比例。由甲执行合伙企业事务,对外代表合伙。企业成立后,甲为了改善企业经营管理,于 2020 年 4 月独自决定聘任合伙人以外的 B 担任该合伙企业的经营管理人员。2020 年 6 月,甲想把自己的一部分出资份额转让给丁,乙同意但丙不同意,因多数合伙人同意丁入伙成为新的合伙人,丙便提出退伙,甲、乙表示同意丙退伙,丁入伙。此时,该合伙企业欠久华公司货款 8 万元一直未还。2020 年 11 月,甲私自以合伙企业的名义为其朋友的 5 万元贷款提供担保,银行对甲的私自行为并不知情。2021 年 4 月,由于经营不善,该合伙企业宣告解散,企业又负债 12 万元无法清偿。

问题:

(1)甲聘任 B 担任合伙企业的经营管理人员是否符合规定?说明理由。

(2)丁认为久华公司的欠款是其入伙之前发生的,与自己无关,自己不应该对该笔债务承担责任,丁的看法是否正确?

(3)丙认为其早已于 2020 年 6 月退伙,该合伙企业的债务与其无关,丙的看法是否正确?

(4)如果甲的朋友到期不能清偿贷款,银行是否有权要求合伙企业承担担保责任?

(5)如果其他合伙人在得知甲私自以合伙企业的财产提供担保后一致同意将其除名,该决议是否有效?

(6)在合伙企业清算后,久华公司、贷款银行和该合伙企业的债权人认为乙个人资金雄厚,要求清偿全部债务,这些债权人的要求是否可以得到支持?

案例 2

甲、乙、丙、丁共同投资设立了 A 有限合伙企业(以下简称 A 企业)。合伙协议约定:甲、乙为普通合伙人,分别出资 10 万元;丙、丁为有限合伙人,分别出资 15 万元;甲执行合伙企业事务,对外代表 A 企业。2021 年 A 企业发生下列事实。

2 月,甲以 A 企业的名义与 B 公司签订了一份 12 万元的买卖合同。乙获知后,认为该买卖合同损害了 A 企业的利益,且甲的行为违反了 A 企业内部规定的甲无权单独与第三人签订超过 10 万元合同的限制,遂要求各合伙人作出决议,撤销甲代表 A 企业签订合同的资格。

4 月,乙、丙分别征得甲的同意后,以自己在 A 企业中的财产份额出质,为自己向银行借款提供质押担保。丁对上述事项均不知情,乙、丙之间也对质押担保事项互不知情。

8 月,丁退伙,从 A 企业取得退伙结算财产 12 万元。

9 月,A 企业吸收庚作为普通合伙人入伙,庚出资 8 万元。

10 月,A 企业的债权人 C 公司要求 A 企业偿还 6 月份所欠款项 50 万元。

35

11月，丙因所设个人独资企业发生严重亏损不能清偿D公司到期债务，D公司申请人民法院强制执行丙在A企业中的财产份额用于清偿其债务。人民法院强制执行丙在A企业中的全部财产份额后，甲、乙、庚决定A企业以现有企业组织形式继续经营。

经查：A企业内部约定，甲无权单独与第三人签订超过10万元的合同，B公司与A企业签订买卖合同时，不知A企业该内部约定。合伙协议未对合伙人以财产份额出质事项进行约定。

问题：

（1）甲以A企业的名义与B公司签订的买卖合同是否有效？请说明理由。

（2）合伙人对撤销甲代表A企业签订合同的资格事项作出决议，在合伙协议未约定表决办法的情况下，应当如何表决？

（3）乙、丙的质押担保行为是否有效？请分别说明理由。

（4）如果A企业的全部财产不足清偿C公司的债务，对不足清偿的部分，哪些合伙人应当承担清偿责任？如何承担清偿责任？

（5）人民法院强制执行丙在A企业中的全部财产份额后，甲、乙、庚决定A企业以现有企业组织形式继续经营是否合法？请说明理由。

实训题

起草一份合伙协议，模拟设立合伙企业，熟悉合伙企业设立的相关问题。

项目四

公 司 法

学习目标	
知识目标	理解公司的概念、特征和种类； 掌握有限责任公司的设立条件、程序，有限公司的组织机构； 掌握股份有限公司的设立条件、程序，股份有限公司的组织机构，股份有限公司的资本制度； 掌握公司合并、分立、终止的规定。
能力目标	能够制定公司章程，能够撰写公司登记申请书、获取验资证明等材料，处理公司登记事务； 能够根据法律及章程的规定明确股东的各项权利和义务； 学会运用法律知识召集主持股东会、董事会和监事会，并对某项实际问题作出决议。

任务一　认识公司企业

任务导入

东方汽车修理有限公司因资金周转困难,向王某借款20万元作为生产流动资金。双方约定年利率为7%。借款期限为一年,到期连本带息归还。到了约定的时间,该公司未向王某还款。东方汽车修理有限公司是由甲、乙、丙三人出资设立的,因该公司还款无望,王某便将东方汽车修理有限公司、股东甲乙丙三人一并诉至人民法院,请求判令偿还借款。

任务要求:法院应判决谁承担对王某的还款责任?结合本案,分析个人独资企业、合伙企业及公司企业的不同点。

相关知识

一、公司的概念与特征

公司是指依法设立的以营利为目的的企业法人。公司具有以下法律特征。

(1)公司应当依法设立。公司必须依照法定条件、程序设立,是投资者依照法定条件和程序设立的经济组织。

(2)公司以营利为目的,具有营利性。公司必须从事经营活动,其经营活动的目的在于获取利润,营利性是公司区别于非营利性法人组织的重要特征。

(3)公司具有法人性。公司是法人的典型形态,公司具有法人性,即公司是依法设立、有独立财产、能够独立承担民事责任的企业法人。法人性特征是公司区别于合伙企业的主要特征。

二、公司的种类

根据不同的分类方法,可以将公司分为不同的种类。

(1)按照公司的财产责任形式,可将公司分为无限责任公司、有限责任公司、股份有限责任公司和两合公司。我国公司法只确认了其中的两种公司形态,即有限责任公司和股份有限责任公司。

(2)按照公司之间的相互控制与依附关系,可将公司分为母公司和子公司。母公司与子公司都是独立的法人,各自以其名义独立对外进行经营活动,各自以其财产对自己的债务独立承担责任。

（3）按照公司内部的管辖关系，可将公司分为总公司和分公司。总公司具有法人资格，分公司一般没有法人资格，分公司没有自己独立的财产，不能独立对外承担民事责任。

除此之外，按照公司的信用基础，还可将公司分为人合公司、资合公司、人合兼资合公司；按照公司的国籍不同，可将公司分为本国公司、外国公司和跨国公司。

三、公司法的概念

公司法是调整公司在设立、变更、终止以及营运过程中发生的社会关系的法律规范的总称。1993年12月29日，第八届全国人民代表大会常务委员会第五次会议审议通过了《中华人民共和国公司法》，自1994年7月1日起施行，标志着我国公司法律制度的正式形成。该法分别于1999年、2004年、2013年、2018年进行了四次修正。

我国公司法的适用范围是在中国境内设立的有限责任公司和股份有限公司。

任务二　有限责任公司

任务导入

甲、乙、丙、丁四人出资设立大成饲料食品有限公司，拟定章程为：除每年召开一次股东会议外，还可以召开临时股东会议，临时会议必须经代表1/2以上表决权的股东或1/2以上董事提出召开。在申请设立登记时，公司登记机关指出，公司章程存在问题，经全体股东会协商后予以纠正。2019年3月公司成立，注册资本为3 600万元，其中甲以工业产权作价出资800万元，乙以现金出资1 200万元，丙丁各以现金出资800万元。公司成立后，由甲召集和主持了股东会首次会议，设立了董事会。5月，公司董事会发现，甲作为出资的工业产权实际价额为600万元，为了使公司注册资本达到3 600万元，公司董事会提出解决方案，即由甲补足其差额200万元，如果甲不能补足差额，则由其他股东按照出资比例出资分担该差额。2020年6月，公司董事会制订了一个增资方案，方案提出将公司注册资本增到5 000万元。增资方案提交股东会表决时，甲、乙、丙同意，丁反对。股东会通过了增资决议，并授权董事会执行。2021年大成食品有限公司在青岛依法成立了青岛分公司，青岛分公司在经营过程中，因违反合同被诉至法院。原告以大成食品有限公司是青岛分公司的总公司为由，要求大成食品有限公司承担违约责任。

任务要求：

（1）大成食品有限公司在设立前拟定的章程中有关召开临时股东会的决定是否合法？为什么？

（2）大成食品有限公司首次股东会由甲召集和主持是否符合《公司法》的规定？为什么？

（3）大成食品有限公司作出的关于甲出资不足的解决方案是否符合《公司法》的规定？为什么？

（4）大成食品有限公司股东会作出的增资决议是否符合《公司法》的规定？为什么？

（5）大成食品有限公司是否应为北京分公司承担责任？为什么？

（6）结合本案，理解运用有限责任公司设立的条件程序、有限公司组织机构运作规则。

相关知识

一、有限责任公司的概念与特征

1. 有限责任公司的概念

有限责任公司是依照《公司法》设立的，股东以其出资额为限对公司承担责任，公司以其全部财产对公司债务承担责任的企业法人。

2. 有限责任公司的特征

（1）股东数额的有限性。我国《公司法》规定股东人数为1人以上50人以下。

（2）股东责任的有限性。有限责任公司的股东以其出资额对公司承担责任，公司以其全部资产对公司的债务承担责任。

（3）公司具有封闭性。有限责任公司不能向社会公开募集公司资本，不能发行股票。

（4）公司组织的简便性。有限责任公司的设立条件、程序，组织机构等都比股份有限公司简单。

（5）是人合性与资合性相结合的公司。有限责任公司的人合性体现在股东人数有最高限额、禁止公开募集资本、股权转让受到限制；其资合性主要表现为股东不能以劳务、信用出资。

二、有限责任公司的设立

1. 有限责任公司的设立条件

（1）股东符合法定人数。我国《公司法》规定，有限责任公司由50个以下股东出资设立。

（2）有符合公司章程规定的全体股东认缴的出资额。新修订的《公司法》取消了一般公司的注册资本要求，一般公司在设立时已经无须事先实缴资本，只需认缴资本即可。但是，也并非所有公司的设立都没有最低注册资本要求和资本实缴要求，出于某些行业的市场监管需要，新修订的《公司法》第26条规定："有限责任公司的注册资本为在公司登记机关登记的全体股东认缴的出资额。"法律、行政法规以及国务院决定对有限责任公司注册资本实缴、注册资本最低限额另有规定的，从其规定。

股东可以用货币出资，也可以用实物、知识产权、土地使用权等可以用货币估价并可以依法转让的非货币财产作价出资；但是，法律、行政法规规定不得作为出资的财产除外。对作为出资的非货币财产应当评估作价，核实财产，不得高估或者低估作价。法律、行政法规对评估作价有规定的，从其规定。

（3）股东共同制定公司章程。有限责任公司章程应当载明下列事项：公司名称和住所；公司经营范围；公司注册资本；股东的姓名或者名称；股东的出资方式、出资额和出资时间；公司的机构及其产生办法、职权、议事规则；公司法定代表人；股东会会议认为需要规定的其他事项。

（4）有公司名称，建立符合有限责任公司要求的组织机构。设立有限责任公司，必须在公司名称中标明有限责任公司或者有限公司字样。有限责任公司的组织机构包括股东会、董事会、监事会和经理。

（5）有公司住所。

2. 有限责任公司的设立程序

（1）订立公司章程。设立公司必须由全体股东共同订立章程，将要设立的公司的基本情况以及各方面的权利义务加以明确规定。

（2）股东缴纳出资。股东以货币出资的，应当将货币出资足额存入有限责任公司在银行开设的账户；以非货币财产出资的，应当依法办理其财产权的转移手续。股东不按照上述规定缴纳出资的，除应当向公司足额缴纳外，还应当向已按期足额缴纳出资的股东承担违约责任。

（3）申请设立登记。股东的首次出资经依法设立的验资机构验资后，由全体股东指定的代表或者共同委托的代理人向公司登记机关申请设立登记。公司登记机关审查后，对符合法定条件的予以登记并发给营业执照，公司营业执照签发日期为公司成立日期。

实务操作指南——有限责任公司的注册流程

1. 需准备的材料

（1）公司法定代表人签署的设立登记申请书。

（2）全体股东指定代表或者共同委托代理人的证明。

（3）公司章程。

（4）依法设立的验资机构出具的验资证明，法律、行政法规另有规定的除外。

（5）股东首次出资是非货币财产的，应当在公司设立登记时提交已办理其财产权转移手续的证明文件。

（6）股东的主体资格证明或者自然人身份证明。

（7）载明公司董事、监事、经理的姓名、住所的文件以及有关委派、选举或者聘用的证明。

（8）公司法定代表人任职文件和身份证明。

（9）企业名称预先核准通知书。

（10）公司住所证明。

（11）国家工商行政管理总局规定要求提交的其他文件。

2. 有限责任公司注册流程

（1）办理企业名称核准。

（2）确定公司住所。

（3）形成公司章程，由所有股东签名，并署名日期。

（4）办理验资。

（5）申请公司营业执照。

三、有限责任公司的组织机构

1. 股东会

（1）股东会的组成和职权

有限责任公司的股东会由全体股东组成，股东会是公司的权力机构，负责决定公司的重大事项。

股东会行使下列职权：决定公司的经营方针和投资计划；选举和更换非由职工代表担任的董事、监事，决定有关董事、监事的报酬事项；审议批准董事会的报告；审议批准监事会或者监事的报告；审议批准公司的年度财务预算方案、决算方案；审议批准公司的利润分配方案和弥补亏损方案；对公司增加或者减少注册资本作出决议；对发行公司债券作出决议；对公司合并、分立、解散、清算或者变更公司形式作出决议；修改公司章程；公司章程规定的其他职权。

（2）股东会会议

股东会会议分为定期会议和临时会议。定期会议应当依照公司章程的规定按时召开。代表1/10以上表决权的股东，1/3以上的董事，监事会或者不设监事会的公司的监事提议召开临时会议的，应当召开临时会议。

股东会会议由股东按照出资比例行使表决权；但是，公司章程另有规定的除外。股东会的议事方式和表决程序，除《公司法》有规定的外，由公司章程规定。

股东会的决议，根据其议事方式和表决程序的不同，一般可以分为普通决议与特别决议两种。普通决议是就公司的一般事项所作的决议，需要代表1/2以上表决权的股东通过。特别决议是就公司特别重大的事项所作的决议，需要代表2/3以上表决权的股东通过，通过特别决议而决定的事项有：修改公司章程、增加或者减少注册资本、公司合并、分立、解散或者变更公司形式。

2. 董事会

（1）董事会的组成和职权

董事会是股东会的常设执行机关，由股东选举产生，行使公司的经营管理权。董事会的成员为3至13人；股东人数较少或者规模较小的有限责任公司，可以设一名执行董事，不设董事会，执行董事可以兼任公司经理。两个以上的国有企业或者两个以上的其他国有投资主体投资设立的有限责任公司，其董事会成员中应当有公司职工代表；其他有限责任公司董事会成员中可以有公司职工代表。董事会中的职工代表由公司职工通过职工代表大会、职工大会或者其他形式民主选举产生。

董事会设董事长一人，可以设副董事长。董事长、副董事长的产生办法由公司章程规定。董事任期由公司章程规定，但每届任期不得超过3年。董事任期届满，连选可以连任。

董事会对股东会负责，行使下列职权：召集股东会会议，并向股东会报告工作；执行股东会的决议；决定公司的经营计划和投资方案；制订公司的年度财务预算方案、决算方案；制订公司的利润分配方案和弥补亏损方案；制订公司增加或者减少注册资本以及发行公司债券的方案；制订公司合并、分立、解散或者变更公司形式的方案；决定公司内部管理机构的设置；决定聘任或者解聘公司经理及其报酬事项，并根据经理的提名决定聘任或者解聘公司副经理、财务负责人及其报酬事项；制定公司的基本管理制度；公司章程规定的其他职权。

（2）董事会会议

董事会会议由董事长召集和主持；董事长不能履行职务或者不履行职务的，由副董事长召集和主持；副董事长不能履行职务或者不履行职务的，由半数以上董事共同推举一名董事召集和主持。

董事会的议事方式和表决程序，除《公司法》有规定的外，由公司章程规定。董事会决议的表决，实行一人一票。

3. 监事会

（1）监事会的组成和职权

监事会是公司经营活动的监督机构，行使对经营管理者的监督权。《公司法》规定，有限责任公司设监事会，其成员不得少于3人。股东人数较少或者规模较小的有限责任公司，可以设1至2名监事，不设监事会。

监事会应当包括股东代表和适当比例的公司职工代表，其中职工代表的比例不得低于1/3，具体比例由公司章程规定。监事会中的职工代表由公司职工通过职工代表大会、职工大会或者其他形式民主选举产生。

监事的任期每届为三年。监事任期届满，连选可以连任。

监事会、不设监事会的公司的监事行使下列职权：检查公司财务；对董事、高级管理人员执行公司职务的行为进行监督,对违反法律、行政法规、公司章程或者股东会决议的董事、高级管理人员提出罢免的建议;当董事、高级管理人员的行为损害公司的利益时,要求董事、高级管理人员予以纠正;提议召开临时股东会会议,在董事会不履行本法规定的召集和主持股东会会议职责时召集和主持股东会会议;向股东会会议提出提案;依照法律规定,对董事、高级管理人员提起诉讼;公司章程规定的其他职权。

(2)监事会会议

监事会每年度至少召开一次会议,监事可以提议召开临时监事会会议。监事会的议事方式和表决程序,除《公司法》有规定的外,由公司章程规定。监事会决议应当经半数以上监事通过。

4. 经理

经理是有限责任公司的辅助业务执行机关,是公司日常经营管理工作的负责人。经理由董事会聘任或解聘,对董事会负责。股东人数较少、规模较小的公司,执行董事可以兼任公司经理。经理列席董事会会议。

经理行使下列职权:主持公司的生产经营管理工作,组织实施董事会决议;组织实施公司年度经营计划和投资方案;拟订公司内部管理机构设置方案;拟订公司的基本管理制度;制定公司的具体规章;提请聘任或者解聘公司副经理、财务负责人;决定聘任或者解聘除应由董事会决定聘任或者解聘以外的负责管理人员;董事会授予的其他职权。

四、有限责任公司的股权转让

1. 内部股权转让

《公司法》规定,有限责任公司的股东之间可以相互转让其全部或者部分股权。

2. 外部股权转让

股东向股东以外的人转让股权,应当经其他股东过半数同意,股东应就其股权转让事项书面通知其他股东征求同意,其他股东在接到书面通知之日起满 30 日未答复的,视为同意转让,其他股东半数以上不同意转让的,不同意的股东应当购买该转让的股权;不购买的,视为同意转让。

经股东同意转让的股权,在同等条件下,其他股东有优先购买权。两个以上股东主张行使优先购买权的,协商确定各自的购买比例;协商不成的,按照转让时各自的出资比例行使优先购买权。

实务操作指南——股权转让协议范本

转让方:_____有限公司(以下称"甲方")

受让方:_____有限公司(以下称"乙方")

甲方与乙方就转让_____有限公司(下称"A公司")股权之有关事宜,经协商一致,达成如下协议。

第一条　标的物

甲方将其拥有的 A 公司 _____ % 股权转让给乙方。

第二条　价款和支付方式

2.1　甲方转让给乙方之股权价款折人民币 _____ 万元。

2.2　乙方以现金或其他等价物的方式支付股权价款。

第三条　双方责任和义务

3.1　甲方责任和义务

a. 保证其转让之股权无法律瑕疵，可以对抗任何第三人。

b. 负责向有关部门办理本次股权转让之审批及变更登记等有关手续。

c. 承担本次股权转让所需缴纳的全部税费。

3.2　乙方责任和义务

a. 按照本协议第二条之规定向甲方足额支付价款。

b. 协助甲方办理本次股权转让手续。

c. 本次股权转让行为生效后，按照出资比例对 A 公司分享利润和分担亏损。

第四条　违约责任

4.1　甲方向乙方转让之股权如有瑕疵，应于发现瑕疵之日起十五日内消除该瑕疵，并向乙方支付 _____ 万元违约金，乙方可暂停支付价款，待瑕疵消除之后恢复支付，瑕疵消除所费时日自付款期限中扣除；甲方未能在瑕疵发现之日起十五日内将之消除，乙方有权解除本协议，并向甲方收取 _____ 万元违约金。

4.2　乙方未能按照本协议第二条之规定向甲方支付价款，甲方有权解除本协议，已收价款不再退还，并向乙方收取 _____ 万元违约金。

第五条　其他

5.1　如发生争议，经协商不能解决的，任何一方可提交有管辖权的法院审理。

5.2　本协议使用文字为中文，其他文字文本与中文文本有异的，以中文文本为准。

5.3　本协议一式 _____ 份，双方各持 _____ 份，其余报有关部门备案，具有同等法律效力。

甲方（公章）：_____　　　乙方（公章）：_____

法定代表人（签字）：_____　　法定代表人（签字）：_____

_____年_____月_____日　　　_____年_____月_____日

五、一人有限责任公司的概念和特别规定

1. 一人有限责任公司的概念

一人有限责任公司是指只有一个自然人股东或者一个法人股东的有限责任公司。

2. 一人有限责任公司的特别规定

由于一人有限责任公司的特殊性，《公司法》对于一人有限责任公司作出了一些特

别规定。

（1）一个自然人只能投资设立一个一人有限责任公司，该一人有限责任公司不能投资设立新的一人有限责任公司。

（2）一人有限责任公司应当在公司登记中注明自然人独资或者法人独资并在公司营业执照中载明。

（3）一人有限责任公司章程由股东制定。

（4）一人有限责任公司的股东不能证明公司财产独立于股东自己的财产的，应当对公司债务承担连带责任。

任务三　股份有限责任公司

任务导入

张某、李某、赵某和郑某准备设立一家经营电子产品的股份有限公司。各方当事人签署了一份设立股份有限公司的协议，其内容如下。公司共有股东四人；公司为发起设立；公司注册资本为人民币400万元；全体发起人共认购公司30%的股份，计120万元，其余部分的股份拟向发起人的亲戚朋友发行。公司发起人的首次出资额为人民币50万元。公司由于规模不大，所以公司决定只设监事而不设监事会。

任务要求：指出该投资协议的错误之处并说明理由，理解股份有限责任公司设立的条件。

相关知识

一、股份有限责任公司的概念与特征

1. 股份有限责任公司的概念

股份有限责任公司是指全部资本分为均等份额，股东以其所持股份为限对公司承担责任，公司以其全部资产对公司债务承担责任的企业法人。

2. 股份有限责任公司的特征

股份有限责任公司具有以下法律特征。

（1）股东数额的广泛性。股份有限责任公司的股东人数具有广泛性，各国公司法对股东数额均仅规定最低限额，没有规定最高限额。我国《公司法》规定，股份有限责任公司的股东为2人以上。

（2）股东责任的有限性。股份有限责任公司的股东以其认购的股份为限对公司承担责任，公司以其全部资产对公司的债务承担责任。

（3）公司股份的等额性。股份有限公司的资本划分为若干等额股份，股份是构成公司资本的最小单位，也是计算股东权利义务的基本单位。

（4）公开性。股份有限公司募股集资的方式是开放的，无论是发起设立或是募集设立，都须向社会公开或在一定范围内公开募集资本，招股公开，财务经营状况亦公开。

（5）是最典型的资合公司。股份有限责任公司的信用基础在于其资本，与公司成员的信用无关，股东只能以货币、实物、知识产权等出资，不能以信用或劳务出资。同时，股份有限责任公司的股份可以自由转让。

二、股份有限责任公司的设立

1. 股份有限责任公司设立的条件

设立股份有限责任公司应符合以下条件。

（1）发起人符合法定人数。《公司法》第78条规定：设立股份有限公司，应当有2人以上200人以下为发起人，其中须有半数以上的发起人在中国境内有住所。

（2）有符合公司章程规定的全体发起人认购的股本总额或者募集的实收股本总额。

（3）股份的发行、筹办事项符合法律规定。

（4）发起人制定公司章程，采用募集方式设立的经创立大会通过。

（5）有公司名称，建立符合股份有限公司要求的组织机构。

（6）有公司住所。公司应有相对稳定的地点开展经营活动。

2. 股份有限责任公司设立的程序

（1）发起设立

发起设立是指由发起人认购公司应发行的全部股份而设立公司。

以发起设立方式设立股份有限公司的，发起人应当书面认足公司章程规定其认购的股份；一次缴纳的，应即缴纳全部出资；分期缴纳的，应即缴纳首期出资。以非货币财产出资的，应当依法办理其财产权的转移手续。发起人不依照前款规定缴纳出资的，应当按照发起人协议承担违约责任。

发起人首次缴纳出资后，应当选举董事会和监事会，由董事会向公司登记机关报送公司章程、由依法设定的验资机构出具的验资证明以及法律、行政法规规定的其他文件，申请设立登记。公司登记机关在收到公司设立登记的申请后，在法定的期间内应作出是否予以登记的决定，对于符合条件的，应予以登记，发给公司营业执照。

（2）募集设立

募集设立是指由发起人认购公司应发行股份的一部分，其余股份向社会公开募集或者向特定对象募集而设立公司。募集方式是股份有限责任公司设立的主要方式。

股份有限公司采取募集方式设立的，注册资本为在公司登记机关登记的实收股本总额。发起人认购的股份不得少于公司股份总数的35%，法律、行政法规另有规定的，从其规定。

发行股份的股款缴足后，必须经依法设立的验资机构验资并出具证明。

以募集方式设立股份有限公司公开发行股票的，还应当向公司登记机关报送国务院证券监督管理机构的核准文件。

发起人应当自股款缴足之日起30日内主持召开公司创立大会。创立大会由发起人、认股人组成。

董事会应于创立大会结束后30日内，向公司登记机关报送有关文件，申请设立登记。以募集方式设立股份有限公司公开发行股票的，还应当向公司登记机关报送国务院证券监督管理机构的核准文件。公司登记机关自收到股份有限公司设立申请之日起30日内，作出是否予以登记的决定。对符合条件的，予以登记，发给公司营业执照。

三、股份有限责任公司的组织机构

股份有限责任公司的组织机构包括股东大会、董事会、监事会和经理，这些机构的组成、职权等与有限公司组织机构的规定基本相同。

1. 股东大会

（1）股东大会的组成和职权

股份有限公司股东大会由全体股东组成。股东大会是公司的权力机构。有限责任公司股东会职权的规定，适用于股份有限公司股东大会，其职权与有限责任公司股东会的职权相同。

（2）股东大会的会议

股东大会应当每年召开一次年会。有下列情形之一的，应当在2个月内召开临时股东大会：①董事人数不足本法规定人数或者公司章程所定人数的2/3时；②公司未弥补的亏损达实收股本总额1/3时；③单独或者合计持有公司10%以上股份的股东请求时；④董事会认为必要时；⑤监事会提议召开时；⑥公司章程规定的其他情形。

股东大会作出决议，必须经出席会议的股东所持表决权过半数通过。但是，股东大会作出修改公司章程、增加或者减少注册资本的决议，以及公司合并、分立、解散或者变更公司形式的决议，必须经出席会议的股东所持表决权的2/3以上通过。

2. 董事会

（1）董事会的组成及职权

股份有限公司设董事会，其成员为5~19人。董事会成员中可以有公司职工代表。董事会中的职工代表由公司职工通过职工代表大会、职工大会或者其他形式民主选举产生。董事会设董事长一人，可以设副董事长。董事长和副董事长由董事会以全体董事的过半数选举产生。

股份有限公司董事会的职权与有限责任公司董事会的职权相同。

（2）董事会会议

董事会每年度至少召开两次会议，每次会议应当于会议召开10日前通知全体董事和监事。代表1/10以上表决权的股东、1/3以上董事或者监事会，可以提议召开董事会临时会议。董事长应当自接到提议后10日内，召集和主持董事会会议。

董事会会议应有过半数的董事出席方可举行。董事会作出决议，必须经全体董事的过半数通过。董事会决议的表决，实行一人一票。

3. 监事会

（1）监事会的组成及职权

股份有限公司设监事会，其成员不得少于3人。监事会应当包括股东代表和适当比例的公司职工代表，其中职工代表的比例不得低于1/3，具体比例由公司章程规定。监事会中的职工代表由公司职工通过职工代表大会、职工大会或者其他形式民主选举产生。

监事会设主席一人，可以设副主席。监事会主席和副主席由全体监事过半数选举产生。

监事会的职权适用有限责任公司监事会职权的规定。

（2）监事会会议

监事会每6个月至少召开一次会议。监事可以提议召开临时监事会会议。监事会的议事方式和表决程序，除《公司法》有规定的外，由公司章程规定。监事会决议应当经半数以上监事通过。

4. 经理

股份有限公司设经理，由董事会决定聘任或者解聘。

《公司法》关于有限责任公司经理职权的规定，适用于股份有限公司经理。

公司董事会可以决定由董事会成员兼任经理。

5. 公司董事、监事、高级管理人员的任职资格和义务

（1）公司董事、监事、高级管理人员的任职资格

《公司法》第146条规定，有下列情形之一的，不得担任公司的董事、监事、高级管理人员：①无民事行为能力或者限制民事行为能力；②因贪污、贿赂、侵占财产、挪用财产或者破坏社会主义市场经济秩序，被判处刑罚，执行期满未逾5年，或者因犯罪被剥夺政治权利，执行期满未逾5年；③担任破产清算的公司、企业的董事或者厂长、经理，对该公司、企业的破产负有个人责任的，自该公司、企业破产清算完结之日起未逾3年；④担任因违法被吊销营业执照、责令关闭的公司、企业的法定代表人，并负有个人责任的，自该公司、企业被吊销营业执照之日起未逾3年；⑤个人所负数额较大的债务到期未清偿。

除此之外，国家国务院公务员不能兼任公司的董事、监事、高级管理人员。

（2）公司董事、监事、高级管理人员的义务

① 忠实义务和勤勉义务。董事、监事、高级管理人员应当遵守法律、行政法规和

公司章程，对公司负有忠实义务和勤勉义务。董事、监事、高级管理人员不得利用职权收受贿赂或者其他非法收入，不得侵占公司的财产。董事、高级管理人员不得有下列行为：挪用公司资金；将公司资金以其个人名义或者以其他个人名义开立账户存储；违反公司章程的规定，未经股东会、股东大会或者董事会同意，将公司资金借贷给他人或者以公司财产为他人提供担保；违反公司章程的规定或者未经股东会、股东大会同意，与本公司订立合同或者进行交易；未经股东会或者股东大会同意，利用职务便利为自己或者他人谋取属于公司的商业机会，自营或者为他人经营与所任职公司同类的业务；接受他人与公司交易的佣金归为己有；擅自披露公司秘密；违反对公司忠实义务的其他行为。

董事、高级管理人员违反上述规定所得的收入应当归公司所有。

② 注意义务。董事、监事、高级管理人员执行公司职务时违反法律、行政法规或者公司章程的规定，给公司造成损失的，应当承担赔偿责任。董事、高级管理人员违反法律、行政法规或者公司章程的规定，损害股东利益的，股东可以向人民法院提起诉讼。

任务四 公司的财务和会计

任务导入

东湾公司于2013年成立，股东为金鹏公司和丽晶公司，出资比例分别为35%和65%。公司章程规定每年分配利润一次。至2020年年底，东湾公司从未召开股东会讨论利润分配事宜，亦未向股东分配过利润。2021年，金鹏公司向法院起诉东湾公司，请求东湾公司分配至2020年年底的利润665万元。法院委托的审计结果显示，东湾公司2013年未实现销售收入，2014—2018年连续亏损，2018—2020年连续盈利，截至2020年年底的净利润为1 980万元。

任务要求：法院应如何判决？理解公司利润分配制度。

相关知识

一、公司财务会计的基本要求

（1）公司应当依照法律、行政法规和国务院财政部门的规定建立本公司的财务、会计制度。

（2）公司应当在每一会计年度终了时编制财务会计报告，并依法经会计师事务所审计。财务会计报告应当依照法律、行政法规和国务院财政部门的规定制作。财务会计报告内容主要包括：资产负债表、损益表、财务状况变动表、财务情况说明书、利润分配表等财务报表及附属明细表。

有限责任公司应当依照公司章程规定的期限将财务会计报告送交各股东。股份有限公司的财务会计报告应当在召开股东大会年会的20日前置备于本公司，供股东查阅；公开发行股票的股份有限公司必须公告其财务会计报告。

（3）公司除法定的会计账簿外，不得另立会计账簿。对公司资产，不得以任何个人名义开立账户存储。

（4）公司聘用、解聘承办公司审计业务的会计师事务所，依照公司章程的规定，由股东会、股东大会或者董事会决定。公司股东会、股东大会或者董事会就解聘会计师事务所进行表决时，应当允许会计师事务所陈述意见。

公司应当向聘用的会计师事务所提供真实、完整的会计凭证、会计账簿、财务会计报告及其他会计资料，不得拒绝、隐匿、谎报。

二、公司利润的分配

公司利润是指公司在一定时期（1年）内生产经营的财务成果，包括营业利润、投资净收益和营业外收支净额。

公司利润分配的基本原则是"无盈不分，无利不分；多盈多分，少盈少分"。

根据我国《公司法》的规定，公司税后利润分配的顺序是：

（1）弥补亏损。公司上一年度有亏损，且公司的法定公积金又不足以弥补上一年度亏损时，应先用公司的当年利润弥补亏损。

（2）提取法定公积金。法定公积金是指依照法律规定强制提取的公积金。公司当年利润在弥补亏损后，如果有剩余，应提取利润的10%列入法定公积金。公司法定公积金累积金额为公司注册资本的50%以上的，可不再提取。

（3）提取任意公积金。任意公积金是指根据公司章程或股东会决议于法定公积金外自由提取的公积金。公司可以通过公司章程、股东会决议提取任意公积金。

（4）向股东分配股利。公司弥补亏损和提取公积金后所余税后利润，可以依法分配给股东。有限责任公司股东按照实缴的出资比例分取红利，但是，全体股东约定不按照出资比例分取红利或者不按照出资比例优先认缴出资的除外。股份有限公司按照股东持有的股份比例分配，但股份有限公司章程规定不按持股比例分配的除外。

股东会、股东大会或者董事会违反上述规定，在公司弥补亏损和提取法定公积金之前向股东分配利润的，股东必须将违反规定分配的利润退还公司。

任务五　公司的合并、分立、终止

任务导入

某市有两家生产工业磨具的企业，一家是磨具有限公司，另一家是砂轮产品有限公司。模具有限公司是省级重点企业，企业效益好，连年获行业优秀企业称号，产品畅销海内外，急需扩大生产规模；而砂轮产品有限公司由于经营不善，虽然有先进的机器设备，但开工不足。两家公司的董事会经商谈后，分别作出决议，决定将两家公司合并，双方签订了合并协议，合并后的公司使用磨具有限公司的名称。协议签订后，磨具公司的部分股东因砂轮公司承担债务过多，提出不同意合并。而磨具有限公司董事会以合同已签约生效为由否定了部分股东的意见。随后磨具公司发出公告，两公司合并后，磨具公司不承担砂轮公司的债务。两家公司遂进行了合并，资产、财务、人员进行了相应的交接。

任务要求：此案中的合并属于什么形式？两公司董事会关于合并的决议是否合法有效？合并后磨具公司公告不承认砂轮公司的债务是否合法？结合本案，分析适用公司合并的规则。

相关知识

一、公司的合并

公司的合并是指两个以上的公司合并为一个公司的行为。

我国《公司法》规定，公司合并可以采取吸收合并或者新设合并。一个公司吸收其他公司为吸收合并，被吸收的公司解散。两个以上公司合并设立一个新的公司为新设合并，合并各方解散。

根据《公司法》第173条规定，公司合并，应当由合并各方签订合并协议，并编制资产负债表及财产清单。公司应当自作出合并决议之日起10日内通知债权人，并于30日内在报纸上公告。债权人自接到通知书之日起30日内，未接到通知书的自公告之日起45日内，可以要求公司清偿债务或者提供相应的担保。

合并协议经各公司股东会批准后，应当依法向公司登记机关办理变更登记。存续公司应进行变更登记，新设公司进行设立登记注册，被解散的公司应进行解散登记。

公司合并时，合并各方的债权、债务，应当由合并后存续的公司或者新设的公司承继。

二、公司的分立

公司的分立是指一个公司分为两个以上的公司。

公司分立可以采取存续分立和解散分立两种形式。存续分立是指一个公司分离成两个以上公司,原公司继续存在并设立一个以上新的公司。解散分立是指一个公司分解为两个以上公司,原公司解散并设立两个以上新的公司。

公司分立的程序与公司合并的程序基本一样。

公司分立前的债务由分立后的公司承担连带责任。但是,公司在分立前与债权人就债务清偿达成的书面协议另有约定的除外。

三、公司的终止

1. 公司终止的原因

公司的终止是指公司资格的消灭。公司终止的原因包括:①公司章程规定的营业期限届满或者公司章程规定的其他解散事由出现;②股东会或者股东大会决议解散;③因公司合并或者分立需要解散;④依法被吊销营业执照、责令关闭或者被撤销;⑤公司经营管理发生严重困难,继续存续会使股东利益受到重大损失,通过其他途径不能解决的,持有公司全部股东表决权10%以上的股东,可以请求人民法院解散公司。

2. 公司的清算

公司的清算是指公司终止时对其财产进行清理的过程。公司终止后,应指定清算人对公司的债权、债务和公司财产进行清理。

(1)清算组的组成

《公司法》规定,公司解散的,应当在解散事由出现之日起15日内成立清算组,开始清算。有限责任公司的清算组由股东组成,股份有限公司的清算组由董事或者股东大会确定的人员组成。逾期不成立清算组进行清算的,债权人可以申请人民法院指定有关人员组成清算组进行清算。人民法院应当受理该申请,并及时组织清算组进行清算。

(2)清算组的职权

清算组在清算期间行使下列职权:①清理公司财产,分别编制资产负债表和财产清单;②通知、公告债权人;③处理与清算有关的公司未了结的业务;④清缴所欠税款以及清算过程中产生的税款;⑤清理债权、债务;⑥处理公司清偿债务后的剩余财产;⑦代表公司参与民事诉讼活动。

(3)清算的程序

① 登记、申报债权。清算组应当自成立之日起10日内通知债权人,并于60日内在报纸上公告。债权人应当自接到通知书之日起30日内,未接到通知书的自公告之日起45日内,向清算组申报其债权。债权人申报债权,应当说明债权的有关事项,并提供证明材料。清算组应当对债权进行登记。

在申报债权期间,清算组不得对债权人进行清偿。

② 清理公司财产,制订清算方案。清算组在清理公司财产、编制资产负债表和财

产清单后,应当制订清算方案,并报股东会、股东大会或者人民法院确认。

③ 清偿公司债务。公司财产在分别支付清算费用、职工的工资、社会保险费用和法定补偿金,缴纳所欠税款,清偿公司债务后的剩余财产,有限责任公司按照股东的出资比例分配,股份有限公司按照股东持有的股份比例分配。

清算期间,公司存续,但不得开展与清算无关的经营活动。公司财产在未依照上述规定清偿前,不得分配给股东。

④ 注销公司登记并公告。公司清算结束后,清算组应当制作清算报告,报股东会、股东大会或者人民法院确认,并报送公司登记机关,申请注销公司登记,公告公司终止。

项目训练

■ 概念与知识

1. 基本概念

公司 公司法 有限责任公司 股份有限责任公司

2. 选择题

(1) 根据我国《公司法》的规定,下列各项中,属于有限责任公司董事会行使的职权是(   )。

　　A. 决定减少注册资本　　　　　B. 聘任或解聘公司经理

　　C. 聘任和解聘董事　　　　　　D. 修改公司章程

(2) 下列各项中,不属于有限责任公司出资方式的是(   )。

　　A. 土地所有权　　B. 房屋　　C. 工业产权　　D. 机器设备

(3) 根据公司法律制度的规定,股份有限公司发生下列情形时,不符合召开临时股东大会条件的有(   )。

　　A. 董事人数不足公司章程所定人数 2/3 时

　　B. 公司未弥补的亏损达到股本总额的 1/3 时

　　C. 持有公司股份 5% 的股东请求时

　　D. 监事会提议召开时

(4) 下列事项中,不用经过有限责任公司股东会决议并经代表 2/3 以上表决权的股东通过的有(   )。

　　A. 向股东以外的人转让出资　　B. 修改公司基本管理制度

　　C. 审议董事会亏损弥补方案　　D. 公司与其他公司合并

(5) 下列各项中,属于股份有限公司董事会行使的职权的是(   )。

　　A. 决定公司的经营方针和投资计划

　　B. 制订公司合并方案

　　C. 制订利润分配方案

　　D. 公司章程修改

3. 简答题

（1）公司的特征有哪些？

（2）有限责任公司设立的条件有哪些？

（3）有限责任公司的组织机构有哪些？其各自职权是什么？

（4）公司董事、监事、高级管理人员的任职资格和义务有哪些规定？

（5）公司合并、分立的形式、程序、法律后果如何？

（6）公司终止的原因有哪些？

分析与应用

案例

甲、乙、丙、丁欲发起设立 A 有限公司。A 有限公司的注册资本为 100 万元人民币，其中甲以货币出资 20 万元，乙以房屋作价 40 万元出资，丙以自己的劳务作价 5 万元出资，丁以自己拥有商业渠道作价 35 万元出资。同时，甲、乙、丙、丁四人约定，100 万元出资额为 6 次在 3 年内实缴完毕，其中第一次出资额为 15 万元。

后经工商行政管理部门指导，甲、乙、丙、丁四人依法改正了自己的错误，并成功注册 A 有限公司。其中，甲拥有 30% 的出资比例。现在甲欲将股权转让给 B，售价 50 万元，乙、丙、丁接到通知后，明确表示无兴趣购买。甲、B 遂签订一份转让协议，约定一周后向公司申请相应的变更手续，B 当即交付 50 万元给甲。三天后甲又遇到 C，C 出价 60 万元，于是二人签订了一份股权转让协议，且在当天向公司申请注销了甲的出资证明书，发给了 C 新的出资证明书，修改了公司章程，并由公司出面申请办理了变更登记。几天后，B 发现以上事实。

问题：

（1）本案中，甲、乙、丙、丁发起设立 A 有限公司过程中存在哪些违法情形？为什么？

（2）本案中，B 如何救济自己的权利？

（3）如果乙、丙、丁都不同意甲将股权转让给他人，他们三人如何处理甲的股权转让问题？

（4）本案中，B 和 C 谁能成为公司的新股东？修改公司章程并办理了变更登记有怎样的法律效力？

实训题

甲、乙、丙准备设立一家有限责任公司，请帮他们起草一份公司章程，准备设立公司所需要的相关文件。

项目五

外商投资企业法

学习目标	
知识目标	了解三种外商投资企业的特征； 理解外商投资企业的出资及其组织机构。
能力目标	学会处理实践中出现的违反外商投资企业法的情形。

任务一　认识外商投资企业

任务导入

小王和小李在学习时对外商投资企业和外国企业这两个概念有些混淆，小王认为这两种企业内涵一样，只是表述不同而已，小李则认为这两种企业意义完全不同，但又说不清楚二者到底有什么不同。

任务要求：理解外商投资企业的概念，分析外商投资企业与外国企业的不同点。

相关知识

一、外商投资企业的概念与种类

1. 外商投资企业的概念

外商投资企业是指依照中华人民共和国法律的规定，在中国境内设立的由外国投资者参与投资的企业。外商投资企业具有以下特征。

（1）外商投资企业是外国投资者直接投资设立的企业。

（2）外商投资企业是依照中国法律、法规，在中国境内设立的企业，是具有中国国籍的企业，必须遵守中国的法律。

2. 外商投资企业的种类

外商投资企业按照不同的分类标准，可有多种分类方法。我国外商投资企业的种类包括中外合资经营企业、中外合作经营企业和外资企业三种类型。

二、外商投资企业法的概念

外商投资企业法是指调整外商投资企业在设立、变更、终止和经营管理过程中产生的经济关系的法律规范的总和。主要包括《中华人民共和国中外合资经营企业法》（以下简称《中外合资经营企业法》）、《中华人民共和国中外合作经营企业法》（以下简称《中外合作经营企业法》）、《中华人民共和国外资企业法》（以下简称《外资企业法》）、《中华人民共和国中外合资经营企业法实施条例》《中华人民共和国中外合作经营企业法实施细则》《中华人民共和国外资企业法实施细则》等。

任务二　中外合资经营企业法

任务导入

中国某厂与美国一企业准备建立一家中外合资经营企业，双方签订了一份合营合同，合同部分条款如下：①合营企业投资总额为 2 000 万美元，注册资本为 700 万美元，其中中方出资 500 万美元，美方出资 200 万美元；②合营企业的董事长只能由中方担任，副董事长由美方担任；③合营企业注册资本在合资期间内既可增加也可减少；④经董事会聘请，企业的总经理可以由中方担任；⑤中方合资企业应向美方支付技术转让费，美方应向中方交纳场地使用费；⑥合同履行过程中发生争议时，应提交外国的仲裁院裁决，并适用所在国的法律。对合营合同内容是否合法双方不太清楚。

任务要求：判断此案中双方合营合同内容是否合法？理解运用中外合资经营企业的设立、管理等方面的相关制度。

相关知识

一、中外合资经营企业的概念及特征

中外合资经营企业是指中国合营者与外国合营者依照中国法律的规定，在中国境内共同投资、共同经营，并按投资比例分享利润、分担风险及亏损的企业。中外合资经营企业具有以下特征。

（1）企业由中外双方和多方共同出资组成。其中，外国合营者包括外国的公司、企业和其他经济组织或个人；中国合营者包括中国的公司、企业或其他经济组织，不包括个人。

（2）中外合资经营企业是股权式企业，其组织形式为有限责任公司。

（3）按中国法律规定取得中国法人资格，必须遵守中国法律、法规。

二、中外合资经营企业的设立

1. 中外合资经营企业设立的条件

在中国境内设立的合营企业，应能促进中国经济的发展和科学技术水平的提高，有利于社会主义现代化建设。申请设立中外合资经营企业有下列情况之一的，不予批准：①有损中国主权的；②违反中国法律的；③不符合中国国民经济发展要求的；④造

成环境污染的；⑤签订的协议、合同、章程显属不公平，损害合营一方权益的。

2. 中外合资经营企业设立的程序

在中国境内设立合营企业，必须经中华人民共和国对外贸易经济合作部审查批准。批准后，由对外贸易经济合作部发给批准证书。

申请设立合营企业，由中外合营者共同向审批机构报送下列文件：①设立合营企业的申请书；②合营各方共同编制的可行性研究报告；③由合营各方授权代表签署的合营企业协议、合同和章程；④由合营各方委派的合营企业董事长、副董事长、董事人选名单；⑤审批机构规定的其他文件。

审批机构自接到全部文件之日起3个月内决定批准或不批准。

申请者应在收到批准证书后1个月内，按国家有关规定，向工商行政管理机关办理登记手续，领取营业执照，合营企业的营业执照签发日期，即为该合营企业的成立日期。

三、中外合资经营企业的资本

1. 注册资本与投资总额

合营企业的注册资本是指为设立合营企业在登记管理机构登记的资本总额，应为合营各方认缴的出资额之和。合营企业在合营期内不得减少其注册资本。因投资总额和生产经营规模等发生变化，确需减少的，须经审批机构批准。

合营企业的投资总额是指按照合营企业合同、章程规定的生产规模需要投入的基本建设资金和生产流动资金的总和。一般情况下，投资总额要超过注册资本，超过部分往往是由贷款形成的。为避免经营风险，维护合营各方的利益，法律规定了注册资本占投资总额的比例。

2. 合营各方的出资比例、出资方式与出资期限

《中外合资经营企业法》中对合营各方的出资比例、出资方式与出资期限作了明确规定，但是，2014年2月国务院印发了《注册资本登记制度改革方案》，改革了公司注册资本及其他登记事项，进一步放松了对市场主体准入的管制。为贯彻落实《国务院关于印发注册资本登记制度改革方案的通知》，商务部就部分外商投资管理工作提出改进措施，取消了对外商投资（含台、港、澳投资）的公司首次出资比例、货币出资比例和出资期限的限制或规定，但法律另有规定的除外。

根据1987年3月1日国家工商行政管理局公布的《关于中外合资经营企业注册资本与投资总额比例的暂行规定》，外资企业的注册资本与投资总额的比例，应当遵守如下规定：外资企业的投资总额在300万美元以下（含300万美元）的，其注册资本至少应占投资总额的7/10；外资企业的投资总额在300万美元以上至1 000万美元（含1 000万美元）的，其注册资本至少应占投资总额的1/2，其中投资总额在420万美元以下的，注册资本不得低于210万美元；外资企业的投资总额在1 000万美元以上至3 000万美元（含3 000万美元）的，其注册资本至少应占投资总额的2/5，其中投资总额在1 250万美元以下的，注册资本不得低于500万美元；外资企业的投资总额在

3 000万美元以上的，其注册资本至少应占投资总额的1/3，其中投资总额在3 600万美元以上的，注册资本不得低于1 200万美元。

合营各方可以以现金、实物、工业产权等进行投资。外国合营者作为投资的技术和设备，必须是适合我国需要的先进技术和设备。中国合营者一般可以以提供场地使用权作为投资。

合营企业任何一方不得用以合营企业名义取得的贷款、租赁的设备或者其他财产以及合营者以外的他人财产作为自己的出资，也不得以合营企业的财产和权益或合营他方的财产和权益为其出资担保。

合营企业应当向工商行政管理机关办理注销登记手续，缴纳营业执照；不办理注销登记手续和缴纳营业执照的，由工商行政管理机关吊销其营业执照，并予以公告。

四、中外合资经营企业的组织机构

1. 董事会

合营企业没有股东会，最高权力机构是董事会。董事会人数组成由合营各方协商确定，但不得少于3人。董事名额的分配由合营各方参照出资比例协商确定。董事的任期为4年，可以连任。董事会设董事长1人，副董事长1至2人，由合营各方协商确定或由董事会选举产生。中外合营者的一方担任董事长的，由他方担任副董事长。董事长是合营企业的法定代表人。

董事会的职权是按合营企业章程规定，讨论决定合营企业的一切重大问题：企业发展规划、生产经营活动方案、收支预算、利润分配、劳动工资计划、停业，以及总经理、副总经理、总工程师、总会计师、审计师的任命或聘请及其职权和待遇等。

董事会会议应有2/3以上董事出席方能举行。董事会可以根据合营企业章程载明的议事规则作出决议。下列事项由出席董事会会议的董事一致通过方可作出决议：①合营企业章程的修改；②合营企业的中止、解散；③合营企业注册资本的增加、转让；④合营企业与其他经济组织的合并。

2. 经营管理机构

合营企业设经营管理机构负责企业的日常经营管理工作。经营管理机构设总经理一人，副总经理若干人。副总经理协助总经理工作。总经理、副总经理由合营企业董事会聘请，由合营各方分别担任。

总经理执行董事会的各项决议，组织领导合营企业的日常经营管理工作。在董事会授权范围内，代表合营企业对外进行各项经营业务，任免下属人员，行使董事会授予的其他职权。

五、中外合资经营企业的期限、解散和清算

1. 合营企业的期限

合营企业的经营期限可按不同行业、不同情况作不同的约定，一般项目的合营期限原则上为10~30年，投资大、周期长、利润低的项目可在30年以上。限制类的中外

合资经营项目，必须约定企业经营期限。约定经营期限的企业，合营各方同意延长合营期限的，应当在距合营期限届满6个月前向审查机关提出申请。审查批准机关应自接到申请之日起1个月内决定批准或不批准。

2. 合营企业的解散

合营企业在下列情况下解散：①合营期限届满；②企业发生严重亏损，无力继续经营；③合营一方不履行合营企业协议、合同、章程规定的义务，致使企业无法继续经营；④因自然灾害、战争等不可抗力遭受严重损失，无法继续经营；⑤合营企业未达到其经营目的，同时又无发展前途；⑥合营企业合同、章程所规定的其他解散原因已经出现。

3. 合营企业的清算

合营企业解散时应进行清算。清算委员会的成员一般应在合营企业的董事中选任。董事不能担任或不适合担任清算委员会成员时，合营企业可聘请在中国注册的会计师、律师担任。审批机关认为必要时，可以派人进行监督。

清算委员会的任务是对合营企业的财产、债权、债务进行全面清查，编制资产负债表和财产目录，提出财产作价和计算依据，制订清算方案，提请董事会会议通过后执行。清算期间，清算委员会代表企业起诉和应诉。

合营企业以其全部资产对其债务承担责任。清偿债务后的剩余财产按照合营各方的出资比例进行分配，但合营企业协议、合同、章程另有规定的除外。

合营企业的清算工作结束后，由清算委员会提出清算结束报告提请董事会会议通过后，报告原审批机关，并向原登记主管机关办理注销登记手续，缴销营业执照。

任务三 中外合作经营企业法

任务导入

中国某企业和德国某公司准备设立一中外合作经营企业，合作企业合同约定以下内容：①中外合作经营企业设立董事会，中方担任董事长，德方担任副董事长，董事会每届任期4年，董事长和董事均不得连任；②合作企业的注册资本为50万美元，其中由中方出资40万美元，外方出资10万美元；③合作企业的经营期限为12年，合作期满时，合作企业的全部固定资产无偿归中国合作者所有，外国合作者可以在合作期限内先行收回投资。

任务要求：判断此案中双方合作合同内容是否合法？理解运用中外合作经营企业的设立条件。

经济法概论（第2版）

相关知识

一、中外合作经营企业的概念及特征

中外合作经营企业（以下简称合作企业）是指中国合作者与外国合作者依照中华人民共和国法律的规定，在中国境内共同举办的，按合作企业合同约定各自权利义务的企业。中外合作经营企业具有以下特征。

（1）中外合作经营企业是中外合作者共同举办的合作企业。外国合作者包括外国的企业和其他经济组织或者个人。中国合作者只包括中国的企业或者其他经济组织。

（2）中外合作经营企业是依照中国法律，在中国境内设立的中国企业。中外合作经营企业可以是法人型企业，也可以是非法人型企业。

（3）中外合作经营企业是契约式企业，双方通过签订合同具体确定各自的权利和义务。

二、中外合作经营企业的设立

1. 中外合作经营企业的设立条件

设立中外合作经营企业应当符合国家的发展政策和产业政策；遵守国家关于指导外商投资方向的规定。国家鼓励举办产品出口的或者技术先进的生产型合作企业。申请设立合作经营企业，有下列情形之一的，不予批准：损害国家主权或者社会公共利益；危害国家安全；对环境造成污染损害；违反国家法律、行政法规或者国家产业政策的其他情形。

2. 中外合作经营企业的设立程序

申请设立合作经营企业，应当将中外合作者签订的协议、合同、章程等文件报国务院对外经济贸易主管部门或者国务院授权的部门审查批准。审查批准机关应当自接到申请之日起45日内决定批准或者不批准。

设立合作企业的申请经批准后，应当自接到批准证书之日起30日内向工商行政管理机关申请登记，领取营业执照。合作企业的营业执照签发日期，为该企业的成立日期。

实务操作指南——中外合资经营企业设立流程

1. 到工商局办理企业名称预先核准

需要提交的材料包括：

（1）外商投资企业名称预先核准申请书。

（2）指定代表的证明。

（3）全体投资人的资格证明。

2. 到对外贸易经济合作局办理批准证书

需要提交的材料包括：

（1）章程、可行性研究报告。
（2）商业企业需提交进出口商品目录。
（3）工商局核发的《企业名称预先核准通知书》。
（4）"合资"企业董事会成员名单。
（5）各方投资者主体资格证明或身份证明经所在国家或地区公证机关公证并认证文件。
（6）投资各方提交的资信证明。

3. 到工商局办理营业执照

需要提交的材料包括：

（1）法定代表人签署的外商投资企业登记申请书。
（2）合同、章程以及审批机关的批准文件和批准证书。
（3）投资者资格证明（中方的应加盖发照机关印章）。
（4）投资者的资信证明。
（5）董事、监事、正副总经理情况表。
（6）董事、监事、正副总经理的身份证或护照（影印件）。
（7）住所和生产场地证明（场地表、房产证、租赁协议）。
（8）名称登记申请表及名称预先核准通知书（原件）。
（9）登记注册委托书。
（10）法律、法规、规章和政策规定应提交的其他文件、证件。

三、中外合作经营企业的投资、合作条件

合作各方向合作企业的投资或者提供的合作条件可以是货币、实物、工业产权、专有技术和土地使用权等。

合作各方应当以其自有的财产或者财产权利作为投资或者合作条件，对该投资或者合作条件不得设置抵押权或者其他形式的担保。合作各方缴纳投资或者提供合作条件后，应当由中国注册会计师验证并出具验资证明，合作企业据此发给合作各方出资证明书。

四、中外合作经营企业的组织形式和组织机构

1. 合作企业的组织形式

合作企业的组织形式有两种：一种是依法取得中国法人资格的合作企业；另一种是不具有法人资格的合作企业。

合作企业依法取得法人资格的，其组织形式为有限责任公司。除合作企业合同另

有约定外，合作各方以其投资或者提供的合作条件为限对合作企业承担责任。合作企业以全部资产对合作企业的债务承担责任。

不具有法人资格的合作企业的合作各方的投资或者提供的合作条件，为合作各方分别所有。经约定也可以共有，或者部分分别所有、部分共有。合作各方的投资或提供的合作条件由企业统一管理和使用。未经合作他方同意，任何一方不得擅自处理。

2. 合作企业的组织机构

合作企业的组织机构可以是董事会，也可以是联合管理机构、委托管理机构。

具备法人资格的合作企业一般设立董事会；不具备法人资格的合作企业一般设立联合管理委员会。董事会或者联合管理委员会是合作企业的权力机构，按照合作企业章程的规定，决定合作企业的重大问题。董事会或者联合管理委员会成员不得少于3人，其名额的分配由中外合作者参照其投资或者提供的合作条件协商确定。中外合作者的一方担任董事会的董事长、联合管理机构的主任的，由他方担任副董事长、副主任。董事会或者联合管理机构可以决定任命或者聘请总经理负责合作企业的日常经营管理工作。总经理对董事会或者联合管理机构负责。

五、中外合作经营企业的收益分配与投资回收

中外合作者可以采用分配利润、分配产品或者合作各方共同商定的其他方式分配收益。

中外合作者在合作企业合同中约定合作期限届满时，合作企业的全部固定资产无偿归中国合作者所有的，外国合作者在合作期限内可以申请按照下列方式先行回收其投资：①在按照投资或者提供合作条件进行分配的基础上，在合作企业合同中约定扩大外国合作者的收益分配比例；②经财政税务机关按照国家有关税收的规定审查批准，外国合作者在合作企业缴纳所得税前回收投资；③经财政税务机关和审查批准机关批准的其他回收投资方式。

外国合作者依照上述规定在合作期限内先行回收投资的，中外合作者应当依照有关法律的规定和合作企业合同的约定，对合作企业的债务承担责任。

外国合作者提出先行回收投资的申请，应当具体说明先行回收投资的总额、期限和方式，经财政税务机关审查同意后，报审查批准机关审批。合作企业的亏损未弥补前，外国合作者不得先行回收投资。

六、中外合作经营企业的期限、解散与清算

1. 合作经营企业的经营期限

合作经营企业的期限由中外合作者协商确定，并在合作企业合同中订明。合作经营企业期限届满，合作各方协商同意要求延长合作期限的，应当在期限届满的180日前向审查批准机关提出申请，说明原合作企业合同执行情况，延长合作期限的原因，同时报送合作各方就延长的期限内各方的权利、义务等事项所达成的协议。审查批准

机关应当自接到申请之日起 30 日内决定批准或者不批准。经批准延长合作期限的，合作企业凭批准文件向工商行政管理机关办理变更登记手续，延长的期限从期限届满后的第一天起计算。

合作企业合同约定外国合作者先行回收投资，并且投资已经回收完毕的，合作企业期限届满不再延长；但是，外国合作者增加投资的，经合作各方协商同意，可以向审查批准机关申请延长合作期限。

2. 合作经营企业的解散与清算

合作经营企业因下列情形之一出现时解散：①合作期限届满；②合作经营企业发生严重亏损，或者因不可抗力遭受严重损失，无力继续经营；③中外合作者一方或者数方不履行合作企业合同、章程规定的义务，致使合作企业无法继续经营；④合作经营企业合同、章程中规定的其他解散原因已经出现；⑤合作经营企业违反法律、行政法规，被依法责令关闭。

合作经营企业终止时，应当依法对企业资产和债权、债务进行清算。中外合作者应当依照合作经营企业合同的约定确定合作经营企业财产的归属。合作企业终止还应向工商行政管理机关和税务机关办理注销登记手续。

任务四 外资企业法

任务导入

外国投资者甲拟在中国境内投资设立一外资企业，甲依法向中国某省人民政府提交了申请报告并报送了相关文件，其可行性研究报告的部分内容如下：企业投资总额 1 500 万美元，注册资本 500 万美元，其中以其所有的专有技术作价出资 130 万美元，依项目进展情况分期缴纳出资，第一期出资额 70 万美元。

任务要求：拟设立的企业注册资本与投资总额的比例是否符合法律规定？结合本案，理解外商投资企业法设立条件。

相关知识

一、外资企业的概念和特征

外资企业是指外国的公司、企业、其他经济组织或个人，依照中国有关法律在中国境内设立的全部资本由外国投资者投资的企业。

外资企业具有以下法律特征。

（1）外资企业是依照中国法律在中国境内设立的企业，外资企业具有中国国籍，符合法人条件的依法取得中国法人资格。

（2）外资企业的全部资本均由外国投资者投入。

（3）外资企业是独立的经济实体。外资企业一般是独立核算、自负盈亏、独立承担民事责任的法人或其他经济组织，不包括外国的企业和其他经济组织在中国境内的分支机构。

二、外资企业的设立

1. 外资企业设立的条件

设立外资企业，必须有利于中国国民经济的发展，能够取得显著的经济效益。国家鼓励外资企业采用先进技术和设备，从事新产品开发，实现产品升级换代，节约能源和原材料，并鼓励举办产品出口的外资企业。禁止或者限制设立外资企业的行业，按照国家指导外商投资方向的规定及外商投资产业指导目录执行。

申请设立外资企业，有下列情况之一的，不予批准：有损中国主权或者社会公共利益的；危及中国国家安全的；违反中国法律、法规的；不符合中国国民经济发展要求的；可能造成环境污染的。

2. 外资企业设立的程序

外国投资者在提出设立外资企业的申请前，应当按照规定向拟设立外资企业所在地的县级或者县级以上地方人民政府提出申请。地方政府同意设立的，由该地方政府向对外经济贸易主管部门或国务院授权机关提出，由审批机关决定是否批准，经批准的外资企业，应当在批准后30日内向外资企业所在地的工商行政管理机关办理登记手续，领取营业执照。

三、外资企业的注册资本与出资

1. 外资企业的注册资本

外资企业的注册资本是指外资企业在工商行政管理机关登记的资本总额，即外国投资者认缴的全部出资额。外资企业的注册资本要与其经营规模相适应，注册资本与投资总额的比例应当符合中国有关规定。

外资企业在经营期内不得减少其注册资本。但是，因投资总额和生产经营规模等发生变化，确需减少的，须经审批机关批准。外资企业注册资本的增加、转让，须经审批机关批准，并向工商行政管理机关办理变更登记手续。外资企业将其财产或者权益对外抵押、转让，须经审批机关批准并向工商行政管理机关备案。

2. 外国投资者的出资方式与期限

外国投资者可以用可自由兑换的外币出资，也可以用机器设备、工业产权、专有技术等作价出资。经审批机关批准，外国投资者也可以用其从中国境内举办的其他外商投资企业获得的人民币利润出资。

外国投资者以机器设备作价出资的,该机器设备应当是外资企业生产所必需的设备。该机器设备的作价不得高于同类机器设备当时的国际市场正常价格。外国投资者以工业产权、专有技术作价出资的,该工业产权、专有技术应当为外国投资者所有。该工业产权、专有技术的作价应当与国际上通常的作价原则相一致,其作价金额不得超过外资企业注册资本的20%。

外国投资者缴付出资的期限应当在设立外资企业申请书和外资企业章程中载明。外国投资者可以分期缴付出资,但最后一期出资应当在营业执照签发之日起3年内缴清。其中第一期出资不得少于外国投资者认缴出资额的15%,并应当在外资企业营业执照签发之日起90日内缴清。外国投资者未能在前款规定的期限内缴付第一期出资的,外资企业批准证书即自动失效。外资企业应当向工商行政管理机关办理注销登记手续,缴销营业执照;不办理注销登记手续和缴销营业执照的,由工商行政管理机关吊销其营业执照,并予以公告。第一期出资后的其他各期的出资,外国投资者应当如期缴付。无正当理由逾期30日不出资的,外资企业批准证书也自动失效,外资企业应当依法办理注销登记手续,缴销营业执照。

外国投资者缴付每期出资后,外资企业应当聘请中国的注册会计师验证,并出具验资报告,报审批机关和工商行政管理机关备案。

四、外资企业的组织形式

外资企业的组织形式为有限责任公司,经批准也可以采取其他责任形式。

外资企业的形式为有限责任公司的,外国投资者对企业的责任以其认缴的出资额为限。外资企业以其全部资产对其债务承担责任。外资企业为其他责任形式的,外国投资者对企业的责任适用中国法律、法规的规定。

五、外资企业的期限、终止与清算

1. 外资企业的期限

外资企业的经营期限,根据不同行业和企业的具体情况,由外国投资者在设立外资企业的申请书中拟订,经审批机关批准。外资企业的经营期限,从其营业执照签发之日起计算。

外资企业经营期满需要延长经营期限的,应当在距经营期满180日前向审批机关报送延长经营期限的申请书。审批机关应当在收到申请书之日起30日内决定批准或者不批准。外资企业经批准延长经营期限的,应当自收到批准延长期限文件之日起30日内,向工商行政管理机关办理变更登记手续。

2. 外资企业的终止与清算

外资企业有下列情形之一的,应予终止:经营期限届满;经营不善,严重亏损,外国投资者决定解散;因自然灾害、战争等不可抗力而遭受严重损失,无法继续经营;破产;违反中国法律、法规,危害社会公共利益被依法撤销;外资企业章程规定的其他解散事由已经出现。

外资企业终止后,应当依法对企业的财产和债权、债务进行清算。外资企业在清算结束之前,外国投资者不得将该企业的资金汇出或者携出中国境外,不得自行处理企业的财产。外资企业清算结束,其资产净额和剩余财产超过注册资本的部分视同利润,应当依照中国税法缴纳所得税。

外资企业清算结束,应当向工商行政管理机关办理注销登记手续,缴销营业执照。

项目训练

■ 概念与知识

1. 基本概念

外商投资企业　中外合资经营企业　中外合作经营企业　外资企业

2. 选择题

(1) 中外合资经营企业的外方出资比例不得低于( )。

　　A. 10%　　　　B. 15%　　　　C. 20%　　　　D. 25%

(2) 中外合资经营企业的外方合营者包括( )。

　　A. 外国的公司　　B. 外国的企业　　C. 外国的个人　　D. 外国的组织

(3) 某中外合资经营企业董事会有9名董事,出席董事会会议的董事人数符合法定要求的是( )名。

　　A. 3　　　　　B. 4　　　　　C. 5　　　　　D. 7

(4) 下列事项由出席合营企业董事会会议的董事一致通过方可作出决议的有( )。

　　A. 合营企业章程的修改

　　B. 合营企业的中止、解散

　　C. 合营企业注册资本的增加、转让

　　D. 合营企业与其他经济组织的合并

(5) 中外合作经营企业的组织管理形式主要有( )。

　　A. 厂长(经理)负责制　　　　　B. 董事会制

　　C. 联合管理制　　　　　　　　D. 委托管理制

3. 简答题

(1) 外商投资企业的特征有哪些?

(2) 中外合资经营企业的特征有哪些?中外合资经营企业的设立条件、程序有哪些?

(3) 中外合作经营企业的特征有哪些?中外合作经营企业的设立条件、程序有哪些?

(4) 外资企业的特征有哪些?外资企业的设立条件有哪些?

分析与应用

案例

一家中国企业和一家日本企业经平等协商，拟建立一家合资企业。双方在合同中约定，企业名称为某某饮料公司，组织形式为有限责任公司。投资总额为400万美元，注册资本为200万美元，中方出资160万美元，其中50%为工业产权出资，日方已经出资20万美元，3个月后将再出资20万美元，其中50%为土地使用权出资。公司设股东会为最高权力机构，董事会为执行机构。董事会由9名董事组成，中方派出7名，日方派出2名。由中方担任董事长，外方担任副董事长和总经理，并由总经理担任法人代表。中日双方按照合同约定分配利润和承担风险，前3年利润全部归外方所有，作为外方的投资回收，企业解散时全部财产归中方所有。双方在必要时可以增加或者减少注册资本，增减注册资本决议经董事会讨论通过即生效。本合同如发生争议，用仲裁的方法解决，适用中国的或者日本的法律。

问题：本合同有哪些违法之处？为什么？

实训题

请同学们辨析中外合资经营企业、中外合作经营企业和外资企业3种类型企业在设立、管理上存在的异同点。

合 同 法

学习目标

知识目标

了解合同的种类；

熟悉合同订立的过程；

掌握合同的形式与内容；

掌握合同的效力状况；

掌握合同担保的方式；

掌握合同的履行规则；

掌握违约责任的归责原则、构成要件及责任方式。

能力目标

能够参照合同范本签订合同；

能够判断合同的法律效力、能够修改有瑕疵的合同；

能够选择适合的担保方式；

能够依法履行合同；

能够正确判定合同责任，处理合同违约纠纷。

任务一　认识合同

任务导入

张某因做生意急需用钱，遂通过朋友孙某结识了李某，准备向李某借款 5 万元。张、李于 2020 年 3 月 25 日签订了借款合同，并约定月息 10%，合同规定，李某应于 2020 年 4 月 1 日前把 5 万元现金交于张某，逾期交付按日支付标的总额 2% 的违约金。合同签订后，由于李某一笔生意赔了不少钱，故借给张某的 5 万元钱一直推迟到 2020 年 5 月 1 日才交付给张某。2021 年 4 月底，李某请求张某归还借款，在利息的支付及是否违约方面发生争执，李某遂向法院起诉，请求法院依法判令被告张某归还本金及约定利息。被告张某辩称，借款 5 万元属实，但利息应从 2020 年他收到借款时起算，同时，李某没有按合同约定提供借款，应承担违约责任。

任务要求：分析本案应如何处理，并熟悉合同的类别。

相关知识

一、合同与合同立法

1. 合同的概念

合同是平等主体的自然人、法人、其他组织之间设立、变更终止民事权利义务关系的协议。

合同具有以下特征：①合同是两个或两个以上当事人的法律行为；②合同是以设立、变更和终止民事权利义务关系为内容的协议；③合同当事人具有平等的法律地位。

2. 合同立法

调整合同关系的法律主要是 2021 年 1 月 1 日生效的《中华人民共和国民法典》（以下简称《民法典》）。《民法典》第三编"合同"的第一分编"通则"规定了合同的订立、合同的效力、合同的履行、合同的保全、合同的变更和转让、合同的权利义务终止、违约责任等内容，第二分编"典型合同"规定了买卖合同等 19 种具体合同。

二、合同的分类

根据不同的标准，合同可以划分成不同的种类。

1. 有名合同与无名合同

有名合同与无名合同是根据法律是否对合同的名称作出明确规定来划分的。法律上赋予一定名称，并以专门规范加以调整的合同，称为有名合同；法律未作规定的合同为无名合同。我国《民法典》中规定了买卖合同、租赁合同、运输合同等19种有名合同，《民法典》没有明文规定的合同，都是无名合同。有名合同直接适用《民法典》第三编第二分编"典型合同"的规定，无名合同可以参照适用《民法典》第三编第一分编"通则"的规定。

2. 单务合同与双务合同

按照双方当事人是否互负义务，将合同分为单务合同与双务合同。单务合同是指合同关系中一方只承担义务，另一方只享受权利的合同。双务合同是指合同双方当事人互享债权，互负债务的合同。大部分合同都是双务合同，只有少数几类合同属于单务合同，例如赠与合同、借用合同。

3. 有偿合同与无偿合同

根据当事人取得权利是否以偿付为代价，把合同分为有偿合同和无偿合同。有偿合同是指当事人取得权利必须偿付一定代价的合同。无偿合同是指当事人一方只享有合同权利而不偿付任何代价的合同。大部分合同都是有偿的，如买卖、租赁、借贷合同等合同，无偿合同比较少，主要有赠与合同、借用合同。

4. 要式合同与不要式合同

根据合同的成立是否需要特定的形式，可将合同分为要式合同与不要式合同。要式合同是指法律要求必须具备一定的形式和手续的合同。不要式合同是指法律不要求必须具备一定形式和手续的合同。

5. 诺成合同与实践合同

诺成合同与实践合同是根据合同的成立是否需要交付标的物为要件来划分的。诺成合同是指只要当事人意思表示一致即可成立的合同；实践合同是指合同的成立除了双方当事人意思表示一致外，还需交付标的物才能成立的合同。买卖合同、租赁合同、承揽合同等大多数合同都属于诺成合同，实践合同仅限于法律规定的少数合同，如借用、保管、定金、自然人之间的借款合同。

6. 主合同与从合同

主合同与从合同是根据合同是否具有从属性划分的。凡不依其他合同的存在为前提而能独立成立的合同，称为主合同。凡必须以其他合同的存在为前提始能成立的合同，称为从合同。例如债权合同为主合同，保证该合同债务之履行的保证合同为从合同。

项目六　合同法

任务二　合同的订立

任务导入

山东A公司3月1日以信件的方式向北京B公司发出要约："愿意购买贵公司儿童玩具1万件，每件价格100元，你方负责运输，货到付款，30天内答复有效。"3月10日信件到达B公司，B公司收发员王某签收，但由于正逢下班时间，于第二天将信交给公司办公室。恰逢B公司董事长外出，4月6日才回来，看到A公司的要约，立即以电话的方式告知A公司："如果价格为120元/件，可以卖给贵公司1万件儿童玩具。"A公司不予理睬。4月20日北京C公司经理张某在B公司董事长办公室看到了A公司的要约，当天回去就向A公司发了传真："我们愿意以每件100元的价格出售1万件儿童玩具。"A公司于第二天回申C公司："我们只需要5 000件。"C公司当天回电："明日发货。"

任务要求：
（1）4月6日B公司电话告知A的内容是要约还是承诺？
（2）A公司对4月6日B公司电话不予理睬是否构成违约？为什么？
（3）4月20日C公司的传真是要约还是承诺？为什么？
（4）4月21日A公司对C公司的回电是要约还是承诺？为什么？
（5）4月21日C公司对A公司的回电是要约还是承诺？
（6）结合本案，理解要约和承诺的要件，熟悉合同订立的过程，判断合同成立时间。

相关知识

合同成立须具备一定的条件：有两个或两个以上当事人对主要条款达成合意；合同的成立应具备要约和承诺阶段。要约和承诺也就是合同订立的过程。

一、合同订立的程序

合同的订立是指合同当事人就合同的主要条款经过协商达成一致的法律行为。合同的订立程序主要包括要约和承诺。

1. 要约

要约是一方当事人向另一方当事人发出的希望与之订立合同的意思表示。发出要约的一方称为要约人，接受要约的对方称为受要约人。

（1）要约的有效条件

要约必须符合以下条件：①要约必须由特定的当事人发出；②要约的内容必须具体确定；③要约应表明经受要约人承诺，要约人即受该意思表示的约束。

（2）要约的法律效力

① 要约的生效时间。我国《民法典》规定，要约到达受要约人时生效。采用口头方式的要约，在受要约人了解要约时即可生效；采用书面形式的要约，在要约到达受要约人时生效；采用数据电文形式订立合同的，收件人指定特定系统接收数据电文的，数据电文进入该特定系统的时间，即视为到达时间；未指定特定系统的，该数据电文进入收件人的任何系统的首次时间，为到达时间。

② 要约法律效力的内容。要约的法律效力包括对要约人的约束力和对受要约人的约束力两个方面。

第一，对要约人的约束力。是指在要约有效期内，要约人不得随意变更或撤销要约。

第二，对受要约人的约束力。受要约人接到要约后即取得承诺的资格，有权决定是否作出承诺，当然，受要约人可以拒绝承诺，并且不需要通知要约人。

（3）要约的撤回与撤销

① 要约的撤回。是指在要约生效前，要约人使其失去法律效力的意思表示。我国《民法典》规定要约可以撤回，但撤回要约的通知必须在要约到达受要约人之前或与要约同时到达受要约人。

② 要约的撤销。是指在要约生效后，要约人使其法律效力归于消灭的意思表示。要约可以撤销，但撤销要约的通知应当在受要约人发出承诺通知之前到达受要约人。在以下两种情况下要约不得撤销，一是要约人确定了承诺期限或以其他方式明示要约是不可撤销的；二是受要约人有理由认为该要约是不可撤销的，并且已经为履行合同做了准备工作的。

（4）要约的失效

要约的失效是指要约丧失了法律上的约束力。导致要约失效的原因主要包括以下方面：①拒绝要约的通知到达要约人；②要约人依法撤销要约；③承诺期限届满，受要约人未作出承诺；④受要约人对要约的内容作出实质性变更。

（5）要约邀请

要约邀请也称为要约引诱，是指希望对方向自己发出要约的意思表示，也就是一方当事人邀请对方向自己发出要约。要约邀请不是订立合同的必经程序，发出要约邀请的目的是促使对方向自己发出要约。根据我国《民法典》的规定，寄送商品价目表、招标公告、拍卖公告、招股说明书、商业广告等属于要约邀请，其中，商业广告的内容符合要约规定的，视为要约。

2. 承诺

承诺是受要约人同意要约的意思表示。

（1）承诺的有效条件

承诺应符合以下条件：①承诺必须由受要约人或其代理人发出；②承诺必须向要约人作出；③承诺的内容应该和要约的内容相一致。受要约人对要约的实质性内容加以变更，为新要约，也称为"反要约"。有关合同的标的、数量、质量、价款或报酬、履行期限、履行地点和方式、违约责任和争议解决的方法等的变更，是对要约内容的实质性变更。④承诺必须在要约的有效期内作出。

（2）承诺的方式

根据我国《民法典》的规定，承诺应以通知的方式作出。至于以何种方式通知，法律并未具体规定。一般认为，承诺的形式应与要约的形式相一致。

另外，《民法典》还规定，承诺应以通知的方式作出，但根据交易习惯或者要约表明可以通过行为作出承诺的除外。需要注意的是，以行为作出承诺，不包括单纯的沉默或不作为，除法律有特别规定或当事人另有约定外，沉默或不作为不能被视为承诺。

（3）承诺的法律效力

① 承诺生效的时间。承诺通知到达受要约人时生效。承诺不需要通知的，根据交易习惯或者要约的要求作出承诺的行为时生效。

② 承诺法律效力的内容。承诺的通知一旦到达受要约人，合同即告成立。在承诺不需要通知的情况下，根据交易习惯或者要约的要求，受要约人作出承诺行为，也使承诺产生法律效力，合同成立。

（4）承诺的撤回

承诺的撤回是指承诺人阻止承诺发生法律效力的意思表示。《民法典》规定，承诺可以撤回，但撤回承诺的通知应当在承诺通知到达要约人之前或者与承诺通知同时到达要约人。

二、合同的内容与形式

1. 合同的内容

合同的内容即合同的条款。合同的内容由当事人约定，一般包括以下条款：①当事人的名称或者姓名和住所；②标的；③数量和质量；④价款或者报酬；⑤履行期限、地点和方式；⑥违约责任；⑦解决争议的方法。

2. 合同的形式

合同的形式是指合同当事人意思表示一致的表现形式。我国《民法典》规定：当事人订立合同可以采用口头形式、书面形式和其他形式。

三、合同成立的时间和地点

1. 合同成立的时间

（1）一般情况下，承诺生效的时间就是合同成立的时间。

（2）当事人采用合同书形式订立合同的，自双方当事人签字或者盖章时合同成立。

（3）当事人采用信件、数据电文等形式订立合同的，可以在合同成立之前要求签订确认书，签订确认书时合同成立。

（4）法律、行政法规规定或者当事人约定采用书面形式订立合同，当事人未采用书面形式但一方已经履行主要义务，对方接受的，该合同成立。对方接受履行时合同成立。

（5）采用合同书形式订立合同，在签字或者盖章之前，当事人一方已经履行主要义务，对方接受的，该合同成立。对方接受履行时合同成立。

2. 合同成立的地点

一般来说，承诺生效的地点就是合同成立的地点。采用数据电文形式订立合同的，收件人的主营业地为合同成立的地点；没有主营业地的，其经常居住地为合同成立的地点。当事人另有约定的，按照其约定。当事人采用合同书形式订立合同的，双方当事人签字或者盖章的地点为合同成立的地点。

实务操作指南——简单的买卖合同范本

卖方（甲方）：_____

地址：_____ 联系电话：_____

法定代表人：_____ 职务：_____

买方（乙方）：_____

地址：_____ 联系电话：_____

法定代表人：_____ 职务：_____

根据《中华人民共和国民法典》及有关法律、法规规定，甲、乙双方本着平等、自愿、公平、互惠互利和诚实守信的原则，就产品买卖销的有关事宜协商一致订立本合同，以便共同遵守。

一、合同价款及付款方式

本合同总价款为人民币_____整。本合同签订后，乙方向甲方支付定金_____元，在甲方将上述产品送至乙方指定的地点并经乙方验收后，乙方一次性将剩余款项付给甲方。

二、产品质量

1. 甲方保证所提供的产品货真价实，来源合法，无任何法律纠纷和质量问题，如果甲方所提供产品与第三方出现了纠纷，由此引起的一切法律后果均由甲方承担。

2. 如果乙方在使用上述产品过程中，出现产品质量问题，甲方负责调换，若不能调换，予以退还。

三、违约责任

1. 甲乙双方均应全面履行本合同约定,一方违约给另一方造成损失的,应当承担赔偿责任。

2. 甲方未按合同约定供货的,按延迟供货的部分款,每延迟一日承担货款的万分之五违约金,延迟10日以上的,除支付违约金外,乙方有权解除合同。

3. 乙方未按照合同约定的期限结算的,按照中国人民银行有关延期付款的规定,延迟一日,需支付结算货款的万分之五的违约金;延迟10日以上的,除支付违约金外,甲方有权解除合同。

4. 乙方不得无故拒绝接货,否则应当承担由此造成的损失和运输费用。

5. 合同解除后,双方应当按照本合同的约定进行对账和结算,不得刁难。

四、其他约定事项

本合同一式两份,自双方签字之日起生效。如果出现纠纷,双方均可向有管辖权的人民法院提起诉讼。

甲方(公章):_____　　乙方(公章):_____

法定代表人(签字):_____　　法定代表人(签字):_____

_____年_____月_____日　　　　_____年_____月_____日

四、缔约过失责任

1. 缔约过失责任的概念

缔约过失责任是指合同当事人在订立合同的过程中,因违反法律规定、违背诚实信用原则,致使合同未能成立,并给对方造成损失,而应承担的损害赔偿责任。

2. 缔约过失责任的构成要件

(1)必须有缔约过失行为的存在,即有违反先合同义务或附随义务的行为,具体指缔约一方当事人在缔约的过程中,有违反法律规定的相互协助、通知、说明、照顾、保密、保护等义务的行为。

(2)必须有损失的存在。违反先合同义务或附随义务的行为给缔约合同的对方造成了信赖利益的损失。

(3)行为人主观上必须有过错。违反先合同义务或附随义务的一方在主观上必须存在故意或过失。

(4)缔约过失行为与对方所受到的损失之间必须存在因果关系。

3. 承担缔约过失责任的具体情况

《民法典》第500条规定了承担缔约过失责任的几种情形:①假借订立合同,恶意进行磋商;②故意隐瞒与订立合同有关的重要事实或者提供虚假情况;③有其他违背诚实信用原则的行为。

任务三 合同的效力

任务导入

2020年8月10日,吉祥服装厂(被告)携服装样品到某市大华商厦(原告)协商签订服装购销合同。大华商厦同意订货,并于当月16日签订了合同。当时,吉祥服装厂称样品用料为纯棉布料,大华商厦主管人看后也认定是纯棉布料,对此没有异议。双方在合同中约定:吉祥服装厂向大华商厦提供按样品及样品所用同种布料制作的女式裙9 000件,总价款为360 000元。一个月后由吉祥服装厂将货物送到商厦营业地,大华商厦按样品验收后于1~5天内将全部货款一次付清。

8月25日,吉祥服装厂按合同约定的时间将货物运送到了指定的地点,大华商厦验货后认为数量、质量均符合合同约定,于是按约定的时间向服装厂支付了货款。但是,9月1日,有一位顾客购买此裙后认为不是纯棉布料,要求退货。9月2日,大华商厦立即请有关部门进行检验,后证实确实不是纯棉布料,里面含有15%的化纤成分。大华商厦认为吉祥服装厂有欺诈行为,于是函告吉祥服装厂前来协商,要求:或者退货,或者每件成品降低价款10元。吉祥服装厂辩称:其厂业务员去南方某市购买此布料时是按纯棉布料的价格购买的,有发票为证,且当时拿样品给商厦看时,商厦也认为是纯棉布料,因而不存在欺诈行为,不同意退货,如果降低价款每件成品只能降低5元,为此双方经过多次协商均未达成一致意见。此后,商厦主管人员调离岗位,此争议被搁置,直至2021年9月26日,商厦才诉至法院,要求解除合同,退还全部制成品,并要求吉祥服装厂承担责任,赔偿损失。

任务要求: 吉祥服装厂与大华商厦签订的合同效力如何?本案应如何处理?说明理由。结合本案,熟悉合同效力的几种情况,学会审查合同效力。

相关知识

合同效力是法律赋予依法成立的合同所产生的约束力。合同效力一般包括以下四种区别情况:有效、无效、可变更可撤销、效力待定。

一、有效合同

1. 有效合同的概念

有效合同是指具有法律约束力的合同。有效合同受到法律的保护。

2. 有效合同的构成条件

（1）合同当事人具有相应的民事行为能力。根据《民法典》规定："当事人订立合同，应当具有相应的民事权利能力和民事行为能力。"完全民事行为能力人有权订立合同，限制民事行为能力人只能订立与其年龄、智力或精神状况相适应的合同，无行为能力人不能订立合同。但是，限制民事行为能力及无民事行为能力人可以订立纯获利益的合同或者与其年龄、智力相适应的合同。法人的民事行为能力则限制在其核准登记的生产经营和业务范围内。

（2）合同当事人意思表示真实。所谓意思表示真实，是指表意人的表示行为应当真实地反映其内心的效果意思。一方当事人在被欺诈、胁迫或者重大错误下订立的合同往往不是其真实意思表示，属于无效或可撤销的合同。

（3）合同不违反法律或社会公共利益。合同不违反法律是指合同不得违反法律的强行性规定，合同不仅应符合法律规定，而且在内容上不得违反社会公共利益。

二、无效合同

1. 无效合同的概念

无效合同是指虽然已经成立但欠缺生效要件，不具有法律约束力的合同。无效合同不受国家法律保护。

无效合同划分为部分无效和全部无效两种情况。部分无效合同是指合同的部分内容无效，而且无效的部分并不影响整个合同的法律效力。全部无效合同是指内容违法的合同，自始不具有法律效力。

2. 合同无效的原因

根据《民法典》的规定，有下列情形之一的，合同无效。

（1）无民事行为能力人签订的合同。

（2）以虚假的意思表示签订的合同。

（3）违反法律、法规强制性规定的合同。

（4）违背公序良俗的合同。

（5）恶意串通，损害他人合法权益的合同。

除此之外，《民法典》第506条规定："合同中的下列免责条款无效：①造成对方人身伤害的；②因故意或者重大过失造成对方财产损失的。"

三、可变更可撤销合同

1. 可变更可撤销合同的概念

可变更可撤销的合同是指合同订立后，因意思表示不真实，可由当事人行使撤销权使其归于无效，或行使变更权使其内容变更的合同。

可变更可撤销合同是一种相对有效的合同，在有撤销权的一方行使撤销权之前，合同对双方当事人都是有效的。在当事人行使撤销权，法院或仲裁机构同意撤销该合同后，该合同无效。另外，当事人请求变更的，人民法院不得撤销。

2. 可撤销合同的原因

根据《民法典》的规定，下列合同，当事人一方有权请求人民法院或者仲裁机构变更或者撤销。

（1）因重大误解订立的合同。

（2）乘人之危显失公平的合同，即一方利用对方处于危困状态、缺乏判断能力等情形，致使合同成立时显失公平的。

（3）受欺诈、胁迫订立的合同。一方以欺诈手段，使对方在违背真实意思的情况下订立合同的，受欺诈方有权请求撤销合同；第三人实施欺诈行为，使一方在违背真实意思的情况下签订的合同，对方知道或者应当知道该欺诈行为的，受欺诈方有权请求撤销合同；一方或者第三人以胁迫手段，使对方在违背真实意思的情况下订立合同的，受胁迫方有权请求人民法院或者仲裁机构予以撤销。

3. 撤销权及其行使

撤销权可因以下原因消灭：①当事人自知道或者应当知道撤销事由之日起 1 年内、重大误解的当事人自知道或者应当知道撤销事由之日起 90 日内没有行使撤销权；②当事人受胁迫，自胁迫行为终止之日起 1 年内没有行使撤销权；③当事人知道撤销事由后明确表示或者以自己的行为表明放弃撤销权。

当事人自民事法律行为发生之日起 5 年内没有行使撤销权的，撤销权消灭。

四、效力待定合同

1. 效力待定合同的概念

效力待定合同也称为可追认的合同，是指合同虽然已经成立，但因其不完全符合有关生效要件的规定，因此其效力能否发生，尚未确定，一般须经有权人表示承认才能生效。

2. 效力待定合同的原因

（1）限制民事行为能力人订立的合同

限制民事行为能力人订立的合同，经法定代理人追认后，该合同有效，但纯获利益的合同或者与其年龄、智力、精神健康状况相适应而订立的合同，不必经法定代理人追认。

（2）无权代理人订立的合同

《民法典》第 171 条规定，行为人没有代理权、超越代理权或者代理权终止后以被代理人名义订立的合同，未经被代理人追认，对被代理人不发生效力，由行为人承担责任。

（3）无处分权人订立的合同

无处分权人订立的合同就是无处分权人处分他人财产而与合同相对人订立的合同。无处分权人处分他人财产而订立的合同必须经过权利人的追认，或者无处分权人在合同订立后取得了对财产的处分权，合同才能生效。

（4）法定代表人越权订立的合同

《民法典》第 504 条规定，法人或其他组织的法定代表人、负责人超越权限订立的合同，除相对人知道或者应当知道其超越权限的以外，该代表行为有效。也就是说，法人或者其他组织的法定代表人、负责人超越权限订立的合同，如果合同相对人是善意的，该代表行为有效；如相对人是恶意的，这种合同就是无效的。

五、合同被确认无效和被撤销后的法律后果

合同被确认无效或者被撤销后，自始即不发生法律效力，对当事人不具有任何约束力。合同尚未履行的，不再履行；合同正在履行的，应当停止履行；合同已全部履行或者已经部分履行的，应分别情况对于当事人已经取得的财产和造成他人的损失作不同的处理。

1. 返还财产

返还财产是指依合同已交付财产的当事人，在合同被确认无效或被撤销后，有权请求对方返还财产，同时接受财产一方当事人有返还财产的义务。不能返还或没有返还必要的，应当折价补偿。

2. 赔偿损失

《民法典》第 157 条规定，有过错的一方应当赔偿对方因此所受到的损失，双方都有过错的，应当各自承担相应的责任。

任务四　合同的担保

任务导入

2019 年 5 月 10 日，李某因做生意急需资金，向中国建设银行某市支行（以下简称某支行）借款 40 万元，双方签订了借款合同。合同约定借款期限至 2021 年 5 月 10 日止，年利率为 6.35%，逾期按日利率万分之五计收逾期利息。约定将李某所有的房产抵押给某支行，但双方没有到房管部门办理抵押手续，只是签订了一份借款合同，同时在合同上提到了用李某自有的某地房产作抵押，并将房产证交付给某支行保管。同时，某支行还与中国人民财产保险股份有限公司某分公司营业部（以下简称营业部）签订了保证合同，约定由营业部承担李某借款债务的连带保证责任，保证期间为借款合同到期之次日起两年。借款到期后，李某未履行还款义务，后经催讨未果。某支行诉至法院，要求李某以所抵押的房产偿还借款本金 40 万元及利息，营业部负连带清偿责任。

经济法概论（第2版）

> **任务要求**：本案中的保证合同是否有效？银行是否享有抵押权？法院应如何判决？结合本案，熟悉合同担保方式，正确选择适用担保措施。

相关知识

一、担保的基础知识

1. 担保的概念与特征

担保是为了保证债权实现而采取的法律措施。担保具有以下特征。

（1）从属性。担保具有从属性是指担保从属于主合同，依主合同的存在或将来存在为前提，随主合同的变更而变更、消灭而消灭。

（2）补充性。担保的补充性是指担保一经有效成立，就在主合同债权债务基础上补充了某种权利义务关系，只有在主权利不能正常实现，债权人的权利不能得到满足时，才能行使这一权利，要求担保人承担清偿责任。

2. 担保的立法

我国《民法典》对担保制度进行了规范。《民法典》第二编"物权"的第四分编"担保物权"规定了抵押权、质权、留置权三种担保物权。《民法典》第三编"合同"的第一分编"通则"规定了定金，《民法典》第二分编"典型合同"中对保证合同作出了规定。

3. 担保适用范围与担保方式

当事人对民事法律关系产生的债权，在不违反法律、法规强制性规定的情况下，都可以按照《民法典》规定的方式设定担保。

根据我国《民法典》的规定，担保的方式主要包括保证、抵押、质押、留置和定金。其中，保证属于人的担保，抵押、质押、留置属于物的担保，定金属于金钱的担保。

二、保证

1. 保证的概念

保证是指保证人和债权人约定，在债务人未按约定履行债务时，保证人按照约定履行债务或承担责任的行为。保证人承担保证责任后，有权向债务人追偿。

2. 保证人的资格

根据我国《民法典》的规定，具有代为清偿债务能力的法人、其他组织或者公民，可以作保证人。但下列主体在保证方式中受到一定限制。

（1）国家机关不得为保证人，但经国务院批准为使用外国政府或者国际经济组织贷款进行转贷的除外。

(2)以公益为目的的非营利法人、非营利组织不得为保证人。

3. 保证合同和保证方式
（1）保证合同的形式

保证人与债权人应当以书面形式订立保证合同。具体来说，保证合同可以采取以下几种形式：一是保证人和债权人签订单独的书面合同；二是债权人、债务人和保证人在主合同中订立的保证条款；三是保证人和债权人之间就保证事项达成的协议、传真、信函等文字资料。

（2）保证合同的内容

保证合同应当包括以下内容：①被保证的主债权种类、数额；②债务人履行债务的期限；③保证的方式；④保证担保的范围；⑤保证的期间；⑥双方认为需要约定的其他事项。

（3）保证的方式

我国《民法典》规定的保证方式有一般保证和连带责任保证。一般保证是指当事人在保证合同中约定，债务人不能履行债务时，由保证人承担保证责任的保证。连带责任保证是指当事人在保证合同中约定保证人与债务人对债务承担连带责任的保证。

一般保证和连带责任保证的区别在于：一般保证的保证人享有先诉抗辩权；而连带责任保证的保证人没有先诉抗辩权，只要债务人在主合同规定的债务履行期届满没有履行债务，债权人就可以要求债务人履行债务，也可以要求保证人在其保证范围内承担保证责任。

当事人对保证方式没有约定或者约定不明确的，按照连带责任保证承担保证责任。

4. 保证合同的无效
保证合同的无效是指保证合同不具备法律规定的生效要件，因而不能发生预期的法律效力。保证合同无效有以下两种情形。

（1）主合同无效而致保证合同无效。根据保证合同的从属性，主合同无论基于何种事由而无效，除法律另有规定外，保证合同无效。

（2）主合同有效，保证合同因自身原因无效。主要有以下几种情况。

① 因保证人资格的欠缺导致保证合同无效。具体包括：国家机关作为保证人签订的保证合同无效；以公益为目的的非营利法人、非营利组织签订的保证合同无效。

② 保证人意思不真实导致保证合同无效。主合同当事人双方串通，骗取保证人提供保证的；主合同债权人采取欺诈、胁迫等手段，使保证人在违背真实意思的情况下提供保证的，保证合同无效。

③ 保证合同违反法律法规的强制性规定和社会公共利益而无效。担保合同被确认无效后，债务人、担保人、债权人有过错的，应当根据其过错各自承担相应的民事责任。主合同无效而导致担保合同无效，担保人无过错的，担保人不承担民事责任；担保人

有过错的，担保人承担民事责任的部分，不应超过债务人不能清偿部分的 1/3。主合同有效而担保合同无效，债权人无过错的，担保人与债务人对主合同债权人的经济损失，承担连带赔偿责任；债权人、担保人有过错的，担保人承担民事责任的部分，不应超过债务人不能清偿部分的 1/2。

担保人因无效担保合同向债权人承担赔偿责任后，可以向债务人追偿，或者在承担赔偿责任的范围内，要求有过错的反担保人承担赔偿责任。

5. 保证责任

（1）保证担保的范围

根据《民法典》第 691 条规定，保证担保的范围包括主债权及利息、违约金、损害赔偿金和实现债权的费用。当事人对保证担保的范围没有约定或者约定不明确的，保证人应当对全部债务承担责任。

（2）主债权债务转让及主合同变更时，保证人的责任

债权人转让全部或者部分债权，未通知保证人的，该转让对保证人不发生效力。保证人与债权人约定禁止债权转让，债权人未经保证人书面同意转让债权的，保证人对受让人不再承担保证责任。

保证期间，债权人许可债务人转让债务的，应当取得保证人书面同意，保证人对未经其同意转让的债务，不再承担保证责任。债权人许可债务人转让部分债务未经保证人书面同意的，保证人对未经其同意转让部分的债务，不再承担保证责任。但是，保证人仍应当对未转让部分的债务承担保证责任。

保证期间，债权人与债务人对主合同数量、价款、币种、利率等内容作了变动，未经保证人同意的，如果减轻债务人的债务的，保证人仍应当对变更后的合同承担保证责任；如果加重债务人的债务的，保证人对加重的部分不承担保证责任。

债权人与债务人对主合同履行期限作了变动，未经保证人书面同意的，保证期间为原合同约定的或者法律规定的期间。

债权人与债务人协议变动主合同内容，但并未实际履行的，保证人仍应当承担保证责任。

（3）保证期间

一般保证的保证人与债权人未约定保证期间的，保证期间为主债务履行期届满之日起 6 个月。在合同约定的保证期间和上述期间内，债权人未对债务人提起诉讼或者申请仲裁的，保证人免除保证责任；债权人已提起诉讼或者申请仲裁的，保证期间适用诉讼时效中断的规定。

连带责任保证的保证人与债权人未约定保证期间的，债权人有权自主债务履行期届满之日起 6 个月内要求保证人承担保证责任。在合同约定的保证期间和上述期间内，债权人未要求保证人承担保证责任的，保证人免除保证责任。

三、抵押

1. 抵押的概念

抵押是指债务人或者第三人不转移对某一特定财产的占有，将该财产作为债权的担保，债务人不履行债务或者发生当事人约定的实现抵押权的情形时，债权人有权依照法律规定以该财产折价或者以拍卖、变卖该财产的价款优先受偿的担保方式。在抵押法律关系中，债务人或者第三人为抵押人，债权人为抵押权人，提供担保的财产为抵押物。

2. 抵押物

《民法典》第395条规定，债务人或者第三人有权处分的下列财产可以抵押：①建筑物和其他土地附着物；②建设用地使用权；③海域使用权；④生产设备、原材料、半成品、产品；⑤正在建造的建筑物、船舶、航空器；⑥交通运输工具；⑦法律、行政法规未禁止抵押的其他财产。

另外，根据《民法典》的规定，企业、个体工商户、农业生产经营者可以将现有的以及将有的生产设备、原材料、半成品、产品抵押，债务人不履行到期债务或者发生当事人约定的实现抵押权的情形，债权人有权就实现抵押权时的动产优先受偿。

以建筑物抵押的，该建筑物占用范围内的建设用地使用权一并抵押。以建设用地使用权抵押的，该土地上的建筑物一并抵押。抵押人未依照上述规定一并抵押的，未抵押的财产视为一并抵押。

乡镇、村企业的建设用地使用权不得单独抵押。以乡镇、村企业的厂房等建筑物抵押的，其占用范围内的建设用地使用权一并抵押。

《民法典》第400条规定，下列财产不得抵押：①土地所有权；②宅基地、自留地、自留山等集体所有的土地使用权，但法律规定可以抵押的除外；③学校、幼儿园、医疗机构等以公益为目的成立的非营利法人的教育设施、医疗卫生设施和其他社会公益设施；④所有权、使用权不明或者有争议的财产；⑤依法被查封、扣押、监管的财产；⑥法律、行政法规规定不得抵押的其他财产。

3. 抵押合同和抵押物登记

（1）抵押合同的内容

抵押人和抵押权人应当以书面形式订立抵押合同。抵押合同应当包括以下内容：①被担保的主债权种类、数额；②债务人履行债务的期限；③抵押财产的名称、数量、质量、状况、所在地、所有权权属或者使用权权属；④抵押担保的范围；⑤当事人认为需要约定的其他事项。

抵押合同不完全具备上述规定内容的，可以补正。抵押权人在债务履行期届满前，不得与抵押人约定债务人不履行到期债务时抵押财产归债权人所有的，只能依法就抵押财产优先受偿。

实务操作指南——个人借款抵押合同范本

甲方（出借人、抵押权人）：_____，身份证号码：_____，住址：_____。
乙方（借款人）：_____，身份证号码：_____，住址：_____。
丙方（抵押人）：_____，身份证号码：_____，住址：_____。

本合同各方根据法律、法规，在平等自愿的基础上，为明确责任，恪守信用，经协商一致签订本合同，并保证共同遵守。

一、借款条款

1. 借款金额：甲方同意借款给乙方人民币_____万元整（小写：_____元）。
2. 借款用途：用于经营投资。
3. 借款利率：月利率按照_____分计算。
4. 借款期限：_____个月，自_____年_____月_____日到_____年_____月_____日止。如实际借款数额和实际放款日与该借款合同不符，以实际借款数额和日期为准。乙方收到借款后应当出具借条，乙方出具的借据为本合同的附件，与本合同具有同等法律效力。
5. 借款的归还：利息和本金到期日一并归还，借款结清后，甲方归还乙方先前出具的借据。如推迟还款，乙方应当按日支付违约金千分之五。

本合同的有效期内，发生下列事项的之一的，甲方有权宣布本合同下的借款提前到期，要求借款人在规定期限内偿还本金及利息而无须为正当行使上述权利所引起的任何损失负责。

（1）乙方违反本合同借款条款中的任何条款。
（2）根据担保条款的约定，因抵押人、抵押物发生变故或者抵押人违法担保条款的约定，致使抵押人需要提前履行义务的。
（3）乙方发生其他可能影响归还甲方借款本息的行为。

6. 本合同的相关费用（包括抵押登记、公证等）均由乙方负责。

二、抵押条款

现抵押人同意以其所有的房屋的价值为抵押，为本借款合同下的借款做担保。抵押物基本情况详见所附房屋所有权证、国有土地所有权证复印件。

1. 抵押担保范围为本借款合同下的借款本金、利息、违约金及实现债权的其他费用（包括但不限于法院诉讼费、律师费等）。
2. 抵押期限自抵押登记之日到主债务履行完毕止。
3. 抵押期间，未经过抵押权人书面同意，抵押人不得以变卖、赠与或其他方式处分抵押物。
4. 本合同中借款条款如因某种原因致使部分或全部无效，不影响抵押条款的效力，抵押人仍应当按照约定承担责任。

三、其他条款

本合同自甲方、乙方、丙方签字后生效，抵押权自抵押登记时生效。

本合同一式四份，具有同等效力。抵押权人执2份，借款、抵押人各执一份。

如本合同发生争执或纠纷，各方同意向人民法院提起诉讼。

甲方：

乙方：

丙方：

　　　　　　　　　　　　　　　　　　　　　　　_____年_____月_____日

（2）抵押登记

抵押登记是指抵押物的登记机关根据当事人的申请，依照法定程序将抵押物上设定的抵押权及抵押权变更终止等记载于抵押物登记簿上的行为。

根据《民法典》的规定，以下列财产抵押的，应当办理抵押登记，抵押权自登记时设立。

①建筑物和其他土地附着物；②建设用地使用权；③海域使用权；④正在建造的建筑物、船舶、航空器。以上述财产进行抵押，如果抵押物没有登记，只是抵押权不成立，但是抵押合同仍然有效，债权人可以依据有效的抵押合同主张对方当事人的违约责任，要求对抵押合同实际履行，也就是要求完成登记，或者是要求违约损害赔偿。

以动产抵押的，抵押权自抵押合同生效时设立；未经登记，不得对抗善意第三人。

4. 抵押权的实现

债务人不履行到期债务或者发生当事人约定的实现抵押权的情形，抵押权人可以与抵押人协议以抵押财产折价或者以拍卖、变卖该抵押财产所得的价款优先受偿。协议损害其他债权人利益的，其他债权人可以在知道或者应当知道撤销事由之日起1年内请求人民法院撤销该协议。抵押权人与抵押人未就抵押权实现方式达成协议的，抵押权人可以请求人民法院拍卖、变卖抵押财产。抵押财产折价或者拍卖、变卖后，其价款超过债权数额的部分归抵押人所有，不足部分由债务人清偿。

同一财产向两个以上债权人抵押的，拍卖、变卖抵押财产所得的价款依照下列规定清偿：抵押权已登记的，按照登记的先后顺序清偿；顺序相同的，按照债权比例清偿；抵押权已登记的先于未登记的受偿；抵押权未登记的，按照债权比例清偿。

抵押担保期间，抵押物毁损、灭失或者被征收等，抵押权人可以就获得的保险金、赔偿金或者补偿金等优先受偿。被担保债权的履行期未届满的，也可以提存该保险金、赔偿金或者补偿金等。

被担保的债权既有物的担保又有人的担保的，债务人不履行到期债务或者发生当事人约定的实现担保物权的情形，债权人应当按照约定实现债权；没有约定或者约定不明确，债务人自己提供物的担保的，债权人应当先就该物的担保实现债权；第三人提供物的担保的，债权人可以就物的担保实现债权，也可以要求保证人承担保证责任。债权人放弃部分或者全部物的担保，保证人在债权人放弃权利的范围内减轻或免除保证责任。

为债务人抵押担保的第三人，在抵押权人实现抵押权后，有权向债务人追偿。

抵押权人应当在主债权诉讼时效期间行使抵押权；未行使的，人民法院不予保护。

四、质押

质押是设定质权的行为，是指债务人或第三人将动产或权利交由债权人占有，作为债务履行担保的行为。将出质物交给债权人做债权担保的人，称为出质人，接受并占有出质物的债权人，称为质权人。

根据质物的类别，可将质押分为动产质押和权利质押。

1. 动产质押

（1）动产质押的概念

动产质押是指债务人或者第三人将其动产移交债权人占有，将该动产作为债权的担保。债务人不履行债务时，债权人有权依照法律规定以该动产折价或者以拍卖、变卖该动产的价款优先受偿。

（2）质押合同

出质人和质权人应当以书面形式订立质押合同。质押合同自质物移交于质权人占有时生效。质押合同应当包括以下内容：①被担保的主债权种类、数额；②债务人履行债务的期限；③质物的名称、数量、质量、状况；④质押担保的范围；⑤质物移交的时间；⑥当事人认为需要约定的其他事项。质押合同不完全具备前款规定内容的，可以补正。

质权人在债务履行期限届满前，与出质人约定债务人不履行到期债务时质押财产归债权人所有的，只能依法就质押财产优先受偿。

质权自出质人交付质押财产时设立。即质押财产的交付是质权的成立要件，如果质押财产没有交付，只是质权不成立，但是质押合同仍然是有效的，债权人可以依据有效的质押合同主张对方当事人的违约责任。

（3）质押的实现

质押担保的范围包括主债权及利息、违约金、损害赔偿金、质物保管费用和实现质权的费用。质押合同另有约定的，按照约定。

债务履行期届满债务人履行债务的，或者出质人提前清偿所担保的债权的，质权人应当返还质物。债务履行期届满质权人未受清偿的，可以与出质人协议以质物折价，也可以依法拍卖、变卖质物。质物折价或者拍卖、变卖后，其价款超过债权数额的部分归出质人所有，不足部分由债务人清偿。为债权人质押担保的第三人，在质权人实现质权后，有权向债务人追偿。

出质人可以请求质权人在债务履行期届满后及时行使质权；质权人不行使的，出质人可以请求人民法院拍卖、变卖质押财产。出质人请求质权人及时行使质权，因质权人怠于行使权利造成损害的，由质权人承担赔偿责任。

质权人在质权存续期间，未经出质人同意，擅自使用、处分质押财产，给出质人造成损害的，应当承担赔偿责任。

质权人在质权存续期间，未经出质人同意转质，造成质押财产毁损、灭失的，应当向出质人承担赔偿责任。

质权人负有妥善保管质物的义务。因保管不善致使质物灭失或者毁损的，质权人应当承担民事责任。质权人不能妥善保管质物可能致使其灭失或者毁损的，出质人可以要求质权人将质物提存，或者要求提前清偿债权而返还质物。质物有损坏或者价值明显减少的可能，足以危害质权人权利的，质权人可以要求出质人提供相应的担保。出质人不提供的，质权人可以拍卖或者变卖质物，并与出质人协议将拍卖或者变卖所得的价款用于提前清偿所担保的债权或者向与出质人约定的第三人提存。

质押担保期间，质物毁损、灭失或者被征收等，质权人可以就获得的保险金、赔偿金或者补偿金等优先受偿。被担保债权的履行期未届满的，也可以提存该保险金、赔偿金或者补偿金等。

2. 权利质押

所谓权利质押，是指以所有权之外的财产权为标的物而设定的质押。权利质押主要以债权、股权和知识产权中的财产权利作为标的物。

根据《民法典》的规定，债务人或者第三人有权处分的下列权利可以出质：①汇票、支票、本票；②债券、存款单；③仓单、提单；④可以转让的基金份额、股权；⑤可以转让的注册商标专用权、专利权、著作权等知识产权中的财产权；⑥应收账款；⑦法律、行政法规规定可以出质的其他财产权利。

以汇票、支票、本票、债券、存款单、仓单、提单出质的，当事人应当订立书面合同。质权自权利凭证交付质权人时设立；没有权利凭证的，质权自有关部门办理出质登记时设立。

汇票、支票、本票、债券、存款单、仓单、提单的兑现日期或者提货日期先于主债权到期的，质权人可以兑现或者提货，并与出质人协议将兑现的价款或者提取的货物提前清偿债务或者提存。

以基金份额、股权出质的，当事人应当订立书面合同。以基金份额、证券登记结算机构登记的股权出质的，质权自证券登记结算机构办理出质登记时设立；以其他股权出质的，质权自工商行政管理部门办理出质登记时设立。

基金份额、股权出质后，不得转让，但经出质人与质权人协商同意的除外。出质人转让基金份额、股权所得的价款，应当向质权人提前清偿债务或者提存。

以注册商标专用权、专利权、著作权等知识产权中的财产权出质的，当事人应当订立书面合同。质权自有关主管部门办理出质登记时设立。

知识产权中的财产权出质后，出质人不得转让或者许可他人使用，但经出质人与质权人协商同意的除外。出质人转让或者许可他人使用出质的知识产权中的财产权所得的价款，应当向质权人提前清偿债务或者提存。

以应收账款出质的，当事人应当订立书面合同。质权自信贷征信机构办理出质登记时设立。

应收账款出质后，不得转让，但经出质人与质权人协商同意的除外。出质人转让应收账款所得的价款,应当向质权人提前清偿债务或者提存。

权利质押除适用上述规定外,适用动产质押的规定。

五、留置

1. 留置及留置权的概念

留置是指依照法律规定,债权人按照合同约定占有债务人的动产,债务人不按照合同约定的期限履行债务的,债权人有权依照本法规定留置该财产,以该财产折价或者以拍卖、变卖该财产的价款优先受偿。留置权是指债权人依合同约定占有债务人的动产,在债务人不按照合同约定的期限履行债务时,债权人得留置该动产,以作为债权担保的权利。

2. 留置权适用的范围及条件

(1)留置权适用的范围

留置权属于法定担保物权。依照《民法典》的规定,留置权的适用不受债权范围的限制,可以基于包括保管合同、运输合同、加工承揽合同在内的合同之债,也可以是不当得利之债、无因管理之债或者侵权之债。

(2)留置权适用的条件

留置权为法定担保物权,只能依法律的规定当然发生,而不能依当事人的约定产生,因此留置权的成立,须具备法律规定的条件。留置权的成立要件,又称为留置权的取得要件或发生要件。留置权的成立须具备以下条件:①债权人占有债务人的动产。②占有的动产与债权有牵连关系,即债权人留置的动产,应当与债权属于同一法律关系。但企业之间留置的除外,也就是说企业之间留置只要求留置动产与被担保债权有一般关联性即可,并不要求两者间有直接的法律关系上的同一性。③债权已届清偿期且债务人未按规定期限履行义务。

3. 留置权的实现

留置担保的范围包括主债权及利息、违约金、损害赔偿金,留置物保管费用和实现留置权的费用。

留置权人与债务人应当约定留置财产后的债务履行期间;没有约定或者约定不明确的,留置权人应当给债务人两个月以上履行债务的期间,但鲜活易腐等不易保管的动产除外。债务人逾期未履行的,留置权人可以与债务人协议以留置财产折价,也可以就拍卖、变卖留置财产所得的价款优先受偿。留置物折价或者拍卖、变卖后,其价款超过债权数额的部分归债务人所有,不足部分由债务人清偿。

留置权人负有妥善保管留置物的义务。因保管不善致使留置物灭失或者毁损的,留置权人应当承担民事责任。

留置权人有权收取留置财产的孳息。

债务人可以请求留置权人在债务履行期届满后行使留置权;留置权人不行使的,债务人可以请求人民法院拍卖、变卖留置财产。

同一动产上已设立抵押权或者质权,该动产又被留置的,留置权人优先受偿。

4. 留置权消灭

留置权人对留置财产丧失占有或者留置权人接受债务人另行提供担保的,留置权消灭。

六、定金

定金是债的一种担保方式,是指合同当事人约定的,为确保合同的履行,由一方当事人在法律规定的范围内预先向对方交付的一定款项,债务人履行债务后,给付定金的一方有权收回定金,或者将定金抵作价款;收受定金的一方不履行债务的,应当双倍返还定金,给付定金的一方不履行债务的,则无权要求返还定金。

定金应当以书面形式约定。当事人在定金合同中应当约定交付定金的期限,定金合同从实际交付定金之日起生效。

定金的数额由当事人约定,但不得超过主合同标的额的20%。

任务五　合同的履行

任务导入

2020年6月,李先生因经营急需资金,找朋友杨先生帮忙。双方签订了借款协议,协议就还款时间、利息等予以明确约定。2020年12月,双方约定的还款期限逾期后,杨先生找到李先生,要求偿还借款本、息共74万余元。但李先生以经营困难为由未支付。之后,杨先生多次催促还款,但都遭李先生各种理由回绝,甚至避而不见。无奈之下,杨先生将李先生告上法庭。

2021年6月,法院经审理判决李先生偿还杨先生借款及利息74万元。但判决生效后,李先生仍不履行还款义务。杨先生遂申请法院强制执行。在执行过程中,杨先生发现李先生将自己个人独资企业的厂房、设备等资产已在双方借款纠纷判决前不到一个月的时间,以760万元的价格转让给了他人。杨先生经打听,得知资产的受让人正是李先生的儿子。杨先生认为李先生将厂房、设备全部转让给自己儿子,导致自己实现不了债权,遂又向法院提起诉讼,请求法院撤销李先生与儿子签订的资产转让协议,并承担行使撤销权所花费的费用。

诉讼中,李先生拿出了与儿子签订的资产转让协议,并称儿子按协议约定支付了自己760万元现金,收到的钱已全部用于偿还公司所欠债务。但不管是李先生还是其儿子,都拿不出任何付款凭据。对李先生与杨先生之间的借款纠纷,李先生的儿子则否认知情。但多名证人均证实,李先生的儿子对其父亲和杨先生的借款纠纷是清楚的。

任务要求：法院应如何判决？为什么？结合本案，理解运用合同履行的规则。

相关知识

一、合同履行的概念和原则

1. 合同履行的概念

合同的履行是指合同的当事人按照合同的约定，全面完成各自应承担的合同义务，使合同关系得以全部终止的行为过程。合同履行是合同当事人订立合同的根本目的。

2. 合同履行的原则

合同履行的原则是指法律规定的、当事人在履行合同义务时所必须遵循的准则。合同履行的基本原则主要包括以下两个方面。

（1）全面履行原则。全面履行原则又称正确履行原则或适当履行原则，是指当事人必须按照合同关于标的、质量、数量、价款或报酬、履行期限、履行地点、履行方式约定，正确而完整地履行自己的合同义务。我国《民法典》第509条规定："当事人应当按照约定全面履行自己的义务。"

（2）协作履行原则。协作履行原则是指当事人在合同的履行中不仅要适当、全面履行合同的约定，还要基于诚实信用原则，对对方当事人的履行债务行为给予协助，使之能更好地、更方便地履行合同。《民法典》第509条规定："当事人应当遵循诚实信用原则，根据合同的性质、目的和交易习惯履行通知、协助、保密等义务。"

二、合同履行的具体规则

合同履行规则是指在合同履行过程中需要遵守的具体规范。合同履行的具体规则主要包括以下内容。

（1）按约定履行合同

按照法律规定或当事人约定的义务正确履行合同。

（2）合同内容约定不明确时的履行规则

① 订立补充协议。合同生效后，当事人就质量、价款或者报酬、履行地点等内容没有约定或者约定不明确的，可以协议补充。

② 适用合同有关条款或者交易习惯。双方当事人不能达成补充协议的，按照合同有关条款或者交易习惯确定。合同有关条款是指在当事人双方订立的合同中与该条款内容相关的其他条款。交易习惯是指同类交易所遵循的惯常做法，以及当事人历来的交易习惯。

（3）适用合同法规定的补救规则

当事人就有关合同内容约定不明确，依照上述规则仍不能确定的，适用下列规定：质量要求不明确的，按照国家标准、行业标准履行；没有国家标准、行业标准的，按照通常标准或者符合合同目的的特定标准履行。价款或者报酬不明确的，按照订立合同时履行地的市场价格履行；依法应当执行政府定价或者政府指导价的，按照规定履行。履行地点不明确，给付货币的，在接受货币一方所在地履行；交付不动产的，在不动产所在地履行；其他标的，在履行义务一方所在地履行。履行期限不明确的，债务人可以随时履行，债权人也可以随时要求履行，但应当给对方必要的准备时间。履行方式不明确的，按照有利于实现合同目的的方式履行。履行费用的负担不明确的，由履行义务一方负担。

（4）执行政府定价或政府指导价的合同履行规则

执行政府定价或者政府指导价的，在合同约定的交付期限内政府价格调整时，按照交付时的价格计价。逾期交付标的物的，遇价格上涨时，按照原价格执行；价格下降时，按照新价格执行。逾期提取标的物或者逾期付款的，遇价格上涨时，按照新价格执行；价格下降时，按照原价格执行。

（5）向第三人履行债务的规则

当事人约定由债务人向第三人履行债务的，债务人未向第三人履行债务或者履行债务不符合约定，应当向债权人承担违约责任。

（6）第三人代为履行债务的规则

当事人约定由第三人向债权人履行债务的，第三人不履行债务或者履行债务不符合约定，债务人应当向债权人承担违约责任。

三、合同履行中的抗辩权

双务合同履行中的抗辩权是指双务合同一方当事人在法定条件下对抗对方当事人的请求权、拒绝履行其债务的权利。它包括同时履行抗辩权和不安抗辩权。

1. 同时履行抗辩权

同时履行抗辩权是指当事人互负债务，没有先后履行顺序的，应当同时履行，一方在对方履行前有权拒绝其履行要求。一方在对方履行债务不符合约定时，有权拒绝其相应的履行要求。

2. 不安抗辩权

（1）不安抗辩权的概念

不安抗辩权是指在双务合同中，应当先履行债务的当事人有证据证明对方不能履行债务或者有不能履行债务的可能的情形存在时，在对方没有对待履行或者提供担保前，有权中止履行合同债务；当另一方对履行合同提供了充分的保证时，应当履行合同。

（2）不安抗辩权的适用要具备的条件

不安抗辩权的适用要具备以下条件：①当事人一方有先履行的义务；②后履行义务一方当事人的履行能力明显降低，有不能履行的现实危险。根据《民法典》第527条规定，应当先履行债务的当事人，有确切证据证明对方有下列情形之一的，可以中止履行：①经营状况严重恶化；②转移财产、抽逃资金，以逃避债务；③丧失商业信誉；④有丧失或者可能丧失履行债务能力的其他情形。

当事人行使不安抗辩权，中止履行的，应当及时通知对方。对方提供适当担保时，应当恢复履行。中止履行后,对方在合理期限内未恢复履行能力并且未提供适当担保的,中止履行的一方可以解除合同,并可以请求对方承担违约责任。

当事人没有确切证据中止履行的,应当承担违约责任。

四、合同的保全

1. 合同保全的概念

合同的保全是指债务人的财产不当减少而有害于债权人的债权时,债权人可对债务人或第三人实施的行为行使代位权或撤销权,以保护其债权的制度。

2. 债权人代位权

债权人代位权是指当债务人怠于行使其对第三人享有的权利,以致影响债权人债权的实现时,债权人为了保全自己的债权,可以自己的名义代位行使债务人对第三人的权利。

债权人行使代位权的,应具备以下条件:①债权人对债务人的债权合法;②债务人对第三人的债权已到期;③债务人怠于行使其债权,对债权人造成损害;④债务人的债权不是专属于债务人本身的权利。

3. 债权人撤销权

债权人撤销权是指当债务人所为的减少其财产的行为危害债权实现时,债权人为保全债权得请求法院予以撤销该行为的权利。

债权人行使撤销权应符合以下条件:①债务人实施了一定的处分财产的行为,包括放弃债权、无偿转让财产、以明显不合理的低价转让财产、为第三人提供担保等。②债务人处分财产的行为对债权人的债权造成损害。

债权人代位权和撤销权的行使必须由债权人以自己的名义,向人民法院提起诉讼方能行使。行使的范围都以债权人的债权为限,行使的必要费用由债务人负担。

任务六 合同的变更、转让和终止

任务导入

甲与乙在 2021 年 5 月 8 日签订了一份购销大米的合同,合同约定:乙供给甲一级大米 3 000 吨,2021 年 9 月 30 日以前交货,货到后付款,每吨 1 500 元。合同签订后,乙又与某粮站签订了一份合同,合同规定:由粮站将 3 000 吨一级大米于 2021 年 9 月底以前送至甲处,货到并经验收后,由乙向该粮站按每吨 1 200 元支付货款。该粮站在合同订立以后,四处筹集大米,于 2021 年 9 月 21 日将 3 000 吨大米送至甲处,经验收因品质不合格甲拒绝收货。2021 年 11 月甲以乙违约为由,向法院提起诉讼,请求乙承担违约责任。但乙认为他已将债务转移给粮站,此系粮站违约所致,与己无关。

项目六 合同法

> **任务要求**:乙的理由成立吗?法院应如何认定本案的责任承担问题?结合本案,理解适用合同转让的规则。

相关知识

一、合同的变更

1. 合同变更的概念

合同的变更是指有效成立的合同在尚未履行或未履行完毕之前,由当事人达成协议对合同内容进行修改或补充。

《民法典》第 543 条规定:"当事人协商一致,可以变更合同。法律、行政法规规定变更合同应当办理批准、登记等手续的,依照其规定。"

2. 合同变更的后果

合同变更后,当事人须按变更后的合同履行。

合同变更原则上向将来发生效力,对已履行部分没有溯及力,已履行完毕的部分不因合同的变更而失去法律依据。

二、合同的转让

合同的转让实际上是合同权利义务的转让,是指合同当事人一方依法将合同权利义务全部或部分地转让给第三人。合同转让包括合同权利转让、合同义务转让和合同权利义务的概括转让。

1. 合同权利转让

合同权利转让也称为债权转让,是指合同债权人将其权利转让给第三人的行为。

(1)合同权利转让的限制性规定

《民法典》第 545 规定,下列合同权利不得转让:①根据合同性质不得转让的权利;②按照当事人的约定不得转让的权利;③法律规定不得转让的权利。

(2)合同权利转让的程序

债权人转让权利的,应当通知债务人,即采用通知主义。未经通知,该转让对债务人不发生效力。法律、行政法规规定转让权利应当办理批准、登记等手续的,应当按照规定办理。

2. 合同义务转让

合同义务转让是指债务人将合同的义务全部或者部分地转让给第三人的行为。

与债权转让采取通知主义不同,债务的转让采用同意主义,即债务的转让须经债权人的同意,《民法典》第 551 条规定:"债务人将合同的义务全部或者部分转移给第三人的,应当经债权人同意。"

3. 合同权利和义务的概括转让

合同权利和义务的概括转让是指合同当事人一方将其合同权利和义务一并转让给第三人。《民法典》第 555 条规定："当事人一方经对方同意，可以将自己在合同中的权利和义务一并转让给第三人。"合同的权利和义务一并转让的，适用债权转让、债务转移的相关规定。

三、合同的终止

1. 合同终止的概念

合同的终止是指合同权利义务归于消灭，债权人不再享有合同权利，债务人不必履行合同义务。

2. 合同终止的原因

根据《民法典》第 557 条规定，有下列情形之一的，合同的权利、义务终止：①债务已经按照约定履行；②合同解除；③债务相互抵销；④债务人依法将标的物提存；⑤债权人免除债务；⑥债权债务同归于一人；⑦法律规定或者当事人约定终止的其他情形。

（1）债务已经按照约定履行

债务已经按照约定履行也称为清偿，是合同终止的一般原因。

（2）合同解除

合同解除是指合同有效成立后未履行完毕前，当事人通过协议或单方行使解除权的方式，使合同权利义务终止的行为。

根据《民法典》的规定，合同解除主要包括约定解除和法定解除两种。

① 约定解除。是指当事人根据事先约定的解除条件或经当事人协商一致而解除合同。《民法典》第 562 条规定："当事人协商一致，可以解除合同。当事人可以约定一方解除合同的条件。解除合同的条件成就时，解除权人可以解除合同。"

② 法定解除。是指法律规定的解除条件出现时，当事人一方行使法律规定的合同解除权而使合同终止的行为。根据《民法典》第 563 条规定，有下列情形之一的，当事人可以解除合同：因不可抗力致使不能实现合同目的；在履行期限届满之前，当事人一方明确表示或者以自己的行为表明不履行主要债务；当事人一方迟延履行主要债务，经催告后在合理期限内仍未履行；当事人一方迟延履行债务或者有其他违约行为致使不能实现合同目的；法律规定的其他情形。

（3）债务相互抵销

债务相互抵销是指当事人互负到期债务，互享债权，以自己的债权充抵对方的债权，使自己的债务与对方的债务在等额内消灭。抵销分为法定抵销和约定抵销。

法定抵销是指二人互负同种类债务，且债务均已到清偿期，依照法律规定，使相互之间所负同等数额的债务同归消灭。《民法典》第 568 条明确规定了法定抵销："当事人互负到期债务，该债务的标的物种类、品质相同的，任何一方可以将自己的债务与对方的债务抵销，但依照法律规定或者按照合同性质不得抵销的除外。"

约定抵销是指由当事人自行达成协议而抵销。《民法典》第 569 条规定："当事人互负债务，标的物种类、品质不相同的，经双方协商一致，也可以抵销。"

当事人主张抵销的，应当通知对方，通知自到达对方时生效。抵销不得附条件和期限。双方互负的债务不对等时，债务数额大的一方对超出的债务仍应负清偿责任。

（4）债务人依法将标的物提存

提存是指由于债权人的原因，债务人无法向债权人给付合同标的物时，债务人将合同标的物交付提存机关而消灭合同关系的法律制度。根据《民法典》第 570 条规定：有下列情形之一，难以履行债务的，债务人可以将标的物提存：债权人无正当理由拒绝受领；债权人下落不明；债权人死亡未确定继承人或者丧失民事行为能力未确定监护人；法律规定的其他情形。自提存之日起，债务人的债务归于消灭。标的物提存后，毁损、灭失的风险由债权人承担。

（5）债权人免除债务

债权人免除债务是指债权人单方面放弃债权从而消灭合同债务的行为。

（6）债权债务同归于一人

债权和债务同归于一人的也称为混同，是指合同的债权人和债务人合为一体。混同的原因主要有两种，一种是当事人的合并，另一种是债权债务的转让。《民法典》第 576 条规定："债权和债务同归于一人的，合同的权利义务终止，但涉及第三人利益的除外。"

任务七　违约责任

任务导入

2020 年 6 月，红星农贸公司与方圆家禽养殖场签订合同，合同约定，方圆家禽养殖场在 2021 年 1 月向红星农贸公司供应 1 万只家禽；红星农贸公司支付预付款 10 万元；如有纠纷，可提交当地仲裁机构裁决。2020 年 10 月，红星农贸公司按期支付预付款 10 万元。2021 年 1 月，因当地发生禽流感，方圆家禽养殖场的家禽被全数捕杀。红星农贸公司闻讯后通知方圆家禽养殖场解除合同，要求对方返还预付款并承担违约责任。方圆家禽养殖场认为：造成不能履行合同的原因是不可抗力所致，而非主观过错，不应承担违约责任；至于预付款，由于是红星农贸公司首先提出解除合同的，故无权要求返还。红星农贸公司无奈，遂向仲裁机构申请仲裁。

任务要求：仲裁机构应如何裁决？为什么？结合本案，理解运用违约责任的构成要件及免责情形。

相关知识

违约责任是指合同当事人不履行合同义务或者履行合同义务不符合约定时所应承担的法律责任。

一、违约责任的归责原则及构成要件

1. 违约责任的归责原则

违约责任的归责原则是指确定行为人违约责任的根据和标准。我国《民法典》确定的归责原则是无过错责任原则,即除了有免责事由外,只要当事人不履行合同或不适当履行合同,就应承担违约责任,而不必考虑违约一方主观上是否存在过错。

2. 违约责任的构成要件

违约责任的构成要件是指违约当事人应具备何种条件才应承担违约责任。由于我国《民法典》在违约责任上采取的是无过错原则,因此,只要当事人有违约行为,就应当承担违约责任,即违约行为是违约责任的构成要件。

违约行为可以分为实际违约和预期违约两种形态。

(1) 实际违约

实际违约包括不履行和不适当履行两种情况。不履行是指当事人一方不履行全部合同义务,以致合同目的不能实现。不适当履行也称为不完全履行,是指虽然当事人一方履行了合同义务,但其履行不符合合同约定。一般包括数量、质量、地点、方式等方面不符合合同约定。

(2) 预期违约

预期违约是指在合同履行期到来前,一方当事人明确表示或者以自己的行为表明将来不履行合同义务。一方当事人预期违约的,对方可以在履行期限届满之前要求其承担违约责任。

二、承担违约责任的形式

1. 继续履行

继续履行是指是指当事人一方不履行合同义务时,根据对方当事人的请求,对原合同未履行的部分继续履行。《民法典》第580条规定:当事人一方不履行非金钱债务或者履行非金钱债务不符合约定的,对方可以要求履行,但有下列情形之一的除外:①法律上或者事实上不能履行;②债务的标的不适于强制履行或者履行费用过高;③债权人在合理期限内未要求履行。

2. 采取补救措施

采取补救措施是指当事人在履行合同过程中,因质量不符合约定,由违约方采取的修理、重作、更换、退货、减少价款或者报酬等措施。

3. 赔偿损失

赔偿损失是指一方当事人不履行合同义务或履行合同义务不符合约定而给对方造成损失,向对方当事人所承担的损害赔偿责任。《民法典》第584条规定:"当事人一方不履行合同义务或者履行合同义务不符合约定,给对方造成损失的,损失赔偿额应当相当于因违约所造成的损失,包括合同履行后可以获得的利益,但不得超过违反合同一方订立合同时预见到或者应当预见到的因违反合同可能造成的损失。"

4. 支付违约金

违约金是合同当事人在合同中预先约定的当一方不履行合同或不完全履行合同时,由违约的一方支付给对方的一定金额的货币。

根据《民法典》第585条的规定:当事人可以约定一方违约时应当根据违约情况向对方支付一定数额的违约金,也可以约定因违约产生的损失赔偿额的计算方法。约定的违约金低于造成的损失的,当事人可以请求人民法院或者仲裁机构予以增加;约定的违约金过分高于造成的损失的,当事人可以请求人民法院或者仲裁机构予以适当减少。

三、违约责任的免除

所谓违约责任的免除,是指在合同履行过程中,因出现法定的或约定的不可归责于债务人的免责事由而导致合同不能履行、迟延履行,债务人免予承担违约责任。能够免除违约责任的事由主要包括两种,即法定事由和免责条款。

1. 法定事由

(1)不可抗力。法定的免责事由最主要的是不可抗力。不可抗力是指合同订立后发生的,当事人不能预见、不能避免、不能克服的客观情况。不可抗力一般包括两类:一种是自然现象,如地震、暴风雨、泥石流等;另一种是社会事件,如战争、罢工、动乱等。

《民法典》规定:因不可抗力不能履行合同的,根据不可抗力的影响,部分或者全部免除责任,但法律另有规定的除外。当事人迟延履行后发生不可抗力的,不能免除责任。

当事人还可约定不可抗力的范围。

当事人一方因不可抗力不能履行合同的,应当及时通知对方,以减轻可能给对方造成的损失,并且在合理期限内提供有关机构出具的证明。

(2)债权人的过错。由于债权人的过错导致债务人不履行合同义务的,债务人不承担违约责任。

(3)货物本身的自然性质或合理损耗。

2. 免责条款

免责条款是指当事人在合同中约定的免除将来可能发生的违约责任的条款。

免责条款一般体现在格式条款中,由于制定格式条款的一方往往是经济强者,接受格式条款的一方是普通消费者,为维护合同公平,《民法典》对免责条款作出了限制。

(1)提供格式条款一方免除其责任、加重对方责任、排除对方主要权利的,该条款无效。

(2)对格式条款的理解发生争议的,应当按通常理解予以解释。对格式条款有两种以上解释的,应当作出不利于提供格式条款一方的解释。格式条款和非格式条款不一致的,应当采用非格式条款。

(3)合同中的下列免责条款无效:①造成对方人身伤害的;②因故意或者重大过失造成对方财产损失的。

项目训练

■ 概念与知识

1. 基本概念

合同 要约 承诺 合同保全 债权人代位权 债权人撤销权 不安抗辩权 提存 抵销 混同

2. 选择题

(1)我国《民法典》合同篇调整的关系有( )。
   A. 婚姻关系   B. 收养关系   C. 监护关系   D. 财产关系

(2)可以撤销合同的机构有( )。
   A. 工商管理机关   B. 合同审批机关
   C. 人民法院   D. 仲裁机构

(3)下列合同中,属于单务合同的是( )。
   A. 赠与合同   B. 买卖合同   C. 租赁合同   D. 承揽合同

(4)根据《合同法》的规定,可撤销合同的当事人行使撤销权的有效期限是( )。
   A. 自合同签订之日起 1 年内
   B. 自合同签订之日起 2 年内
   C. 自知道或者应当知道撤销事由之日起 1 年内
   D. 自知道或者应当知道撤销事由之日起 2 年内

(5)下列关于合同成立时间的表述中,正确的有( )。
   A. 承诺生效时合同成立
   B. 承诺人收到要约时合同成立
   C. 要求签订确认书的,签订确认书时合同成立
   D. 采用合同书形式的,自双方当事人签字或者盖章时合同成立

3. 简答题

（1）合同的特征有哪些？
（2）要约与承诺的构成要件有哪些？
（3）合同的主要条款有哪些？
（4）合同的生效条件有哪些？
（5）无效合同的种类有哪些？
（6）可变更可撤销合同的原因有哪些？
（7）效力待定合同的原因有哪些？
（8）合同担保的方式有哪些？
（9）合同终止的原因有哪些？
（10）违约责任的构成要件及责任形式包括哪些？

■ 分析与应用

案例 1

甲乙两公司采用合同书形式订立了一份买卖合同，双方约定由甲公司向乙公司提供 100 台精密仪器，甲公司于 8 月 31 日前交货，并负责将货物运至乙公司，乙公司在收到货物后 10 日内付清货款。合同订立后双方均未签字盖章。7 月 28 日，甲公司与丙运输公司订立货物运输合同，双方约定由丙公司将 100 台精密仪器运至乙公司。8 月 1 日，丙公司先运了 70 台精密仪器至乙公司，乙公司全部收到，并于 8 月 8 日将 70 台精密仪器的货款付清。8 月 20 日，甲公司掌握了乙公司转移财产、逃避债务的确切证据，随即通知丙公司暂停运输其余 30 台精密仪器，并通知乙公司中止交货，要求乙公司提供担保；乙公司及时提供了担保。8 月 26 日，甲公司通知丙公司将其余 30 台精密仪器运往乙公司，丙公司在运输途中发生交通事故，30 台精密仪器全部毁损，致使甲公司 8 月 31 日前不能按时全部交货。9 月 5 日，乙公司要求甲公司承担违约责任。

问题：
（1）甲乙公司订立的买卖合同是否成立？请说明理由。
（2）甲公司 8 月 20 日中止履行合同的行为是否合法？请说明理由。
（3）乙公司 9 月 5 日要求甲公司承担违约责任的行为是否合法？请说明理由。
（4）丙公司对货物毁损应承担什么责任？请说明理由。

案例 2

某银行向某经贸公司发放 400 万元贷款，由高某以其房屋（价值 100 万元）及土地使用权（价值 300 万元）提供抵押担保，双方分别办理抵押登记手续并领取了房屋他项权证及土地使用权他项权证。另由某门窗公司为某经贸公司向某银行借款 400 万元提供连带责任担保，双方对保证责任进行了约定，该约定为主债务在本合同之外同时存在其他物的担保和保证，不影响某银行在本合同项下的权利的行使，某银行有权决定行使顺序，保证人应按照本合同的约定承担责任，不得以存在其他担保或顺序进行抗辩。合同履行过程中,某银行放弃了土地使用权抵押担保,仅保留房屋的抵押担保。贷款到期后,某经贸公司未能按约偿还某银行400万元贷款。某银行向人民法院起诉要求某门窗公司承担还款责任。

问题:法院应如何判决?请说明理由。

实训题

甲商场要购买乙电器厂生产的电视机2 000台,请代甲商场拟订一份买卖合同。

工业产权法

学习目标	
知识目标	了解商标的含义； 掌握商标注册的申请原则及商标专用权保护的规定； 掌握专利的含义； 掌握专利权的取得条件和程序、专利权的保护方式。
能力目标	能够处理商标注册事务； 能够处理申请专利权事务； 能够正确使用商标权、专利权； 能够依法维护商标权、专利权，正确处理商标权、专利权纠纷。

任务一　认识工业产权

任务导入

近年来，抢注商标在世界范围内盛行，我国的民族品牌也难逃其厄运。"飞鸽"牌自行车在印尼被抢注，"红星"二锅头在欧盟被抢注，"英雄"钢笔在日本被抢注，"大宝"在美国、英国、荷兰、比利时被抢注，"安踏""六神""雕牌""小护士"等在中国香港被抢注，"同仁堂""红塔山""康佳""大白兔""天津桂发祥十八街麻花"等在日本、印尼、菲律宾、新加坡等抢注，"海信"在德国被抢注，"科龙"在新加坡被抢注，"五粮液"在韩国被抢注，"步步高""王致和""洽洽""竹叶青""青岛啤酒""狗不理""佛跳墙"，等等，被抢注的品牌不胜枚举。

被抢注的后果就是要么付出高昂的代价赎回，要么另起灶另开张。2005年，青岛海信集团历时6年，最终以50万欧元的价格，将被西门子公司在德国注册的"HiSense"商标赎回。腾讯公司域名被外国人抢注，最终以100万美元天价赎回。联想因Legend在很多国家被注册，于2003年4月忍痛割爱培育了20多年的Legend品牌标志，启用"Lenovo"。

任务要求： 结合上述事件，理解工业产权的特征，树立工业产权保护意识。

相关知识

一、工业产权的概念与特征

1. 工业产权的概念

工业产权是人们依照法律对应用于生产和流通中的创造发明和显著标记等智力成果，在一定期限和地区内享有的专有权。在我国，工业产权主要包括专利权和商标权。

2. 工业产权的特征

（1）专有性。工业产权是国家赋予专利权人和商标专用权人在有效期限内，对发明创造和注册商标享有独占、使用、收益和处分的权利。他人未经专利权人、商标专用权人的许可，不得使用。否则，即构成侵权，要依法承担法律责任。

（2）时间性。是指工业产权的保护有一定期限，法定期限届满后，工业产权的财产权利即自行终止，成为全社会的共有财富，任何人都可以自由使用。

（3）地域性。是指在某一国取得的工业产权，只受该国法律保护，只在该国境内有效力，对其他国家不发生效力。如果想在其他国家得到法律保护，则需依他国法律规定履行必要的程序，依法取得他国的工业产权。

二、工业产权法的概念

工业产权法是调整在确认、保护、使用和转让工业产权过程中发生的社会关系的法律规范的总称。有关工业产权法的法律法规主要有《中华人民共和国商标法》（以下简称《商标法》）、《中华人民共和国专利法》《中华人民共和国商标法实施细则》《中华人民共和国专利法实施细则》等。另外，我国还加入了《保护工业产权巴黎公约》《商标国际注册马德里协定》等国际公约。

任务二　商标法

任务导入

甲厂自 2016 年起在其生产的衬衫上使用"长城"商标；2018 年，乙服装厂也开始使用"长城"商标。2020 年 3 月，乙厂的"长城"商标经国家商标局核准注册，其核定使用的商品为服装等。2021 年 1 月，乙厂发现甲厂在衬衫上使用"长城"商标，很容易引起消费者的误认，因此甲、乙双方发生侵权纠纷。

任务要求：①甲、乙两个厂谁构成侵权？为什么？②侵权行为始于何时？请说明理由。③侵权方能否继续使用"长城"商标？请你提出可行性建议。

相关知识

一、商标与商标法

1. 商标的概念

商标是商品生产者、经营者或者服务的提供者在其商品或服务中使用的，用来区别于其他生产者、经营者的商品或服务的一种显著标志。这种标志通常用文字、图形和文字与图形的组合构成。简而言之，商标就是商品或服务的标记。

2. 商标的种类

按照不同的分类标准，可以将商标分成不同的种类。

（1）商品商标和服务商标

按照商标使用人的不同，可以将商标分为商品商标和服务商标。商品商标是指生产经营者在其生产经营的商品上所使用的商标；服务商标是指用来与其他同类服务项目相区别的标志,如航空、导游、保险和金融、邮电、饭店、电视台等单位使用的标志,就是服务商标。

（2）文字商标、图形商标和组合商标

按照商标构成要素的不同,可以分为文字商标、图形商标和组合商标。文字商标是指仅由文字构成的商标,包括中国汉字和少数民族字、外国文字和阿拉伯数字或以各种不同字组合的商标；由各式各样的图画、图形、图像、构图等构成的商标就是图形商标；而由文字和图形结合构成的商标就是组合商标。新《商标法》增加了商标构成要素首次将声音作为识别商品和服务来源的标识,列入商标法保护内容。《商标法》第8条规定:"任何能够将自然人、法人或者其他组织的商品与他人的商品区别开的标志,包括文字、图形、字母、数字、三维标志、颜色组合和声音等,以及上述要素的组合,均可以作为商标申请注册。"

（3）注册商标与未注册商标

按照商标注册与否,可以将商标分为注册商标与未注册商标。注册商标是指经商标所有人申请,经国家商标主管部门审查核准注册的商标；未注册商标是指商品生产经营者使用的但未经商标主管部门核准注册的商标。只有注册商标所有人才享有商标专用权,未注册商标使用人不享有商标专用权。

（4）证明商标、集体商标、防御商标及联合商标

按照商标用途的不同,可以将商标分为证明商标、集体商标、防御商标及联合商标。证明商标是指由对某种商品或者服务具有监督能力的组织所控制,而由该组织以外的单位或个人使用于其商品或者服务,用以证明该商品或服务的原产地、原料、制造方法、质量或者其他特定品质的商标；集体商标是指以团体、协会或者其他组织名义注册,供该组织成员在商事活动中使用,以表明使用者在该组织中的成员资格的商标；防御商标是指较为知名的商标所有人在该注册商标核定使用的商品(服务)或类似商品(服务)以外的其他不同类别的商品或服务上注册的若干相同商标,为防止他人在这些类别的商品或服务上注册使用相同的商标,原商标为主商标,其余为防御商标；联合商标一般是指同一商标所有人在同一种或类似商品上注册的若干近似商标。这些商标中首先注册的或者主要使用的为主商标,其余的则为联合商标。

3. 商标法

商标法是调整规范商标注册、使用、管理过程中所发生的社会关系的法律规范的总称。1982年8月23日第五届全国人民代表大会常务委员会通过了《商标法》。该法分别于1993年、2001年、2013年、2019年进行了四次修正,最新修正的《商标法》于2019年11月1日起施行。

二、商标权的主体、客体和内容

商标权是商标专用权的简称,是指商标注册人取得的在指定商品上独占地、排他地使用商标的权利。《商标法》规定,经商标局核准注册商标的为注册商标,商标注册

人享有商标专用权。

1. 商标权的主体

商标权的主体也称为商标权人,是指依法享有商标专用权的人。按照《商标法》第 4 条的规定,自然人、法人或其他组织在生产经营活动中,对其生产、制造、加工、拣选或者经销的商品、提供的服务项目,需要取得商标专用权的,应当向商标局申请商品商标注册。

另外,外国人或外国企业在中国申请商标注册的,应按其所属国和我国签订的协议或共同参加的根据条约办理,或按对等原则办理。

2. 商标权的客体

商标权的客体是商标权所指向的对象,即注册商标。作为商标权客体的注册商标必须满足以下条件。

(1)具有显著性特征

商标的显著特征是指商标使用的文字、图形、字母、数字、二维标志和颜色组合、声音等,应当具有独特性和可识别性,能够将不同生产经营者的商品或服务区分开。

(2)不得侵犯他人的在先权利

《商标法》第 9 条规定:"申请注册的商标不得与他人在先取得的合法权利相冲突。"这些在先权利包括商号权、外观设计权、地理标志权、著作权、姓名权等,如果申请注册的商标与他人在先取得的权利相冲突,在先权利人可以通过异议程序或撤销程序阻止该商标注册。

(3)不得使用法律所禁止使用的文字、图形

《商标法》第 10 条规定,下列标志不得作为商标使用:①同中华人民共和国的国家名称、国旗、国徽、军旗、勋章相同或者近似的,以及同中央国家机关的名称标志、所在地特定地点的名称或者标志性建筑物的名称、图形相同的;②同外国的国家名称、国旗、国徽、军旗等相同或者近似的,但该国政府同意的除外;③同政府间国际组织的名称、旗帜、徽记相同或者近似的,但经该组织同意或者不易误导公众的除外;④与表明实施控制、予以保证的官方标志、检验印记相同或者近似的,但经授权的除外;⑤同"红十字""红新月"的名称、标志相同或者近似的;⑥带有民族歧视性的;⑦带有欺骗性,容易使公众对商品的质量等特点或者产地产生误认的;⑧有害于社会主义道德风尚或者有其他不良影响的。

县级以上行政区划的地名或者公众知晓的外国地名,不得作为商标。但是,地名具有其他含义或者作为集体商标、证明商标组成部分的除外;已经注册的使用地名的商标继续有效。

《商标法》第 11 条规定,下列标志不得作为商标注册:①仅有本商品的通用名称、图形、型号的;②仅直接表示商品的质量、主要原料、功能、用途、重量、数量及其他特点的;③其他缺乏显著特征的。前款所列标志经过使用取得显著特征,并便于识别的,可以作为商标注册。

3. 商标权的内容

商标权的内容就是商标权人的权利和义务。

（1）商标权人的权利

① 商标专用权。商标权人可以在核定的商品上使用其占有的商标，这种使用具有排他性，即没有经过权利人的许可，他人不得在相同、类似的商品上使用与该注册商标相同、近似的商标。

② 转让权。商标转让权是指商标权人有偿或无偿地依法转让其注册商标的权利。根据我国现行《商标法》及其《实施细则》的有关规定，转让注册商标的，转让人或受让人应当共同向商标局提出申请。转让注册商标申请经商标局核准后，予以公告。受让人应当保证使用该注册商标的商品的质量。

③ 许可权。许可权是指注册商标所有人通过合同许可他人使用其注册商标的权利。根据其使用的权限，可分为独占使用许可、排他使用许可、普通使用许可。

许可人应当监督被许可人使用其注册商标的商品质量，被许可人必须在使用该注册商标的商品上标明被许可人的名称和商品产地。商标使用许可合同应当报商标局备案。

（2）商标权人的义务

① 正确使用注册商标的义务。商标的使用包括将商标直接使用于商品上、商品包装或者容器上以及有关的商品交易文书上，或者将商标使用在广告宣传、展览以及其他业务活动中。使用注册商标时应当注明"注册商标"字样或者标明注册标记。商标注册后必须使用，无正当理由连续3年停止使用注册商标，由商标局责令限期改正或者撤销其注册商标。

② 保证商品质量的义务。商标权人、受让人、被许可使用人都应当保证注册商标的商品质量，不得粗制滥造，以次充好。商标权人对被许可人使用其注册商标的商品质量负有监督义务。

③ 缴纳规定的费用。商标权人在办理申请商标注册、转移注册、续展注册等事项时，应按照商标主管机关的要求缴纳申请费、商标注册费、转移注册费、续展注册费等费用。

④ 其他义务。商标权人应遵守商标管理的规定，不得自行改变注册商标的文字、图形或其组合；不得自行改变注册商标的注册人名义、地址或者其他注册事项；不得自行转让注册商标等。

三、商标权的取得

商标权的取得分为原始取得和继受取得两种情况。

1. 原始取得

原始取得又称直接取得，即以法律规定为依据，具备了法定条件并经商标主管机关核准注册直接取得的商标权。

（1）商标权取得的原则

① 注册原则。我国商标权取得采用的是注册原则，只有经过商标局核准注册的商标，该商标的申请人才能取得商标权，未注册的商标所有人不能拥有商标权。对绝大多数商品而言，我国《商标法》采用的是自愿注册原则，商标是否注册，由当事人自行决定。但对于国家规定必须使用注册商标的商品，如烟草制品必须申请商标注册，未经核准注册的，不得在市场上销售，即对特定商品采用强制注册原则。

② 申请在先为主，使用在先为辅的原则。申请在先原则也称为先申请原则，是指以申请注册的先后来确定商标权的归属，即谁先申请注册，商标权就授予谁。我国《商标法》第31条规定："两个或者两个以上的商标注册申请人，在同一种商品或者类似商品上，以相同或者近似的商标申请注册的，初步审定并公告申请在先的商标；同一天申请的，初步审定并公告使用在先的商标，驳回其他人的申请，不予公告。"可见，我国在商标注册上主要采取的是申请在先原则，只有在特殊情况下，才采用使用在先原则，即以使用商标的先后来确定商标权的归属。

③ 一标多类原则。这是《商标法》新规定的原则，商标注册申请人应当按规定的商品分类表填报使用商标的商品类别和商品名称，提出注册申请。商标注册申请人可以通过一份申请就多个类别的商品申请注册同一商标。

④ 优先权原则。商标注册申请人自其商标在外国第一次提出商标注册申请之日起6个月内，又在中国就相同商品以同一商标提出商标注册申请的，依照该外国同中国签订的协议或者共同参加的国际条约，或者按照相互承认优先权的原则，可以享有优先权。

申请人要求优先权的，应当在提出商标注册申请的时候提出书面声明，并且在3个月内提交第一次提出的商标注册申请文件的副本；未提出书面声明或者逾期未提交商标注册申请文件副本的，视为未要求优先权。

（2）商标权取得的程序

① 申请。申请商标注册应由申请人或其代理人向商标主管部门提交书面的注册申请书，具体载明申请人和使用的有关商品的详细情况，申请人在递交注册申请书的同时，必须按规定报送申请注册商标的图样，并交纳注册费用。

② 审查。商标局依据法律规定，对申请注册的商标进行审查。审查包括形式审查和实质审查两项内容。形式审查，主要是审查申请人是否具备法定资格，申请文件是否具备，从而决定是否受理该申请。实质审查，是指对申请注册的商标是否具备法定构成要素，是否具有法律禁用的内容，是否同他人已注册或已申请的商标相混同所进

行的审查。

③ 公告。对申请注册的商标，商标局应当自收到商标注册申请文件之日起 9 个月内审查完毕，符合本法有关规定的，予以初步审定公告。不符合规定的，由商标局驳回申请，不予公告。对驳回申请、不予公告的商标，商标局应当书面通知商标注册申请人。商标注册申请人不服的，可以自收到通知之日起 15 日内向商标评审委员会申请复审。商标评审委员会应当自收到申请之日起 9 个月内作出决定，并书面通知申请人。有特殊情况需要延长的，经国务院工商行政管理部门批准，可以延长 3 个月。当事人对商标评审委员会的决定不服的，可以自收到通知之日起 30 日内向人民法院起诉。

④ 核准注册。经过初步审定公告的商标，无人提出异议或经裁定异议不能成立的，予以核准注册，发给商标注册证，并再次予以公告。商标注册申请人即成为注册商标所有人，享有商标专用权。

2. 继受取得

继受取得又称传来取得，即商标权的取得不是最初产生的，而是以原商标所有人的商标权及其意志为依据，通过一定的法律事实实现商标权的转移。继受取得有两种方式：一种是根据转让合同，由受让人向出让人有偿或无偿地取得商标权；另一种方式是根据继承程序，由法定继承人已死亡的被继承人的商标权。

实务操作指南——商标注册流程

1. 商标查询

由商标注册申请人或其代理人在提出注册申请前，对其申请的商标是否与在先权利商标有无相同或近似的查询工作。

2. 提交商标申请

（1）以企业名称申请注册的，需提供营业执照复印件，并需在营业执照复印件上加盖公章，以个人名称申请注册的，需提供个人身份证复印件 1 份和个体工商户营业执照复印件。

（2）提供商标文字或图样，需要保护颜色的，还需要提供彩色图样。

（3）提供拟注册的商品／服务项目。

3. 形式审查

商标形式审查（20 天左右），由商标注册主管机关对申请商标注册的文件、手续是否合乎法律规定进行审查。若符合法律规定，审查机构编定申请号，确定申请日，发放《注册受理通知书》。

4. 实质审查

商标实质审查（24 个月左右），是由商标注册主管机关对商标注册申请是否合乎商标法的规定所进行的检查、资料检索、分析对比、调查研究，并决定给予初步审定或驳回申请等一系列活动。

5. 初审公告

初步审定的商标自刊登初步审定公告之日起 3 个月没有人提出异议的，该商标予以注册，同时刊登注册公告，发放注册证。

6. 领取商标注册证

通过代理进行注册的，由代理人向商标注册人发送商标注册证；直接办理商标注册的，商标注册人应在接到《领取商标注册证通知书》后 3 个月内到商标局领取商标注册证。

四、商标管理

商标管理是国家商标管理机关依法对注册商标和未注册商标的使用，以及商标印制所进行的管理活动。我国商标管理的机关是国家各级工商行政管理部门。这里的商标的使用，是指将商标用于商品、商品包装或者容器以及商品交易文书上，或者将商标用于广告宣传、展览以及其他商业活动中，用于识别商品来源的行为。

1. 注册商标的使用管理

（1）对注册标记使用的管理

使用注册商标，可以在商品、商品包装、说明书或者其他附着物上标明"注册商标"或者注册标记。商标管理机关有权对注册商标使用人是否依法使用注册标记进行监督检查。如果注册商标使用人未使用或者未正确使用注册标记，通常由当地工商行政管理部门责令其改正。

（2）对注册商标的注册人名义、地址或其他注册事项的变更的管理

注册商标的注册事项在注册商标使用过程中如果发生变化，商标注册人应及时提出注册商标变更申请，对注册人的名义、地址或者其他注册事项予以变更，商标注册人自行改变这些注册事项的，由商标局责令限期改正或者撤销其注册商标。

（3）对注册商标是否使用的管理

根据我国《商标法》的规定，注册商标成为其核定使用的商品的通用名称或者没有正当理由连续 3 年不使用的，任何单位或者个人可以向商标局申请撤销该注册商标。商标局应当自收到申请之日起 9 个月内作出决定。有特殊情况需要延长的，经国务院工商行政管理部门批准，可以延长 3 个月。

（4）对使用注册商标的商品或服务质量的管理

商标管理机关对使用注册商标的商品或服务的质量进行监督检查，如果使用注册商标，其商品粗制滥造，以次充好，欺骗消费者，由各级工商行政管理部门分别不同情况，责令限期改正，并可以予以通报或者处以罚款，或者由商标局撤销其注册商标。

2. 未注册商标的使用管理

未注册商标如果不是法律规定必须注册的，允许使用，但商标使用人不具有商标专用权，因而也不受法律保护。冒充注册商标，或者商标的文字、图形及其组合违反

商标标识禁用规定的，或者其商品粗制滥造，以次充好，欺骗消费者的，由地方工商行政管理部门予以制止，限期改正，并可以予以通报或者处以罚款，使用未注册商标不标明企业名称和地址的商品，不得在市场上销售。

3. 商标印制管理

根据《商标印制管理办法》的规定，商标印制单位必须持有工商行政管理机关核发的营业执照，并经核定允许承揽商标印制业务，严格禁止无照或者超越经营范围承揽商标印制业务。

商标印制委托人委托商标印制单位印制商标的，应当出示营业执照副本或者合法的营业证明或者身份证明，并出示《商标注册证》。

商标印制单位应当对商标印制委托人提供的证明文件和商标图样进行核查。

任何人不得非法印制或买卖商标标识，违反者可根据情节予以通报，收缴商标标识及印制模具，没收违法所得，处以罚款。

五、商标权的保护

商标权的保护是指国家运用法律手段来防止和制裁侵犯他人注册商标专用权的行为，以保护商标注册人对其注册商标享有的专用权。

1. 商标权保护的范围

根据《商标法》的规定，注册商标的专用权，以核准注册的商标和核定使用的商品为限。即对注册商标专用权的保护，限制在核准注册的商标和核定使用的商品范围之内。"核准注册的商标"是指经商标局注册的可视性标志。"核定使用的商品"是指经商标局核准在案的具体商品。注册商标所有人无权任意改变商标的组成要素，也无权任意扩大商标的使用范围。对于不涉及商标权保护范围的使用行为，则不作为侵权行为追究。我国通常情况下以申请书申请的商标权范围的大小来确定保护的范围。

2. 侵犯商标权的行为

侵犯商标权的行为是指侵害他人注册商标专用权的行为。侵犯商标权的行为一般表现为以下几种。

（1）未经商标注册人的许可，在同一种商品或者类似商品上使用与其注册商标相同或者近似的商标的。

（2）销售侵犯注册商标专用权的商品的。

（3）伪造、擅自制造他人注册商标标识或者销售伪造、擅自制造的注册商标标识的。

（4）未经商标注册人同意，更换其注册商标并将该更换商标的商品又投入市场的。

（5）故意为侵犯他人商标专用权行为提供便利条件，帮助他人实施侵犯商标专用权利行为的。

（6）给他人的注册商标专用权造成其他损害的。

根据《商标法实施条例》的规定，给他人的注册商标专用权造成其他损害的情形包括：①在同一种或者类似商品上，将与他人注册商标相同或者近似的标志作为商品名称或者商品装潢使用，误导公众的；②故意为侵犯他人注册商标专用权行为提供仓储、运输、邮寄、隐匿等便利条件的。

3. 商标权的保护方式及商标侵权行为的法律责任

我国对商标专用权的保护主要有行政保护和司法保护两种方式。商标权的行政保护是指商标管理机关通过行政程序依法查处商标侵权行为来保护商标专用权；商标专用权的司法保护是指司法机关通过司法程序依法审理商标侵权案件，制裁商标侵权人，打击假冒注册商标犯罪来对商标专用权予以保护。

商标侵权行为的法律责任包括以下内容。

（1）行政责任

注册商标专用权受到侵害时，被侵权人可以向工商行政管理部门要求处理。工商行政管理部门处理时，认定侵权行为成立的，责令立即停止侵权行为，没收、销毁侵权商品和专门用于制造侵权商品、伪造注册商标标识的工具，并可处以罚款。

（2）民事责任

商标所有人在其商标专用权受到侵害时，有权要求法院责令侵权人停止侵权行为，消除影响，恢复名誉，赔偿损失。侵犯商标专用权的赔偿数额，为侵权人在侵权期间因侵权所获得的利益，或者被侵权人在被侵权期间因被侵权所受到的损失，包括被侵权人为制止侵权行为所支付的合理开支。

（3）刑事责任

侵犯注册商标专用权，构成犯罪的，应承担刑事责任。《商标法》第67条规定："未经商标注册人许可，在同一种商品上使用与其注册商标相同的商标，构成犯罪的，除赔偿被侵权人的损失外，依法追究刑事责任。伪造、擅自制造他人注册商标标识或者销售伪造、擅自制造的注册商标标识，构成犯罪的，除赔偿被侵权人的损失外，依法追究刑事责任。销售明知是假冒注册商标的商品，构成犯罪的，除赔偿被侵权人的损失外，依法追究刑事责任。"

六、商标权的期限、续展和消灭

1. 商标权的期限

商标权的期限是商标权受法律保护的有效期限。我国《商标法》规定，注册商标的有效期为10年，自核准之日起计算。

2. 商标权的续展

商标权的续展是指通过一定程序，延续原注册商标的有效期，使商标注册人继续保持对其注册商标的专用权。我国《商标法》规定，注册商标有效期满，需要继续使用的，应当在期满前12个月内申请续展注册；在此期间内未能提出申请的，可以给予6个月的宽展期。宽展期满仍未提出申请的，注销其注册商标。每次续展注册的有效期为10年，续展次数不受限制。

3. 商标权的消灭

商标权的消灭是指注册商标权利人所享有的商标权在一定条件下丧失，不再受法律保护。商标权因注册商标被注销或者被撤销而消灭。

（1）因注销而丧失商标权

注销是指商标主管机关基于某些原因取消注册商标的一种管理措施，是商标权的正常消灭情况。具体包括以下情形：①商标权期满未申请续展；②商标权人自动放弃商标权；③其他事由。

（2）因撤销而丧失商标权

商标权的撤销是指因商标权产生之后的事由使商标权丧失了继续受保护的基础，由商标主管机构作出取消该商标注册的决定。根据《商标法》的规定，撤销有以下情形：①已经注册的商标，违反商标法的规定，或者是以欺骗手段或其他不正当竞争手段取得注册的，由商标局撤销该注册商标；②自行改变注册商标的文字、图形或其组合的；③自行改变注册商标的注册人名义、地址或其他注册事项的；④自行转让注册商标的；⑤连续3年停止使用的；⑥法律规定的其他情形。

商标权消灭后，注册商标所有人丧失商标专用权，任何人都可以使用该商标。

任务三　专利法

任务导入

2016年10月3日，日本某公司向中国专利局提交了一份发明专利的申请书，名称为"防眼疲劳镜片"。该专利申请已经在2021年5月7日，以相同主题的内容向日本专利管理机关提出了专利申请。日本某公司在向中国专利局提交该专利申请的同时，提交了要求优先权的书面声明。2021年12月25日，该公司又向中国专利局提交了第一次在日本提出的专利申请文件的副本。该申请专利的眼镜镜片能有效地防止因长时间观看电视所造成的眼睛疲劳和眼睛损伤。

中国某大学光学研究所于2021年7月也研制成功一种镜片，可以用于减轻因长时间观看电视荧屏所造成的眼睛疲劳。这种镜片和日本某公司的镜片在具体结构、技术处理以及技术效果等方面都是相同的。该光学研究所于2021年9月10日向中国专利局提交该镜片的发明专利申请，名称为"保健镜片"。该光学研究所的专利申请与日本某公司的专利申请的主题相同，其申请日早于日本某公司在中国申请的申请日。

经中国专利局审查，该镜片具备新颖性、创造性和实用性，可以授予专利权。日本某公司和中国某光学研究所均认为，根据申请在先原则，自己能够获得专利权。中国和日本又都是《保护工业产权巴黎公约》的缔约国。

项目七　工业产权法

> **任务要求**：这项专利权到底该授予谁？为什么？结合本案，熟悉案例权取得的条件程序。

相关知识

一、专利与专利法

1. 专利的概念

专利一词一般有三种含义：其一，专利是专利权的简称，它是指按专利法规定，由国家专利机关授予发明人、设计人或其所属单位对某项发明创造在法定期限内享有的专有权。其二，专利是指取得专利权的发明创造，一般包括发明、实用新型和外观设计三种专利技术。其三，专利是指专利文献，其重要部分为记载发明创造内容的专利说明书。专利通常是指专利权。

2. 专利法

专利法是调整确认、利用和保护专利权过程中发生的社会关系的法律规范的总称。1984年3月12日，第六届全国人民代表大会常务委员会第四次会议通过了《中华人民共和国专利法》（以下简称《专利法》），该法分别于1992年、2000年、2008年、2020年进行了四次修正。

二、专利权的主体与客体

1. 专利权的主体

专利权的主体是指依法申请并获得专利权，享有专利权并承担相应法律义务的人。我国《专利法》对专利权的主体主要做了以下几个方面的规定。

（1）非职务发明的专利权人。非职务发明也称为自由发明，是指在工作时间以外，又没有利用单位的物质技术条件所完成的发明创造。非职务发明创造申请专利的权利属于发明人或设计人本人；申请被批准后，该发明人或设计人为专利权人。

（2）职务发明的专利权人。执行本单位的任务或者主要是利用本单位的物质技术条件所完成的发明创造为职务发明创造。职务发明创造申请专利的权利属于该单位；申请被批准后，该单位为专利权人。

执行本单位的任务作出的发明创造包括：在本职工作中作出的发明创造；履行本单位交付的本职工作之外的任务所作出的发明创造；退职、退休或者调动工作后1年内作出的，与其在原单位分配的任务有关的发明创造。主要利用本单位物质技术条件完成的发明创造，是指主要利用本单位的资金、设备、零部件、原材料或者不对外公开的技术资料等作出的发明创造。

（3）共同发明的专利权人。两个以上的单位或个人合作完成的发明创造，除另有约定外，申请专利的权利属于共同完成的单位或个人；申请被批准后，申请的单位或个人为专利权人。

（4）委托发明的专利权人。委托发明是一个单位或个人接受其他单位或个人的委托所完成的发明创造。一般情况下，委托发明中权利的归属首先取决于双方合同约定，合同没有约定的，相关权利属于受托人。

2. 专利权的客体

专利权的客体是指专利法保护的对象。具体包括发明、实用新型和外观设计。

（1）发明。是指对产品、方法或者其改进所提出的新的技术方案。发明包括产品发明和方法发明。

（2）实用新型。是指对产品的形状、构造或者其结合所提出的适于实用的新的技术方案。实用新型也称为"小发明"，其创造性要求比发明低。

（3）外观设计。是指对产品的整体或局部的形状、图案或者其结合以及色彩与形状、图案的结合所作出的富有美感并适于工业应整体或局部的用的新设计。

三、专利权人的权利和义务

1. 专利权人的权利

（1）专有实施权

专有实施权是专利权人最基本的权利，是指专利权人依法对其获得专利的发明创造享有的独占实施权。专利权人对其专利产品依法享有制造、使用、销售的权利，除法律另有规定外，任何单位或个人未经专利权人许可，不得实施其专利。

（2）转让权

转让专利申请权或者专利权的，当事人应当订立书面合同，并向国务院专利行政部门登记，由国务院专利行政部门予以公告。专利申请权或者专利权的转让自登记之日起生效。中国单位或者个人向外国人、外国企业或者外国其他组织转让专利申请权或者专利权的，应当依照有关法律、行政法规的规定办理手续。

（3）许可权

许可权是指专利权人通过签订许可合同允许他人在一定时间和地区范围内使用其专利的权利。根据许可使用专利权范围是不同，许可可分为以下三种形式。

① 独占使用许可。独占使用许可是指许可人允许被许可人在一定的时间和地域范围内对其发明创造享有独占的使用权，包括专利权人本人在内，其他任何人都不得在该时间和地域内使用该专利。

② 排他使用许可。排他使用许可是指许可人允许被许可人在一定的时间和地域范围内对其发明创造享有排他的使用权，许可人不得再允许其他人在同一时间和地域范围内使用该专利，但许可人自己还可以使用。

③ 普通使用许可。普通使用许可是指许可人允许被许可人在一定的时间和地域范围内对其发明创造享有使用权，同时，许可人还可以允许其他人在同一时间和地域范围内使用该专利，而且许可人自己也可以使用。

（4）标记权

标记权是指专利权人有权在其专利产品或该产品的包装上标明专利标记和专利号。

2. 专利权人的义务

（1）缴纳专利年费

专利权人在专利期内应向专利主管机关缴纳专利年费，未按期缴纳年费的，专利权终止。

（2）实施专利的义务

国家授予发明创造专利权的目的之一是有利于发明创造的推广应用，促进科学技术的发展，如果专利权人自己不实施专利，也不允许他人使用其专利，就会出现专利权人垄断发明创造的现象，不利于科技的进步。因此，专利法规定，专利权人可以自己实施专利，也可以许可他人实施专利。如果专利权人自己不实施，也不允许他人实施其专利，在一定的条件下，国家可以依法颁布强制许可证，强制他人实施其专利，即专利权实施的强制许可。

（3）专利实施的强制许可

专利实施的强制许可是指专利行政管理部门依照法定条件和法定程序颁发的使用某种专利的许可。申请人获得该种许可后，不必取得专利权人的同意，便可实施专利。

我国《专利法》规定的强制许可，只适用于发明专利和实用新型专利，不适用外观设计专利。依据专利法的规定，强制许可有以下几种。

① 不实施的强制许可

《专利法》第53条规定，有下列情形之一的，国务院专利行政部门根据具备实施条件的单位或者个人的申请，可以给予实施发明专利或者实用新型专利的强制许可：第一，专利权人自专利权被授予之日起满3年，且自提出专利申请之日起满4年，无正当理由未实施或者未充分实施其专利的；第二，专利权人行使专利权的行为被依法认定为垄断行为，为消除或者减少该行为对竞争产生的不利影响的。

② 国家紧急状态或非常情况下的强制许可

根据《专利法》的规定，在国家出现紧急状态或者非常情况时，或者为了公共利益，国务院专利行政部门可以给予实施发明专利或者实用新型专利的强制许可。另外，为了公共健康的目的，对取得专利权的药品，国务院专利行政部门可以给予制造并将其出口到符合中华人民共和国参加的有关国际条约规定的国家或者地区的强制许可。

③ 从属专利的强制许可

从属专利的强制许可也称为交叉许可，是指根据专利之间相互依存的关系，采取的一种有利于科学技术发展的强制许可制度。《专利法》第56条规定，一项取得专利权的发明或者实用新型比前已经取得专利权的发明或者实用新型具有显著经济意义的重大技术进步，其实施又有赖于前一发明或者实用新型的实施的，国务院专利行政部门根据后一专利权人的申请，可以给予实施前一发明或者实用新型的强制许可。

取得实施强制许可的单位或者个人不享有独占的实施权，并且无权允许他人实施。

取得实施强制许可的单位或者个人应当付给专利权人合理的使用费,或者依照我国参加的有关国际条约的规定处理使用费问题。付给使用费的,其数额由双方协商;双方不能达成协议的,由国务院专利行政部门裁决。

四、授予专利权的条件

专利申请人取得专利权必须符合法定的条件。我国《专利法》要求授予专利权的发明创造必须具备新颖性、创造性和实用性。

1. 新颖性

新颖性是指该发明或者实用新型不属于现有技术;也没有任何单位或者个人就同样的发明或者实用新型在申请日以前向国务院专利行政部门提出过申请,并记载在申请日以后公布的专利申请文件或者公告的专利文件中。现有技术,是指申请日以前在国内外为公众所知的技术。

2. 创造性

按照我国《专利法》的规定,创造性是指与现有技术相比,该发明具有突出的实质性特点和显著的进步,该实用新型具有实质性特点和进步。

3. 实用性

实用性是指该发明或者实用新型能够制造或者使用,并且能够产生积极效果。另外,《专利法》还规定了一些不能授予专利权的情形。根据《专利法》的规定,下列各项不授予专利权:①科学发现;②智力活动的规则和方法;③疾病的诊断和治疗方法;④动物和植物品种;⑤原子核变换方法以及用原子核变换方法获得的物质;⑥对平面印刷品的图案、色彩或者二者的结合作出的主要起标识作用的设计。

对违反国家法律、社会公德或者妨害社会公共利益的发明创造,不授予专利权。

五、取得专利权的程序

取得专利权必须由专利申请人向国家专利主管机关提出申请,主管机关审查核准后才能授予专利权。

1. 申请

(1) 专利申请的原则

① 先申请的原则。先申请的原则是指两个以上的人分别就同样的发明创造申请专利的,专利权授予最先申请的人。申请人直接向专利局递交文件的,以专利局收到专利申请文件之日为申请日;申请文件是邮寄的,以寄出的邮戳日为申请日,信封上寄出的邮戳日不清晰的,除当事人能证明外,以专利局收到日为递交日;专利局收到的申请文件有欠缺的,以文件补齐之日为申请日。

② 优先权原则。申请人自发明或者实用新型在外国第一次提出专利申请之日起12个月内,或者自外观设计在外国第一次提出专利申请之日起6个月内,又在中国就

相同主题提出专利申请的，依照该外国同中国签订的协议或者共同参加的国际条约，或者依照相互承认优先权的原则，可以享有优先权。

申请人要求优先权的，应当在申请的时候提出书面声明，并且在3个月内提交第一次提出的专利申请文件的副本；未提出书面声明或者逾期未提交专利申请文件副本的，视为未要求优先权。

③ 一项发明一件申请原则。一项发明一件申请原则也称为单一性原则，是指一件发明或者实用新型专利申请应当限于一项发明或者实用新型。属于一个总的发明构思的两项以上的发明或者实用新型，可以作为一件申请提出。

（2）专利申请文件

专利申请人在向国家专利主管机关提出申请时，一般都要求采取书面形式，所提交的申请文件一般包括：①请求书。请求书是申请人向专利主管机关请求授予专利权的愿望的文件。②说明书。说明书是专利申请文件中最重要的部分，用以说明发明的实质内容。③权利要求书。权利要求书是申请人请求确定专利权保护范围的书面文件。④摘要。摘要是对说明书的内容所作的简短概括。

2. 审批

（1）发明专利的审批

我国对发明专利申请采用早期公开、迟延审查制度。

① 初步审查。也称为形式审查，是指专利主管机关只对专利申请进行形式方面的审查，包括申请手续是否合法，申请文件是否齐备、合格等。

② 早期公开。早期公开是指国务院专利行政部门经初步审查认为符合要求的，自申请之日起满18个月内，即行公布其申请。早期公开的内容包括申请人的姓名、地址、申请日期、说明书、权利要求书、摘要等。

③ 实质审查。实质审查主要是从技术角度对申请专利的发明创造是否具有新颖性、创造性和实用性进行审查。发明专利申请自申请之日起3年内，国务院专利行政部门可以根据申请人随时提出的请求，对其申请进行实质审查；申请人无正当理由逾期不请求实质审查的，该申请即被视为撤回。国务院专利行政部门认为必要的时候，可以自行对发明专利申请进行实质审查。

国务院专利行政部门对发明专利申请进行实质审查后，认为不符合规定的，应当通知申请人，要求其在指定的期限内陈述意见，或者对其申请进行修改；无正当理由逾期不答复的，该申请即被视为撤回。经申请人陈述意见或者进行修改后，国务院专利行政部门仍然认为不符合规定的，应当予以驳回。

④ 授予发明专利权。发明专利申请经实质审查，没有发现驳回理由的，由国务院专利行政部门作出授予发明专利权的决定，发给发明专利证书，同时予以登记和公告。发明专利权自公告之日起生效。

（2）实用新型和外观设计专利的审批

实用新型和外观设计专利申请经初步审查，没有发现驳回理由的，由国务院专利行政部门作出授予实用新型专利权或者外观设计专利权的决定，发给相应的专利证书，同时予以登记和公告。实用新型专利权和外观设计专利权自公告之日起生效。

（3）专利权的复审

专利申请人对国务院专利行政部门驳回申请的决定不服的，可以自收到通知之日起3个月内，向国务院专利行政部门请求复审。专利复审委员会复审后，作出决定，并通知专利申请人。

专利申请人对国务院专利行政部门的复审决定不服的，可以自收到通知之日起3个月内向人民法院起诉。

六、专利权的期限、终止和无效

1. 专利权的期限

专利权的期限就是专利权的有效期间。根据《专利法》规定，发明专利权的期限为20年，实用新型专利权期限为10年，外观设计专利权的期限为15年，均自申请日起计算。

2. 专利权的终止

专利权终止的原因包括以下几种。

（1）期限届满终止

专利权期满后，专利权人不再享有专有权，任何人都可以使用该发明，专利权归于消灭。

（2）专利权人主动放弃专利权

专利权人以书面声明放弃专利权的，专利权归于消灭。

（3）专利权人没有按照规定缴纳年费，专利权归于消灭

专利权在期限届满前终止的，由国务院专利行政部门登记和公告。

3. 专利权的无效

为了维护公众的利益，使专利权只保护那些真正应当保护的发明创造，《专利法》规定：自国务院专利行政部门公告授予专利权之日起，任何单位或者个人认为该专利权的授予不符合本法有关规定的，可以请求专利复审委员会宣告该专利权无效。

国务院专利行政部门对宣告专利权无效的请求应当及时审查和作出决定，并通知请求人和专利权人。宣告专利权无效的决定，由国务院专利行政部门登记和公告。宣告无效的专利权视为自始即不存在。

对国务院专利行政部门宣告专利权无效或者维持专利权的决定不服的，可以自收到通知之日起3个月内向人民法院起诉。人民法院应当通知无效宣告请求程序的对方当事人作为第三人参加诉讼。

宣告专利权无效的决定，对在宣告专利权无效前人民法院作出并已执行的专利侵权的判决、裁定，已经履行或者强制执行的专利侵权纠纷处理决定，以及已经履行的专利实施许可合同和专利权转让合同，不具有追溯力。但是因专利权人的恶意给他人

造成的损失，应当给予赔偿。

如果依照上述规定，专利权人或者专利权转让人不向被许可实施专利人或者专利权受让人返还专利使用费或者专利权转让费，明显违反公平原则，专利权人或者专利权转让人应当向被许可实施专利人或者专利权受让人返还全部或者部分专利使用费或者专利权转让费。

七、专利权的保护

1. 专利权的保护范围

专利权的保护范围是指专利权法律效力所涉及的发明创造的范围。发明或者实用新型专利权的保护范围以其权利要求的内容为准，说明书及附图可以用于解释权利要求。外观设计专利权的保护范围以表示在图片或者照片中的该外观设计专利产品为准。确定专利权保护范围的法律文件是权利要求书、说明书、外观设计的照片或图片。

2. 专利侵权行为

专利侵权行为是指行为人违反专利法的规定，未经专利权人的许可而实施其专利的行为。"实施"是指制造、使用、许诺销售、销售和进口专利产品或者使用专利方法，以及使用、许诺销售、销售进口依照该专利方法直接获得的产品。

（1）未经专利权人许可，实施其专利的行为

未经专利权人许可，实施其专利的行为具体是指未经专利权人许可，为生产经营目的制造、使用或销售专利产品或使用专利方法的行为。

（2）假冒他人专利的行为

假冒他人专利的行为主要包括以下几种：①未经许可，在其制造或者销售的产品、产品的包装上标注他人的专利号；②未经许可，在广告或者其他宣传材料中使用他人的专利号，使人将所涉及的技术误认为是他人的专利技术；③未经许可，在合同中使用他人的专利号，使人将合同涉及的技术误认为是他人的专利技术；④伪造或者变造他人的专利证书、专利文件或者专利申请文件。

（3）以非专利产品冒充专利产品、以非专利方法冒充专利方法

以下几种情形属于以非专利产品冒充专利产品、以非专利方法冒充专利方法的行为：①制造或者销售标有专利标记的非专利产品；②专利权被宣告无效后，继续在制造或者销售的产品上标注专利标记；③在广告或者其他宣传材料中将非专利技术称为专利技术；④在合同中将非专利技术称为专利技术；⑤伪造或者变造专利证书、专利文件或者专利申请文件。

3. 专利侵权的法律责任

对侵害专利权的行为，专利权人或利害关系人可以就侵权行为与侵权人进行协商；不愿协商或协商不成的，可以请求专利管理机关依行政程序进行处理；也可以直接向人民法院起诉。专利侵权行为被确认后，侵权行为人应承担相应的法律责任，其责任方

式主要包括民事责任、行政责任和刑事责任。

（1）民事责任

① 停止侵权行为。任何人未经许可，为了生产经营目的，实施了侵犯专利的行为，专利权人或者利害关系人可以请求停止侵权。

② 赔偿损失。侵权人的行为给专利权人造成损失时，应给予赔偿。赔偿数额按照权利人因被侵权所受到的实际损失确定；实际损失难以确定的，可以按照侵权人因侵权所获得的利益确定；权利人的损失或者侵权人获得的利益难以确定的，参照该专利许可使用费的倍数合理确定；权利人的损失、侵权人获得的利益和专利许可使用费均难以确定的，人民法院可以根据专利权的类型、侵权行为的性质和情节等因素，确定给予3万元以上500万元以下的赔偿。

（2）行政责任

未经专利权人许可，实施其专利，即侵犯其专利权，引起纠纷的，可以请求管理专利工作的部门处理。管理专利工作的部门处理时，认定侵权行为成立的，可以责令侵权人立即停止侵权行为；假冒他人专利的，除依法承担民事责任外，由管理专利工作的部门责令改正并予公告，没收违法所得，可以并处违法所得5倍以下的罚款，没有违法所得的，可以处25万元以下的罚款。

（3）刑事责任

侵犯专利权的行为情节严重构成犯罪的，侵权人应承担刑事责任。例如我国《刑法》规定了假冒专利罪及相应的刑事处罚。

4. 不视为侵犯专利权的行为

《专利法》第75条规定，有下列情形之一的，不视为侵犯专利权。

（1）专利产品或者依照专利方法直接获得的产品，由专利权人或者经其许可的单位、个人售出后，使用、许诺销售、销售、进口该产品的。

（2）在专利申请日前已经制造相同产品、使用相同方法或者已经作好制造、使用的必要准备，并且仅在原有范围内继续制造、使用的。

（3）临时通过中国领陆、领水、领空的外国运输工具，依照其所属国同中国签订的协议或者共同参加的国际条约，或者依照互惠原则，为运输工具自身需要而在其装置和设备中使用有关专利的。

（4）专为科学研究和实验而使用有关专利的。

（5）为提供行政审批所需要的信息，制造、使用、进口专利药品或者专利医疗器械的，以及专门为其制造、进口专利药品或者专利医疗器械的。

《专利法》第77条规定，为生产经营目的使用、许诺销售或者销售不知道是未经专利权人许可而制造并售出的专利侵权产品，能证明该产品合法来源的，不承担赔偿责任。

项目训练

■ 概念与知识

1. 基本概念

工业产权　专利　先申请原则　商标　证明商标　联合商标　防御商标

2. 选择题

（1）商标权人在注册商标有效期满前，未能办理续展注册手续，它可以在注册商标有效期满之日起（　　）个月内继续办理续展注册手续。

　　A. 6　　　　　　B. 9　　　　　　C. 12　　　　　　D. 18

（2）下列情形中可以授予专利权的是（　　）。

　　A. 科学发现　　　　　　　　　B. 智力活动的规则和方法

　　C. 动物和植物品种　　　　　　D. 疾病的诊断和治疗机械

（3）目前国家规定必须使用注册商标的商品有（　　）。

　　A. 医疗器械　　B. 人用药品　　C. 烟草制品　　D. 兽用药品

（4）甲委托乙开发一种新产品，未明确约定该产品的专利申请权的归属。当该产品被开发完成后，在我国，其专利申请权应当归属于（　　）。

　　A. 甲　　　　　B. 甲与乙共有　　C. 乙　　　　　D. 国家

（5）某地工商局在审查某皮革制品厂拟使用在其生产的皮制品上的商标时，发现其中有不符合法律规定的商标，该商标是（　　）。

　　A. "千里"牌商标　　　　　　B. "七匹狼"牌商标

　　C. "羊皮"牌商标　　　　　　D. "耐斯"牌商标

3. 简答题

（1）工业产权的特征有哪些？

（2）专利权人有哪些权利和义务？

（3）侵犯专利权的行为有哪些？应如何制裁侵权行为？

（4）商标权人的权利有哪些？

（5）商标侵权行为包括哪些？商标权的保护方式有哪些？

■ 分析与应用

案例 1

河南省洛阳市举行洛阳牡丹节，某纺织厂设计了一种款式新颖的短衫，在牡丹节期间投放市场，销路很好，后来许多厂家相继仿制，对该纺织厂的产品销路影响很大。为了维护工厂的利益和把握市场前景，该厂于 2021 年 6 月 10 日向国家商标局提出"洛阳"牌商标的注册申请。在其申请注册期间，某服装厂仍继续生产与纺织厂样式完全相同的短衫,并使用了"洛阳"商标(仅文字相同,图案、字形均不相同)。纺织厂即向工商行政管理部门提出保护其商标专用权的申请。2021年7月2日,商标局驳回纺织厂的商标注册申请。纺织厂收到驳回通知后,很不服气,欲申请复议。同时,服装厂看到纺织厂没有取得商标注册,更无顾忌,继续进行生产。

问题:

(1)商标局驳回纺织厂的商标注册申请是否正确?理由是什么?

(2)纺织厂收到驳回申请通知后,可否申请复议?

(3)纺织厂向工商行政管理机关提出的保护权益请求是否应予受理?理由是什么?

(4)工商行政管理机关对纺织厂的商标使用行为是否有权管理?应如何管理和规范?

(5)服装厂在纺织厂的商标注册申请被驳回后是否可以继续生产带有该种商标的产品?为什么?

案例 2

甲厂委托乙研究所研制一种水稻收获机,研究经费由甲厂负担,双方未就技术成果权的归属作出约定。乙按期完成研制任务,并交付甲厂使用,同时,以自己的名义就该技术申请并取得专利。甲厂为满足市场需要,许可丙厂使用该技术生产水稻收获机。张某从丙厂处购进该专利产品,并转手销售。乙发现后向甲、张某提出交涉,甲认为该技术属于自己所有,并认为乙将自己出资委托其开发的技术申请专利侵犯了自己的权利。张某认为是从丙厂处购进的产品,自己没有侵权。各方争执不下,乙向人民法院提起诉讼。

问题:

(1)专利权的归属是属于甲还是乙?为什么?

(2)乙是否侵权?甲是否有权许可丙厂使用技术生产?

(3)丙厂使用该技术生产是否侵权?张某销售该专利产品是否侵权?为什么?

(4)侵权者应承担哪些法律责任?

实训题

王某是一名个体经营者,他有一手做煎饼的绝活,他的煎饼一直卖得非常好,王某为扩大经营,想为他的煎饼申请一个注册商标,但不知道如何申请,应准备哪些文件,请为王某提供相关的法律咨询服务。

项目八

票 据 法

学习目标	
知识目标	了解票据的概念、特征； 掌握票据法律关系的内容； 熟悉票据行为的种类； 掌握票据权利的行使规则； 掌握汇票的主要适用规则。
能力目标	能够正确区分适用票据的法律关系； 能够识别有效的票据行为； 能够正确行使票据权利； 能够正确适用汇票的基本规则； 能够处理票据纠纷。

任务一　认识票据

任务导入

2015年12月10日，某建筑公司为购买建筑器材，向某钢筋生产厂签发了一张远期银行承兑汇票，付款行为某商业银行，付款期限为出票后3个月，票载金额为人民币500万元，收款人为某钢筋生产厂。2021年1月3日，某钢筋生产厂将该票据提示承兑，同日将该票据背书转让给C钢材厂。2016年2月15日，C钢材厂又将该票据转让给某医药公司。2021年3月15日，医药公司持该汇票要求商业银行付款，商业银行拒付，理由是由于市场发生变化，建筑公司已经和钢筋厂协商解除了合同，建筑公司通知商业银行不予付款。医药公司随即向法院起诉，要求商业银行承担票据责任。

任务要求：商业银行拒绝付款是否正确？为什么？分析理解票据的特征。

相关知识

一、票据及票据法的概念与特征

1. 票据的概念

票据有广义和狭义之分。广义的票据是指商业上各种具有财产价值、体现民事权利的凭证，包括汇票、本票、支票、提单、股票、仓单等一切有价证券。狭义的票据是指由出票人签发的、承诺自己或委托他人在见票时或指定的日期向收款人或持票人支付一定金额的有价证券。狭义的票据主要包括汇票、本票和支票。

2. 票据的特征

（1）票据是完全的有价证券。票据权利的发生必须作成票据；票据权利的转移必须背书或交付；票据权利的行使必须提示票据。

（2）票据是设权证券。指票据上的权利，必须作为证券才能发生，但票据的形成并非证明已经存在其权利，其票据上的权利完全是由票据行为所创设的。

（3）票据是无因证券。指票据只要符合法定条件，权利即告成立。至于票据行为如何发生，持票人是如何取得票据的，则可不必过问。

（4）票据是要式证券。指票据的作成必须符合法定的形式要件，否则不产生票据的效力。

（5）票据是文义证券。指票据上的权利与义务都以票据上记载的文字内容为准，不受票据文义以外的任何事项的影响。即使票面记载与实际情况不符，也不允许以票载文字以外的证据加以变更。

（6）票据是流通证券。指票据除了可作为汇兑工具、支付工具、信用工具外，还可作为流通证券使用。即票据可以经过交付或背书转让的方式自由转让其权利，且方式迅速简便。

二、票据的种类

按照我国票据法的规定，票据包括汇票、本票和支票。票据还可以从不同的角度进行不同的分类。

（1）按照票据作用不同，票据可分为支付证券和信用证券。票据主要用于支付的，为支付证券。支票属于支付证券。票据主要用于信用的，为信用证券。本票、汇票属于信用证券。

（2）按照付款人是出票人还是出票人委托的人，将票据分为自付证券和委托证券。自付证券是出票人本人向持票人无条件支付一定金额的票据。本票属于自付证券。委托证券是出票人委托他人向持票人无条件支付一定金额的票据。汇票和支票均为委托证券。

（3）按照付款时间分类，可以分为即期票据和远期票据。即期票据是指付款人见票后必须立即付款给持票人，如支票及见票即付的汇票、本票。远期票据是付款人见票后在一定期限或特定日期付款的票据。

（4）按照收款人记载方式不同可以分为记名票据和不记名票据。记名票据是指在票据上注明收款人姓名可由收款人以背书方式转让，付款人只能向收款人或其指定的人付款的票据。不记名票据是指票面上不记载收款人姓名，可不经背书而直接以交付票据为转让，付款人可以对任何持票人付款的票据。

三、票据法的概念与特征

票据法是规定有关票据的种类、形式、内容以及有关当事人的权利和义务的法律规范的总称。票据法具有强行性、技术性、国际统一性等特征。

1995年5月10日第八届全国人民代表大会常务委员会第十三次会议通过了《中华人民共和国票据法》（以下简称《票据法》），2004年8月28日第十届全国人民代表大会常务委员会第十一次会议对《票据法》进行了修正。

任务二　有关票据的法律关系

任务导入

2021年3月12日，乙商场向甲电器公司购买了价值15万元的微波炉。由于乙商场资金周转困难，为付货款，向周某借款，从A银行中领到一张以周某为户名的15万元现金汇票交付给甲电器公司。甲电器公司持该汇票到B银行要求兑现，但B银行拒付票款，并出示了乙商场的电报。原来乙商场在销售时发现微波炉质量有问题，遂电告B银行拒付票款，汇票作废，退回A银行。B银行以此为由，拒付款项。甲电器公司向法院起诉，要求B银行无条件支付票款。

任务要求：法院应如何判决？结合本案，理解票据关系与票据基础关系。

相关知识

有关票据的法律关系主要包括票据法上的法律关系与票据基础关系。

一、票据法上的法律关系

票据法上的法律关系是指因票据的存在而由票据法规定的票据当事人之间的各种法律关系，包括票据关系与票据法上的非票据关系两类。

1. 票据关系

票据关系是指当事人之间基于票据行为而发生的债权债务关系，也称为票据上的关系。

（1）票据关系的种类

票据关系因票据行为而产生。根据票据行为的不同，可将票据关系分为：票据发行关系，票据背书转让关系，票据承兑、付款关系，票据的参加、保证关系。

（2）票据关系的当事人

票据关系的当事人是票据关系中承受权利义务的主体。

票据关系的当事人可以分为基本当事人和非基本当事人。在票据发行时就存在的当事人为基本当事人，在汇票与支票中包括出票人、收款人或持票人、付款人，在本票中有出票人和收款人或持票人。非基本当事人是票据发出后通过其他各种票据行为而加入票据关系中成为票据当事人的人。如背书人、被背书人、保证人、承兑人、参加付款人等。

票据关系的当事人分别处于债权人与债务人的地位。最初的债权人是出票时的收款人，以后通过转让票据而取得票据的持票人成为票据权利人，这种票据权利人行使的是付款请求权或追索权。另外，因履行了受追索义务而取得票据的人也是票据权利人，这种权利人只能向其前手行使追索权。票据债务人分为第一债务人和第二债务人，第一债务人指有付款义务的人，如汇票的承兑人、支票的保付人、本票的出票人等。第二债务人主要指有担保付款义务的人，包括票据的出票人及持票人的所有前手。

2. 票据法上的非票据关系

票据法上的非票据关系是指由票据法直接规定的与票据行为有联系但不是由票据行为本身所产生的法律关系。这类关系主要有以下几种：①票据上的正当权利人对因恶意或重大过失而取得票据的人行使票据返还请求权而发生的关系；②因时效期满或手续欠缺而丧失票据上权利的持票人对于出票人或承兑人行使利益偿还权而发生的关系；③汇票持票人请求出票人发给汇票复本的关系；④汇票的复本持票人请求复本接受人交还复本的关系；⑤票据付款人付款后请求持票人交还票据的关系。

二、票据基础关系

票据基础关系是指作为票据行为发生的实质原因或前提的法律关系。票据的基础关系是一种民法上的法律关系，不受票据法的调整，这一点不同于票据法上的非票据关系。票据基础关系包括以下几种。

1. 票据原因关系

票据原因关系又称为票据原因，是指票据当事人之间之所以授受票据的原因。票据的签发、背书、保证、承兑等一般都基于一定的原因，例如，甲乙之间存在买卖合同关系，甲通过签发票据的方式向乙付款，甲乙之间即产生一定的票据关系，而买卖关系就是这种票据关系的原因。

票据原因关系可以是有偿的，也可以是无偿的。前者如买卖、租赁、加工等；后者如赠与。

2. 票据资金关系

票据资金关系是出票人与付款人之间的基础关系，是指出票人之所以以某一特定发生人为付款人的前提或原因的法律关系。资金关系只存在于汇票和支票中。票据资金关系可以产生于委托，也可产生于约定。一般包括以下几种情形。

（1）出票人在付款人处有一定存款，约定由付款人以该笔款项承担票据责任。
（2）付款人欠出票人债务，约定以支付票据款项作为债务履行。
（3）出票人与付款人之间订有信用合同，付款人允诺为出票人垫付资金。
（4）出票人与付款人之间订立其他合同，约定由付款人承担票据责任。

3. 票据预约关系

票据预约关系是指票据当事人就是否签发票据、签发何种票据以及票据金额等事项预先达成的协议。预约是票据行为的基础，因此预约关系也属于票据基础关系。

三、票据关系与票据基础关系的关系

1. 票据关系与票据基础关系的分离

为了促进票据的流通,票据法确立了票据关系与票据基础关系分离的原则,即票据关系一经形成,就与基础关系相分离,二者各自独立,基础关系是否存在,是否有效,原则上对票据关系不产生影响。

票据关系与原因关系的分离在票据的上述三种基础关系上都有所体现。首先,就原因关系而言,票据一经生效,票据关系与原因关系就发生分离,即使原因关系无效或被撤销,已成立的票据关系仍然独立生效。票据权利人只要持有票据即可行使权利,不必证明原因关系,更不必证明原因关系的有效。除了法律另有规定外,票据债务人一般不得以原因关系不存在、无效等事由否认其票据义务。其次,就资金关系而言,资金关系是否存在、是否有效对票据关系也不发生影响,出票人与付款人之间是否存在资金关系,不影响持票人的票据权利。最后,就票据预约而言,即使票据预约的当事人违反预约发出票据,其票据仍然有效,票据权利义务仍以票据文义确定。

2. 票据关系与票据基础关系的牵连

在一些特殊情况下,票据的基础关系对票据关系会产生一定的影响。这就是票据关系与基础关系的牵连性。这种牵连性有利于维护当事人之间利益的公平。

票据原因关系与票据关系的牵连性体现为两种情形:第一,如果原因关系与票据关系存在于同一当事人之间,即授受票据的直接当事人之间,可用原因关系对抗票据关系;第二,持票人取得票据如无对价或以不相当的对价取得,则所享有的票据权利不得优于前手的权利。票据资金关系与票据关系的牵连性体现为:当出票人成为持票人,并向付款人或承兑人请求付款时,如他与付款人或承兑人无资金关系,则可以此为由加以拒绝。

任务三　票据行为

任务导入

刘某(12岁)的父亲经营一家服装厂。2021年6月4日,兴盛酒店从该服装厂购买一批工作服,价值2 000元,兴盛酒店向刘某的父亲签发一张转账支票,付款人为某商业银行在该市的分行,出票人是兴盛酒店。6月11日,刘某将该转账支票及印章偷出,到百货商店购买游戏机一部,并将该支票加盖其父亲的印章后背书转让给百货公司。7月,刘某的父亲因找不到支票便以支票遗失为由,要求付款行停止支付。百货公司于7月11日到付款人处转账,得知该支票已被挂失止付。在向付款人要求付款未果的情况下,百货公司于7月25日以商业银行该市分行、兴盛酒家、刘某的父亲为被告提起诉讼。

> **任务要求**：本案应如何处理？结合本案，理解票据行为的有效要件。

相关知识

一、票据行为的概念

票据行为有广义和狭义两种。广义的票据行为是指以发生、变更或消灭票据的权利义务关系为目的的法律行为，包括出票、背书、涂改、付款、保证、承兑、参加承兑、划线、保付等。狭义的票据行为是票据当事人以负担票据债务为目的的法律行为，包括出票、背书、承兑、参加承兑、保证、保付六种。

二、票据行为的种类

根据票据行为的性质，票据行为分为基本票据行为和附属票据行为。基本票据行为是指创造票据的原始票据行为，出票是基本票据行为。附属票据行为是指在已签发的票据上实施的非原始的票据行为，包括背书、承兑、保证等。

三、票据行为的要件

1. 实质要件

票据行为的实质要件，一般包括票据能力和意思表示真实两个方面。

（1）票据能力。是指票据关系当事人的权利能力和行为能力，对自然人而言，有行为能力就有票据能力，对法人而言，具备权利能力即具有票据行为能力。

（2）意思表示真实。是指当事人实施票据行为的意思表示应当真实、合法。根据票据法的理论及有关立法规定，以下情况下当事人所作的意思表示为不真实。第一，一方以欺诈、胁迫的手段或乘人之危，使对方在违背真实意志下所作的票据行为；第二，恶意串通以使他人蒙受损失为目的的票据行为；第三，违反法律或社会公共利益而实施的票据行为。

票据行为人在实施票据行为时意思表示不真实的，该票据行为便有瑕疵。票据行为的瑕疵适用民法的规定，但行为人不得用票据行为无效或可撤销对抗善意持票人。具体说，因受欺诈、胁迫而进行的票据行为相对人不享有票据权利，但行为人不得对抗善意持票人。因重大误解而实施的票据行为，行为人仍应对善意持票人承担票据责任。

需要明确的是，票据原因行为有瑕疵的票据行为的效力不受影响。无论票据原因行为无效、还是被撤销，票据行为都发生效力。

2. 形式要件

（1）票据书面的作成与有关事项的记载。票据必须由一定的纸张书面作成，一般以金融机构或企业印就的格式作成，并在上面记载相关事项。票据上记载的事项，分为绝对记载事项、相对记载事项和任意记载事项三类。其中绝对记载事项是必须记载的内容，欠缺一项，票据无效。

（2）交付。是指行为人将票据转移给他人占有。票据作成后，如果未交付，还没有完成其形式要件，票据行为尚未生效，只有票据行为人将票据交付给持票人，票据行为才完成。

实务操作指南——票据填写的注意事项

银行、单位和个人填写的各种票据和结算凭证是办理支付结算和现金收付的重要依据，直接关系到支付结算是否准确、及时和安全。票据和结算凭证是银行、单位和个人凭以记载账务的会计凭证，是记载经济业务和明确经济责任的一种书面证书。因此，填写票据和结算凭证，必须做到标准化、规范化，要求要素齐全、数字正确、字迹清晰、不错漏、不潦草，防止涂改。

（1）中文大写金额数字应用正楷或行书填写，如壹、贰、叁、肆、伍、陆、柒、捌、玖、拾、佰、仟、万、亿、元、角、分、零、整（正）等字样。不得用一、二（两）、三、四、五、六、七、八、九、十、念、毛、另（或〇）填写，不得自造简化字。如果金额数字书写中使用繁体字，如贰、陆、亿、万、圆的，也应受理。

（2）中文大写金额数字到"元"为止的，在"元"之后，应写"整"（或"正"）字，在"角"之后可以不写"整"（或"正"）字。大写金额数字有"分"的，"分"后面不写"整"（或"正"）字。

（3）中文大写金额数字前应标明"人民币"字样，大写金额数字有"分"的，"分"后面不写"整"（或"正"）字。

（4）中文大写金额数字前应标明"人民币"字样，大写金额数字应紧接"人民币"字样填写，不得留有空白。大写金额数字前未印"人民币"字样的，应加填"人民币"三字。在票据和结算凭证大写金额栏内不得预印固定的"仟、佰、拾、万、仟、佰、拾、元、角、分"字样。

（5）阿拉伯小写金额数字中有"0"时，中文大写应按照汉语语言规律、金额数字构成和防止涂改的要求进行书写。举例如下。

① 阿拉伯数字中间有"0"时，中文大写金额要写"零"字。如￥1 409.50，应写成人民币壹仟肆佰零玖元伍角。

② 阿拉伯数字中间连续几个"0"时，中文大写金额中间可以只写一个"零"字。如￥6 007.14，应写成人民币陆仟零柒元壹角肆分。

③ 阿拉伯金额数字万位或元位是"0"，或者数字中间连续有几个"0"，万位、元位也是"0"，但千位、角位不是"0"时，中文大写金额中可以只写一个零字，也可以不写"零"字。如￥1 680.32，应写成人民币壹仟陆佰捌拾元零叁角贰分，或者写成人民币壹仟陆佰捌拾元叁角贰分；又如￥107 000.53，应写成人民币壹拾万柒仟元零伍角叁分，或者写成人民币壹拾万零柒仟元伍角叁分。

④阿拉伯金额数字角位是"0",而分位不是"0"时,中文大写金额"元"后面应写"零"字。如¥16 409.02,应写成人民币壹万陆仟肆佰零玖元零贰分;又如¥325.04,应写成人民币叁佰贰拾伍元零肆分。

(6)阿拉伯小写金额数字前面,均应填写人民币符号"¥"(或草写为¥)。阿拉伯小写金额数字要认真填写,不得连写,以免分辨不清。

(7)票据的出票日期必须使用中文大写。为防止变造票据的出票日期,在填写月、日时,月为壹、贰和壹拾的,日为壹至玖和壹拾、贰拾、叁拾的,应在其前加"零";日为拾壹至拾玖的,应在其前面加"壹"。如1月15日,应写成零壹月壹拾伍日。再如10月20日,应写成零壹拾月零贰拾日。

(8)票据出票日期使用小写填写的,银行不予受理。大写日期未按要求规模填写的,银行可予受理,但由此造成损失的,由出票人自行承担。

任务四　票据权利

任务导入

甲、乙、丙均系个体经营者,甲因从乙处进货而拖欠其20万元货款,乙又因借贷而拖欠丙20万元,现离借款到期日还有4个月,乙在征得甲、丙同意后,决定以汇票结清他们之间的债权债务关系,乙作出票人,甲做付款人,丙做收款人,票据金额20万元,出票日后4个月付款,甲与乙之间汇票结算后的尾数用现金结清。丙拿到汇票后为便于流通便找甲进行了承兑。此后,丙从某家具厂进货时,将汇票背书转让给了家具厂。家具厂接收到汇票时距到期日还有近3个月,遂又决定用该汇票采购木材,采购员刘某携带已在票据背书栏签有本单位的签章的汇票外出时不慎将其丢失,刘某将汇票丢失的情况告知了家具厂,家具厂立即向甲办理了挂失止付的手续,其他措施未采取。该丢失的汇票被李某检到,李某发现票据背面的最后一次背书未填写背书人,便喜出望外地签了名,然后持汇票到某家电商场购置了一套价值20万元的家电,并将汇票背书后交给了家电商场。家电商场未进行票据的转让。现汇票到期,家电商场持汇票请求甲付款,甲以汇票已挂失止付为由拒绝付款,家电商场只好追索,并对所有前手发出了通知。家具厂接到通知后提出自己是票据权利人,家电商场的票据权利有缺陷,请求返还票据。双方发生争执,诉至法院。

> **任务要求：**
> （1）家电商场是否享有票据权利？为什么？
> （2）家电商场是否有权向其所有前手发出追索通知？为什么？
> （3）甲以票据挂失为由拒绝付款的做法是否合法？为什么？
> （4）家具厂请求家电商场返还票据是否有法律根据？为什么？
> （5）结合本案，熟悉票据权利行使的具体规则。

相关知识

一、票据权利的概念

票据权利是持票人向票据债务人请求支付一定票据金额的权利，包括付款请求权和追索权。付款请求权是指票据债权人请求票据债务人按照票面金额支付金钱的权利，付款请求权是第一次请求权。追索权是指持票人于不获付款或不获承兑或其他法定原因发生时，向主债务人以外的前手（包括出票人、背书人或其他债务人）请求偿还票据金额及其损失的权利，追索权是第二次请求权。

二、票据权利的取得

票据权利的取得分为原始取得和继受取得。原始取得是指因票据的创设（出票）而取得票据权利；继受取得是指从票据持有人处受让票据，此外，通过税收、继承、赠与企业合并等方式获得票据也属于继受取得。

根据《票据法》的规定，票据的签发、取得和转让，应当遵循诚实信用的原则，具有真实的交易关系和债权债务关系。票据的取得，必须给付对价，即应当给付票据双方当事人认可的相对应的代价。因税收、继承、赠与可以依法无偿取得票据的，不受给付对价的限制。但是，所享有的票据权利不得优于其前手的权利。前手是指在票据签章人或者持票人之前签章的其他票据债务人。

以欺诈、偷盗或者胁迫等手段取得票据的，或者明知有前列情形，出于恶意取得票据的，不得享有票据权利。持票人因重大过失取得不符合本法规定的票据的，也不得享有票据权利。

三、票据权利的行使和保全

1. 票据权利的行使

票据权利的行使是指票据权利人向票据债务人提示票据，请求其履行票据债务的行为，包括请求付款和进行追索。票据权利行使的方式为票据的提示，即由持票人向票据债务人出示票据。提示包括提示承兑和提示付款两种。提示承兑仅指定日付款和出票后定期付款汇票而言，提示付款包括汇票和本票的提示。

2. 票据权利的保全

票据权利的保全是指票据权利人为防止票据权利的丧失而采取的行为。票据权利的保全方法主要有以下两种。

（1）按期提示票据。持票人在法定期间内提示票据行使票据权利，就是保全票据权利的方式之一，持票人只有在法定期间内提示票据请求付款被拒绝的，方可行使追索权。

（2）作成拒绝证书。持票人行使追索权时，应当提供被拒绝承兑或被拒绝付款的有关证明。而在持票人提示承兑或者提示付款被拒绝时，承兑人或者付款人必须出具证明，证明应记载被拒绝承兑或被拒绝付款的票据种类、主要记载事项；拒绝承兑、拒绝付款的事实依据和法律依据；拒绝承兑、拒绝付款的时间；拒绝承兑人、拒绝付款人的签章。此外，由有关机关出具的合法证明包括医院或有关单位出具的承兑人、付款人死亡证明，司法机关出具的承兑人、付款人逃匿证明，公证机关出具的具有拒绝证明效力的文书；有关的司法文书和处罚决定包括承兑人或付款人被人民法院依法宣告破产时的有关司法文书，有关行政主管部门的处罚决定等都具有拒绝证书的效力。

四、票据权利的消灭

票据权利的消灭是指基于一定的法律事实出现，从而使票据上的付款请求权和追索权失去法律效力。具体包括以下几种情况。

（1）票据权利因付款而消灭。这里说的付款是指狭义上的付款，即票据债务人向票据债权人履行了支付票据上记载金额的义务，从而使持票人的票据权利消失。在这种情况下，持票人不仅消灭了付款请求权，而且消灭了追索权。

（2）票据权利因时效届满而消灭。票据时效届满的，票据权利因此而消灭。但是，由于持票人对出票人、承兑人、背书人的权利的时效期间不同，所以只有对所有票据债务人的时效期间都届满的，才发生票据权利绝对消灭。

（3）票据权利因其他原因而消灭。其他原因主要是指一般债权消灭的原因。其中包括抵销、免除、混同、提存等原因，也包括票据被销毁等原因。

五、票据的抗辩

票据抗辩是指票据债务人根据票据法的规定对票据债权人拒绝履行义务的行为。票据抗辩分为对物的抗辩和对人的抗辩。

1. 对物的抗辩

对物的抗辩是指因票据本身所存在的事由而发生的抗辩，即票据本身存在影响票据效力的因素。物的抗辩的特点是可以对抗任何票据债权人，因此也称为绝对的抗辩。

对物的抗辩包括以下情况：①票据欠缺应记载的内容；②票据到期日未到；③票据已经依法付款；④票据经判决为无效；⑤票款已依法提存；⑥欠缺票据行为能力；⑦票据系伪造及变造；⑧票据因时效而消灭；⑨与票据记载不符的抗辩等。对于前五项，任何票据债务人都有权拒绝支付票款。对于后四项，只限于特定债务人可以对所有债权人进行抗辩。比如对于伪造票据，由于被伪造者并未在票据上签字，因而被伪造者可以对任何债权人进行抗辩。

2. 对人的抗辩

对人的抗辩是指因票据义务人与特定的票据权利人之间存在的一定关系而发生的抗辩。这种抗辩来源于票据当事人之间存在的一定个人因素的关系，而非票据本身，所以仅能对特定的票据权利人主张，又称为相对抗辩。

对人的抗辩包括：①票据原因关系不合法，比如为支付赌债而签发的支票；②原因关系不存在或消灭，比如为购货而签发票据但对方没有发货；③欠缺对价，比如持票人未按约提供与票款相当的商品或劳务等；④票据债务已经清偿、抵销或免除而未载于票据上，可对直接当事人抗辩；⑤票据交付前被盗或遗失，可对盗窃人或拾得人抗辩。

3. 票据抗辩的限制

票据为流通票据，为维护票据的流通性应对票据抗辩加以限制。票据抗辩的限制主要针对人的抗辩，票据债务人可以对不履行义务的与自己有直接债权债务关系的持票人进行抗辩。票据抗辩的限制包括两种情况：第一，票据债务人不得以自己与出票人之间的抗辩事由对抗持票人；第二，票据债务人不得以自己与持票人的前手之间的抗辩事由对抗持票人。

六、票据的伪造、变造与更改

1. 票据的伪造

票据的伪造是指假冒他人的名义而进行的票据行为。票据的伪造又分为两种具体的行为。第一种行为是对票据本身的伪造，也就是在票据凭证上假冒他人的名义签章进行出票。第二种行为是在他人依法签发的票据上再进行假冒第三人的签名，进行出票以外的其他票据行为。

票据伪造的后果包括：①对伪造人而言，票据外观上没有自己的签名，故不承担票据上的责任，但应根据刑法和民法的规定负伪造有价证券和赔偿的责任。②对被伪造人而言，尽管票据外观上有被伪造人的签名，但实质上并非其自签，故不应依票据文义负责。③由于票据行为具有独立性，票据上有伪造的签章的，不影响票据上其他真实签章的效力，因此在伪造的票据上进行真正签名的其他人必须负担票据责任。

2. 票据的变造

所谓票据的变造，是指无权变更票据记载事项的人，擅自变更票据上的（除签章外）的记载事项的行为。例如：变造票据的记载金额、票据的到期日等。

票据变造的，仍属有效。我国《票据法》规定，除票据的日期、金额、收款人等记载外，票据上其记载事项被变造的，在变造前签章的人，对原记载事项负责；在变造之后签章的人，对变造后的记载事项负责；不能辨别是在票据被变造之前或之后签章的，视同在变造之前签章。

3. 票据的更改

票据的更改是指有权变更票据记载事项的人变更票据记载事项的行为。票据的更改不得违反法律，我国票据法规定，金额、日期、收款人名称不得更改，更改的票据无效。对票据上的其他记载事项，原记载人可以更改，更改时应由原记载人签章证明，票据更改后依更改后的文义发生效力。

七、票据权利的补救

票据权利的丧失是指票据因灭失、遗失、被盗等原因全票据权利人脱离其对票据的占有。票据丧失后，可以采取挂失止付、公示催告、普通诉讼三种形式进行补救。

1. 挂失止付

挂失止付是指失票人将丧失票据的情况通知付款人，并由接受通知的付款人暂停支付的一种方式。允许挂失止付的票据是有限制的，只有确定付款人或代理人的票据丧失时，才可能进行挂失止付，具体包括：已承兑的商业汇票、支票、填明"现金"字样的银行汇票和银行本票。

2. 公示催告

公示催告是指在票据丧失后，人民法院根据失票人的申请，以公告的方式催告利害关系人在一定期间内申报权利，如果逾期无人申报，则权利失效，由法院通过除权判决宣告所丧失的票据无效的制度。《票据法》第15条规定，票据丧失，失票人应当在通知挂失止付后3日内，也可以在票据丧失后，依法向人民法院申请公示催告。公示催告的申请人应是票据的最后持有人，申请人必须向票据支付地的基层人民法院提出申请。

3. 普通诉讼

普通诉讼是指失票人作为原告，以承兑人或出票人为被告，请求法院判决其向失票人付款的诉讼活动。《票据法》第15条第3款规定："失票人应当在通知挂失止付后3日内，也可以在票据丧失后，依法向人民法院申请公示催告，或者向人民法院提起诉讼。"

任务五 汇票、本票与支票

任务导入

A公司为支付所欠B公司货款，于2021年5月5日开出一张50万元的商业承兑汇票。B公司用此汇票进行背书转让给C公司，以购买一批原材料。但事后不久，B公司发现C公司根本无货可供，完全是一场骗局，于是马上通知付款人停止向C

公司支付货款。C公司获此票据后,又将该票据背书转让给了D公司,以支付其所欠工程款。D公司用此汇票向E公司购买一批钢丝,背书时注明了"货到后此汇票方生效"。E公司于2021年7月5日向付款人请求付款。付款人在对该汇票审查后拒绝付款,理由是:①C公司以欺诈行为从B公司已通知付款人停止付款;②该汇票未记载付款日期,且背书附有条件,为无效票据。随即付款人便作成退票理由书,交付于E公司。

任务要求:①付款人可否以C公司的欺诈行为为由拒绝向E公司支付票款?为什么?②A公司开出的汇票未记载付款日期,是否为无效票据?为什么?③D公司的背书是否有效?该条件是否影响汇票效力?④E公司的付款请求权得不到实现时,可以向本案哪些当事人行使追索权?⑤熟悉汇票适用的基本规则。

相关知识

一、汇票

1. 汇票的概念与种类

(1) 汇票的概念

汇票是出票人签发的,委托付款人在见票时或者在指定日期无条件支付确定的金额给收款人或持票人的票据。汇票关系一般涉及三方当事人,即出票人、付款人、收款人。出票人是签发票据并委托他人按票载金额支付票款的一方,付款人是受出票人委托支付票款的一方,收款人是依出票人签发享有票据权利的一方。

(2) 汇票的种类

按照不同的划分标准,可以将汇票划分为不同的种类。

① 按照出票人的不同,可将汇票分为商业汇票和银行汇票。商业汇票是以银行以外的其他公司、企业为出票人、以银行或者其他公司、企业等为付款人的汇票。其中,如果付款人为银行并进行了承兑的,称为银行承兑汇票;当付款人为银行以外的公司、企业等并由其进行承兑的,称为商业承兑汇票。银行汇票是由银行签发的汇票,银行汇票的出票银行是银行汇票的付款人。

② 按照付款时间的不同,可以将汇票分为即期汇票与远期汇票。即期汇票是指付款人见票后必须立即付款给持票人,如支票及见票即付的汇票、本票。远期汇票是付款人见票后在一定期限或特定日期付款的票据。

③ 按照记载收款人的方式的不同,可以将汇票分为记名汇票、指示汇票和无记名汇票。记名汇票是指出票人在汇票上明确记载收款人姓名或名称的汇票。这种汇票可由收款人以背书并交付的方式进行转让。指示汇票是指出票人在汇票上记载收款人姓名或名称,并附加"或其指定的人"的文句的汇票。这种汇票也可由收款人以背书并交付的方式进行转让。无记名汇票是指出票人在汇票上未记载收款人姓名或名称,或

仅记载"付来人"的汇票。这种汇票在流通时无须背书，只要让与人将汇票交付给受让人即可达到转让的目的。

2. 汇票的出票

出票是指出票人依照票据法规定的格式作成汇票，并将其交付与收款人的票据行为。出票必须符合两个条件：一是依法定的款式作成汇票；二是将作成的汇票交付给收款人。

（1）汇票的法定记载事项

《票据法》规定，汇票必须记载下列事项：①表明"汇票"的字样；②无条件支付的委托；③确定的金额；④付款人名称；⑤收款人名称；⑥出票日期；⑦出票人签章。汇票上未记载上述规定事项之一的，汇票无效。

（2）汇票出票的法律效力

汇票出票的法律效力主要体现在以下几个方面：①对出票人的效力。出票人在完成出票行为后，应承担担保承兑和担保付款的义务。收款人在请求付款人承兑或付款时如果遭到拒绝，就可以向出票人进行追索，出票人应承担付款义务。②对付款人的效力。汇票出票时，由出票人在票据上载明委托付款人进行付款的意思。但这一委托，并非票据上的委托关系，而仅仅是出票人与付款人之间的票据外原因关系。所以，出票行为的完成，对于付款人来说，并未发生票据上效力。汇票上所载付款人可以依自己独立的意思，决定为该汇票进行承兑或拒绝承兑。即使付款人拒绝承兑进而拒绝付款，持票人也不能向法院起诉，只能向其前手和出票人进行追索。但是，一旦付款人对汇票进行了承兑，就应当承担付款义务。③对收款人或持票人的效力。收款人取得票据后，即取得了票据权利，即付款请求权和追索权。

3. 汇票的背书

汇票的背书是指持票人在票据的背面或者粘单上记载有关事项，完成签章，并将其交付相对人，从而将票据权利转让给他人或者将一定的票据权利授予他人行使的票据行为。背书按照其目的可以分为两类：一是转让背书，即以转让票据权利为目的的背书；二是非转让背书，即以设立委托收款或票据质押为目的的背书，相应地，非转让背书分为委托取款背书和设质背书。

（1）背书的形式要件

我国《票据法》的规定，背书应符合下列条件：背书必须记载背书人和被背书人的名称；背书必须连续，即转让汇票的背书人与受让汇票的被背书人在汇票上的签章必须依次前后衔接；背书不得附条件，如果背书附有条件，所附条件不具有汇票上的效力；背书不得转让汇票金额的一部分，也不得将汇票金额分别转让给两个以上的人。

（2）背书的法律效力

①权利转移的效力。这是背书的基本效力。被背书人由背书而受让票据后，即取得票据所有权及票据上的一切权利，包括付款请求权、追索权、对保证人的权利及再次转让票据的权利等。委托取款背书成立后，被背书人取得了代背书人收款的权利。

设质背书成立后,被背书人取得了票据质权。

② 责任担保的效力。背书人以背书转让汇票后,即承担保证其后手所持汇票承兑和付款的责任。背书人在汇票得不到承兑或者付款时,应当依法向持票人清偿法律规定的金额和费用。

③ 权利证明的效力。持票人以背书的连续证明其汇票的权利。连续背书的汇票的持有人只要持有汇票,就推定其是合法的票据权利人,他不必说明票据实际移转过程即可行使票据权利。

4. 汇票的承兑

承兑是指汇票付款人承诺在汇票到期日支付汇票金额的票据行为。承兑是汇票特有的行为,只发生在远期汇票的有关活动中。票据承兑后,付款人便成为票据债务人,负付款义务。付款人拒绝承兑的,收款人、持票人可以行使追索权,而不问票据是否到期。

(1) 承兑的程序

承兑须经过提示承兑和承兑两个过程。

① 提示承兑。是指持票人向付款人出示票据,要求付款人承诺付款的行为。提示承兑必须在法定期限内进行。《票据法》规定,定日付款或出票后定期付款的汇票,持票人应当在汇票到期前向付款人提示承兑;见票后定期付款的汇票,持票人应当自出票日起1个月内向付款人提示承兑。未在法定期限内提示承兑的,持票人丧失对其前手(不包括持票人)的追索权。

② 承兑。承兑的方式通常由付款人在汇票正面记载"承兑"字样并签章以及注明承兑日期。付款人对向其提示承兑的汇票,应当自收到提示承兑的汇票之日起3日内承兑或者拒绝承兑。付款人收到持票人提示承兑的汇票时,应当向持票人签发收到汇票的回单。回单上应当记明汇票提示承兑日期并签章。承兑的必要记载事项是:在汇票正面记载"承兑"字样;承兑人签章;见票后定期付款的汇票,记载付款日期。除了必要记载事项外,还记载相对必要记载事项,如承兑日期,汇票上未记载承兑日期的,以承兑期限的最后一日为承兑日期。

(2) 承兑的法律效力

付款人承兑汇票后,应当承担到期付款的责任。如果承兑人到期不付款,合法的持票人可以直接向承兑人提起诉讼。同时,即使付款人对汇票作了承兑,但在汇票到期日拒绝付款,持票人仍然有权在法定期限内对其前手和出票人行使追索权。

5. 汇票的保证

汇票保证是指汇票债务人以外的第三人为担保票据债务的履行所作的一种附属票据行为。保证人必须是票据债务人以外的第三人,被保证人则只能是票据债务人,如出票人、承兑人、背书人等。按照我国《票据法》的规定,保证只适用于汇票和本票,支票不适用保证。

(1) 保证的记载事项

根据我国《票据法》的规定,保证人必须在汇票或者粘单上记载下列事项:①表示"保证"的字样;②保证人名称和住所;③被保证人的名称;④保证日期;⑤保证人签章。其中③、④项为相对应记载事项。

保证人在汇票或者粘单上未记载被保证人名称的,已承兑的汇票,承兑人为被保证人;未承兑的汇票,出票人为被保证人。保证人未记载保证日期的,出票日期为保证日期。

保证不得附有条件;附有条件的,不影响对汇票的保证责任。

(2)保证的效力

保证具有以下法律效力:①被保证的汇票,保证人应当与被保证人对持票人承担连带责任,汇票到期后得不到付款的,持票人有权向保证人请求付款;②保证人的保证责任,不因被保证人的债务因实质条件欠缺导致无效而受影响,只有被保证人的债务因票据欠缺形式要件而无效时,保证人才不承担保证责任;③保证人清偿汇票债务后,可以行使持票人对被保证人及其前手的追索权;④保证人为二人以上的,保证人之间承担连带责任。

6. 汇票的付款

付款是票据上的付款人或担当付款人支付票据金额以消灭票据关系的行为。付款是票据关系的最后一个环节,付款人依法足额付款后,全体票据债务人的责任解除。但需要注意的是,并不是任何票据债务人所为的支付汇票金额的行为都可以消灭票据关系,只有汇票上的第一债务人即付款人向持票人支付票款后,才能收回票据,消灭票据关系。至于汇票的出票人、背书人、保证人履行偿还义务支付票据金额后,只能使追索权发生转移,并不能当然消灭票据关系。

(1)付款的程序

① 提示付款。提示付款是指持票人向付款人或承兑人出示汇票,请求其支付票据金额的行为。

提示付款必须在法定期限内进行。根据我国《票据法》的规定,持票人应按下列期限提示付款:见票即付的汇票,自出票日起1个月内;定日付款、出票后定期付款或见票后定期付款的汇票,持票人应在自到期日起10日内向承兑人提示付款。

② 付款。持票人提示付款时,付款人及其代理人应当审查汇票背书的连续性,并审查提示付款人的合法身份证明或有效证件。但付款人审查背书的连续性仅指从汇票形式上审查,而不是审查背书签名的真伪。付款人及其代理人恶意或者有重大过失付款的,应当自行承担责任。

持票人按照法律规定的期限提示付款的,付款人应当在当日足额付款。持票人获得付款的,应当在汇票上签收,并将汇票交给付款人。

(2)付款的法律效力

① 票据关系归于消灭。我国《票据法》规定,付款人依法支付足额付款后,全体汇票债务人的责任解除。这里的责任包括付款责任和担保责任。

② 付款人取得向出票人求偿的权利。付款人是基于出票人的委托而支付票据金额的，在出票人未向付款人提供资金的情况下，付款人于付款后即取得向出票人求偿的权利，有权请求出票人偿还其支付给持票人的票据金额。

7. 汇票的追索

汇票追索是指持票人在汇票到期不获付款或期前不获承兑或有其他法定原因时，在依法行使或保全了汇票权利后，向其前手请求偿还汇票金额、利息及其他法定款项的行为。持票人的这种权利称为追索权。

（1）行使追索权的原因

根据《票据法》第61条规定，行使追索权的原因包括：①汇票被拒绝承兑的；②承兑人或者付款人死亡、逃匿的；③承兑人或者付款人被依法宣告破产的或者因违法被责令终止业务活动的。

（2）追索权行使的程序

① 取得拒绝证明。票据不获承兑或付款，或者无法进行付款提示或承兑提示的，持票人应请求作成拒绝证明或依法取得其他有关证明，以便行使追索权。因承兑人或付款人死亡、逃匿或其他原因不能取得拒绝证明的，可依法取得其他证明；若承兑人、付款人被法院依法宣告破产的，法院的有关司法文书具有拒绝证明书的效力；承兑人或付款人因违法被责令终止业务活动的，有关主管部门的处罚决定具有拒绝证明的效力。持票人不能出示拒绝证明或未按规定期限提供合法证明的，丧失对其前手的追索权，但承兑人或付款人仍应对持票人承担付款的责任。

② 发出追索通知。持票人应自收到有关拒绝证明之日起3日内将被拒绝事由通知前手；其前手应当自收到通知之日起3日内通知其再前手。持票人也可以同时向各汇票债务人发出书面通知，未按照这一期限通知的，在票据有效期间内仍可行使追索权，但因超期通知而给其前手或出票人造成损失的，由该未通知的当事人在汇票金额范围内承担赔偿责任。

③ 确定追偿金额。追偿金额一般包括：被拒绝付款的金额；票据金额自到期日或提示付款日起至清偿日止的利息；做成拒绝证明或其他同等声明与通知的费用及其他费用。被追索人可向其前手请求偿还的金额包括：向追索人已支付的总金额；前项金额的利息；所支付的其他任何必要的费用。

（3）追索权的法律效力

汇票的出票人、背书人、承兑人和保证人对持票人承担连带责任。持票人可以不按汇票债务人的先后顺序，对其中的任何一个人、数人或全体行使追索权。持票人对其中的一人或数人已经行使追索权，但无法满足全部债务金额的，对其他债务人仍可以行使追索权。被追索人清偿债务后，与持票人享有同一权利。被追索人依法清偿后，可以向其他债务人行使再追索权。

二、本票

1. 本票的概念

本票是指由出票人签发的，承诺自己在见票时无条件支付确定的金额给收款人或持票人的票据。根据出票人的不同，可以将本票分为银行本票和商业本票。我国《票据法》只规定了银行本票，不承认商业本票，本票的到期日也只有见票即付一种。

本票与汇票有很多相同的地方，本票的出票、背书、付款、拒绝证书及追索等制度与汇票相同，可以适用票据法中有关汇票的规定。

2. 本票的记载事项

本票必须记载下列事项：①表明"本票"的字样；②无条件支付的承诺；③确定的金额；④收款人名称；⑤出票日期；⑥出票人签章。本票上未记载前款规定事项之一的，本票无效。

本票相对记载事项有：①付款地，本票上未记载付款地的，出票人的营业场所为付款地；②出票地，本票上未记载出票地的，出票人的营业场所为出票地。

3. 本票的付款

本票的出票人必须具有支付本票金额的可靠资金来源，并保证支付。本票的出票人在持票人提示见票时，必须承担付款的责任。本票自出票日起，付款期限最长不得超过2个月。本票的持票人未按照规定期限提示见票的，丧失对出票人以外的前手的追索权。

三、支票

1. 支票的概念

支票是指由出票人签发的，委托办理支票存款业务的银行或其他金融机构在见票时无条件支付确定的金额给收款人或持票人的票据。除《票据法》对支票的专门规定外，支票的出票、背书、付款和追索，适用汇票的有关规定。

按照付款方式的不同，可以将支票分为现金支票和转账支票。专门用于支取现金的支票称为现金支票；转账支票只能用于转账，不能用于支取现金。

2. 支票的记载事项

支票必须记载下列事项：①表明"支票"的字样；②无条件支付的委托；③确定的金额；④付款人名称；⑤出票日期；⑥出票人签章。支票上未记载前款规定事项之一的，支票无效。

支票的相对记载事项包括：①付款地，支票上未记载付款地的，付款人的营业场所为付款地；②出票地，支票上未记载出票地的，出票人的营业场所、住所或者经常居住地为出票地。

3. 支票的付款

支票限于见票即付，不得另行记载付款日期。另行记载付款日期的，该记载无效。

出票人必须按照签发的支票金额承担保证向该持票人付款的责任。出票人在付款人处的存款足以支付支票金额时，付款人应当在当日足额付款。

支票的持票人应当自出票日起10日内提示付款；异地使用的支票，其提示付款的期限由中国人民银行另行规定。超过提示付款期限的，付款人可以不予付款；付款人不予付款的，出票人仍应当对持票人承担票据责任。付款人依法支付支票金额的，对出票人不再承担受委托付款的责任，对持票人不再承担付款的责任。但是，付款人以恶意或者有重大过失付款的除外。

项目训练

■ 概念与知识

1. 基本概念

票据　汇票　本票　支票　承兑　背书　追索

2. 选择题

（1）我国票据法上的票据不包括（　　）。

　　A. 汇票　　　　B. 本票　　　　C. 支票　　　　D. 商业本票

（2）票据法学上，票据行为依其性质可分为基本票据行为和附属票据行为。下列行为中属于基本票据行为是（　　）。

　　A. 出票　　　　B. 背书　　　　C. 承兑　　　　D. 付款

（3）根据《票据法》的规定，下列有关票据背书的表述中，正确的有（　　）。

　　A. 背书人在背书时记载"不得转让"字样的，被背书人再行背书无效

　　B. 背书附条件的，背书无效

　　C. 部分转让票据权利的背书无效

　　D. 分别转让票据权利的背书无效

（4）据《票据法》的规定，下列属于支票绝对应记载事项的有（　　）。

　　A. 付款人名称　　B. 确定的金额　　C. 付款地　　D. 付款日期

（5）根据《票据法》的规定，在汇票到期日前，持票人可以行使追索权的情形是（　　）。

　　A. 汇票到期被拒绝付款　　　　B. 汇票被拒绝承兑

　　C. 承兑人死亡　　　　　　　　D. 承兑人被依法宣告破产

3. 简答题

（1）票据的特征有哪些？

（2）票据行为包括哪些？

（3）票据权利应如何行使与保全？

（4）票据抗辩的理由有哪些？

（5）汇票的记载事项有哪些？

项目八 票据法

■ 分析与应用

案例 1

某商场与一酒厂签订一份买卖普通白酒的合同，货款 10 万元，由该商场贴上某名牌酒厂的商标对外销售。商场为此开具一张 10 万元的汇票给酒厂，酒厂随后将该汇票背书转让给个体户张某用以支付购买粮食等原料的货款。张某收到汇票后将汇票变造为 40 万元背书转让给某工程队，以支付工程队的工程款。工程队再次背书将汇票转让给建筑材料供应商，该供应商向付款人提示承兑时，被付款人以该汇票被变造为由加以拒绝，并作成拒绝证书。此时，商场因酒厂未能全数交付白酒而与其产生纠纷。

问题：

（1）该买卖合同是否有效？应如何处理？

（2）买卖合同的效力是否会影响由此而产生的票据关系？

（3）供应商可以向哪些人行使追索权？如果供应商决定向工程队进行追索，追索金额包括哪些？

（4）如何界定该票据关系当事人的法律责任？

案例 2

2020 年 3 月 7 日，甲商店同乙公司签订一份彩电购销合同。该合同规定：由乙公司在 10 日内向甲商店提供彩电 100 台，货款共计 25 万元。双方约定以本票进行支付。3 月 15 日，乙公司将 100 台彩电交付甲商店，甲遂向其开户银行 A 申请签发银行本票。3 月 20 日，A 银行发出了出票人、付款人为 A 银行，收款人为乙公司，票面金额 25 万元，付款期限为 6 个月的本票。但由于疏忽，银行工作人员未记载出票日期。甲商店将该本票交付乙公司。后来，乙公司又将该本票背书转让给丙公司。2021 年 9 月 4 日，丙公司持该本票向 A 银行提示见票，要求付款。A 银行以甲商店存款不足支付为由拒绝付款。丙公司遂以其在约定的提示见票期限内提示见票，从而保证到期追索权为由，向乙公司进行追索。

问题：

（1）该本票是否为有效票据？

（2）甲本票上关于提示见票期限的约定是否有效？

（3）丙公司能否对乙公司进行追索？

实训题

A 商场从 B 服装厂购进一批西服，为支付货款，A 向 B 签发了金额为 10 万元的汇票，汇票付款人为 C 银行，付款期限为出票后 10 天。B 厂业务员拿到汇票后，不慎于第二天丢失。B 厂应如何保护自己的票据权利？请为其提供法律咨询服务。

反不正当竞争法

学习目标

知识目标
了解反不正当竞争法的基本原则；
理解对反不正当竞争行为的监督管理制度；
掌握反不正当竞争法所调整的不正当竞争行为类型及其内涵。

能力目标
能运用反不正当竞争法的基本理论判定不正当竞争行为；
能正确处理不正当竞争纠纷。

任务一　认识反不正当竞争法

任务导入

甲、乙两旅行社都是享有盛名的承办境外旅游客到国内观光的经济组织。2020年，两旅行社均接待海外游客20万人次，经济效益不相上下。2021年上半年，甲旅行社以高薪为条件，致使乙旅行社海外部15名工作人员全部辞职，转入甲旅行社工作。甲旅行社为此成立海外旅行二部，该15名原乙旅行社的工作人员在转入甲旅行社时将自己的业务资料、海外业务单位名单都带入甲旅行社。2021年上半年，两旅行社的业务均发生很大的变化，甲旅行社的海外游客骤然上升，效益大增，而乙旅行社业务受到极大影响，造成了较大的经济损失。

任务要求：判定甲旅行社的行为是否构成不正当竞争？结合本案，理解不当竞争行为的概念特征。

相关知识

一、不正当竞争的概念及特征

1. 不正当竞争的概念

不正当竞争有广义和狭义之分。广义的不正当竞争是指一切违反商业道德和善良风俗、有碍和有损正当竞争的行为，包括狭义上的不正当竞争，还包括不公平交易行为、限制竞争行为和垄断行为。狭义的不正当竞争是指经营者为了争夺市场竞争优势，违反法律和公认的商业道德，采取欺诈、混淆等不正当手段扰乱正常的市场竞争秩序，并损害消费者和其他经营者合法权益的市场交易行为。反不正当竞争法所指的不正当竞争专指狭义的不正当竞争。《中华人民共和国反不正当竞争法》（以下简称《反不正当竞争法》）第2条规定："本法所称的不正当竞争，是指经营者违反本法规定，损害其他经营者或者消费者合法权益，扰乱社会经济秩序的行为。"

2. 不正当竞争的特征

（1）不正当竞争行为的主体是经营者。所谓经营者，是指从事商品经营或营利性服务的法人、其他经济组织和个人。

（2）不正当竞争行为是违法行为。不正当竞争行为的违法性主要表现在违反了

《反不正当竞争法》关于不正当竞争行为的具体规定。

（3）不正当竞争行为侵害的客体是其他经营者的合法权益和正常的社会经济秩序。

二、反不正当竞争法的概念与调整范围

反不正当竞争法是调整不正当竞争关系的法律规范的总称。1993年9月2日第八届全国人民代表大会第三次会议通过了《反不正当竞争法》，该法于2017年进行修及订，2019年进行了修正。

《反不正当竞争法》主要调整以下几种社会关系。

（1）经营者因实施不正当竞争行为所发生的社会关系，即经营者与经营者之间的关系。

（2）国家职能部门对不正当竞争行为实施监督检查过程中发生的关系，即国家监督检查部门与经营者之间的关系。

（3）因不正当竞争行为受到损害的消费者与经营者之间的关系，即消费者与经营者之间的关系。

三、反不正当竞争法的立法宗旨与基本原则

我国反不正当竞争法的立法宗旨是：保障社会主义市场经济健康发展；鼓励和保护公平竞争；制止不正当竞争行为；保护经营者和消费者的合法权益。

我国反不正当竞争法的原则主要包括：遵循自愿、平等、公平、诚实信用的原则；遵守公认的商业道德的原则。

任务二　不正当竞争行为的认定及法律责任

任务导入

浙江省丽水市某食品商行锁定老年人为目标客户，以举办促销活动且有免费礼品为诱饵，分批次先后诱使105位老年人到该店经营场所接受宣讲。通过现场播放加密视频，宣称天舟卫士牌葡聚糖压片糖具有抗癌、抗衰老、抗病毒、抗辐射、平衡血脂血压等功效，以现场会议推销的模式进行上述产品的宣传销售。经调查，天舟卫士牌葡聚糖压片糖是由山西太空飞行食品有限公司生产的坚实型压片糖果，属普通食品，并非"保健"品更非药品，不具备上述宣传功效，该行为已构成虚假宣传行为。

> **任务要求**：该建筑公司的行为是否构成不当竞争？应承担什么责任？结合本案，理解不当竞争行为的表现形式及应承担的法律责任。

相关知识

一、不正当竞争行为的类型

1. 混淆行为

混淆行为是指经营者采取假冒或者模仿之类的不正当手段，使其商品与其他人的商品相混淆，从而导致购买者误认的行为。

混淆行为具体包括以下形式：①擅自使用与他人有一定影响的商品名称、包装、装潢等相同或者近似的标识；②擅自使用他人有一定影响的企业名称(包括简称、字号等)、社会组织名称(包括简称等)、姓名(包括笔名、艺名、译名等)；③擅自使用他人有一定影响的域名主体部分、网站名称、网页等；④其他足以引人误认为是他人商品或者与他人存在特定联系的混淆行为。

2. 商业贿赂行为

商业贿赂行为是指经营者采用财物或者其他手段进行贿赂，以销售商品或者购买商品，提供服务或者接受服务的不正当竞争行为。《反不正当竞争法》第7条规定：经营者不得采用财物或者其他手段贿赂下列单位或者个人，以谋取交易机会或者竞争优势：①交易相对方的工作人员；②受交易相对方委托办理相关事务的单位或者个人；③利用职权或者影响力影响交易的单位或者个人。经营者在交易活动中，可以以明示方式向交易相对方支付折扣，或者向中间人支付佣金。经营者向交易相对方支付折扣、向中间人支付佣金的，应当如实入账。接受折扣、佣金的经营者也应当如实入账。经营者的工作人员进行贿赂的，应当认定为经营者的行为；但是，经营者有证据证明该工作人员的行为与为经营者谋取交易机会或者竞争优势无关的除外。

3. 虚假宣传行为

虚假宣传行为是指经营者利用广告或者其他方法，对商品的质量、制作成分、性能、用途、生产者、有效期限、产地等作引人误解的虚假宣传。《反不正当竞争法》第8条规定，经营者不得对其商品的性能、功能、质量、销售状况、用户评价、曾获荣誉等作虚假或者引人误解的商业宣传，欺骗、误导消费者。经营者不得通过组织虚假交易等方式，帮助其他经营者进行虚假或者引人误解的商业宣传。

4. 侵犯商业秘密的行为

商业秘密是指不为公众所知悉、能为权利人带来经济利益、具有实用性并经权利人采取保密措施的技术信息和经营信息。经营信息包括销售方法、客户名单、货源渠道、投资计划、广告策略、管理经验、财务账目、价目表、投标标底等；技术信息包括：生产工艺，产品配方，设计图纸，模型，能用于实际的操作技巧、经验，实验数据，研究报告等。

构成商业秘密包括以下几个条件：第一，新颖性，是指技术信息和经营信息不为公众知悉，这是认定商业秘密的最基本条件。第二，实用性和价值性，是指这些信息是能被人们实际利用、操作、使用的，能为权利人带来现实的和潜在的经济利益，以及竞争优势。第三，秘密性，是指权利人对技术信息和经营信息采取了适当的保密措施，以确保其秘密性。

侵犯商业秘密的行为主要表现为以下几种。

（1）以盗窃、贿赂、欺诈、胁迫、电子侵入或者其他不正当手段获取权利人的商业秘密。

（2）披露、使用或者允许他人使用以前项手段获取的权利人的商业秘密。

（3）违反保密义务或者违反权利人有关保守商业秘密的要求，披露、使用或者允许他人使用其所掌握的商业秘密。

（4）教唆、引诱、帮助他人违反保密义务或者违反权利人有关保守商业秘密的要求，获取、披露、使用或者允许他人使用权利人的商业秘密。

经营者以外的其他自然人、法人和非法人组织实施上述所列违法行为的，视为侵犯商业秘密。第三人明知或者应知商业秘密权利人的员工、前员工或者其他单位、个人实施上述违法行为，仍获取、披露、使用或者允许他人使用该商业秘密的，视为侵犯商业秘密。

实务操作指南——如何保守商业秘密

一、加强门卫制度。门卫设防，对来访者验明身份，不让无关人员特别是竞争对手随便进入公司。

二、加强保密区域的管理。建立内部监控设施、防盗系统，不让无关人员随便进出保密区域，如技术部、产品开发部、资料室等高度涉密区域。

三、加强信息管理。对储存资料、计算机盘片，建立管理制度，专人保管资料，借用、复制必须经登记批准。

四、建立内部保密制度。在员工进入公司时就向其传达保密观念，并把公司的保密制度写入《员工手册》。

五、分解工资结构，增加保密津贴。

六、订立守密协议。企业应与直接涉密人员订立商业秘密守密协议，按《劳动法》规定，把脱密期、竞业限制期等条款直接写入守密协议，依法明确双方的权利和义务。

七、建立健全人事制度。员工离职是企业商业秘密流向竞争对手的主要原因，建立健全企业人事制度，确定工资福利待遇和人事升迁制度，减少员工尤其是中高级人才的流失而引起的商业秘密泄密事件。

八、与协作方签订保守商业秘密合同。

5. 不当有奖销售行为

有奖销售是指经营者销售商品或者提供服务，附带性地向购买者提供物品、金钱或者其他经济利益的行为，包括奖励所有购买者的附赠式有奖销售和奖励部分购买者的抽奖式有奖销售。

《反不正当竞争法》并不完全禁止有奖销售，但是，欺骗性有奖销售、推销质次价高商品的有奖销售和奖品金额过高的抽奖式有奖销售等行为，制造不正当竞争，侵害消费者利益，则为法律所禁止。反不正当竞争法禁止的不当有奖销售包括以下三种：①所设奖的种类、兑奖条件、奖金金额或者奖品等有奖销售信息不明确，影响兑奖；②采用谎称有奖或者故意让内定人员中奖的欺骗方式进行有奖销售；③抽奖式的有奖销售，最高奖的金额超过5万元。

6. 商业诽谤行为

商业诽谤行为是指通过捏造、散布虚伪事实，对特定商事主体的商誉、商品或服务进行贬低和诋毁，造成其商业利益损失的侵权行为。《反不正当竞争法》第11条规定：经营者不得编造、传播虚假信息或者误导性信息，损害竞争对手的商业信誉、商品声誉。

商业诽谤行为主要表现为以下几种形式。

（1）在对外经营过程中，向业务客户及消费者散发虚假事实以贬低部分对手的商业信誉，诋毁其商品或服务的质量声誉。

（2）利用商品的说明书，吹嘘本产品质量上乘，贬低同业竞争对手生产销售的同类产品。

（3）唆使他人在公众中散布竞争对手的商品质量有问题等谎言，使该商品失去公众的信赖。

（4）组织、唆使他人以顾客或消费者名义向有关部门作关于竞争对手产品质量低劣、服务质量差、侵害消费者权益的虚假投诉，从而达到贬损他人商誉的目的。

（5）利用散发公开信、召开新闻发布会、刊登对比性广告、播发声明性广告等形式，制造、散布贬损竞争对手的商业信誉、商品声誉的虚假事实。

7. 利用网络技术手段实施的不正当竞争行为

经营者不得利用技术手段，通过影响用户选择、限流、屏蔽、商品下架等方式，减少其他经营者之间的交易机会，妨碍、破坏其他经营者合法提供的网络产品或者服务的正常运行，扰乱市场公平竞争秩序。《反不正当竞争法》第12条规定：经营者利用网络从事生产经营活动，应当遵守本法的各项规定。经营者不得利用技术手段，通过影响用户选择或者其他方式，实施下列妨碍、破坏其他经营者合法提供的网络产品或者服务正常运行的行为：①未经其他经营者同意，在其合法提供的网络产品或者服务中，插入链接、强制进行目标跳转；②误导、欺骗、强迫用户修改、关闭、卸载其他经营者合法提供的网络产品或者服务；③恶意对其他经营者合法提供的网络产品或者服务实施不兼容；④其他妨碍、破坏其他经营者合法提供的网络产品或者服务正常运行的行为。

二、违反反不正当竞争法的法律责任

经营者从事不正当竞争行为应承担的法律责任主要有三种形式，即民事责任、行政责任和刑事责任。

1. 民事责任

经营者实施不正当竞争行为，给他人造成损害时，应承担民事责任，其责任形式主要有：停止侵害、消除影响、赔偿损失。被侵害的经营者的损失难以计算的，赔偿金额为侵权期间因侵权所获得的利润，并应当承担被侵害的经营者因调查该经营者侵害其合法权益的不正当竞争行为所支付的合理费用。

2. 行政责任

不正当竞争行为的行政法律责任，就是经营者违反《反不正当竞争法》的规定，实施了不正当竞争行为，而由监督检查部门根据本法及有关法律、法规的规定，对行为人所给予的各种行政处罚，其中包括罚款、责令停业整顿、吊销营业执照等。

（1）经营者违反规定实施混淆行为的，由监督检查部门责令停止违法行为，没收违法商品。违法经营额5万元以上的，可以并处违法经营额五倍以下的罚款；没有违法经营额或者违法经营额不足5万元的，可以并处25万元以下的罚款。情节严重的，吊销营业执照。

（2）经营者违反《反不正当竞争法》规定贿赂他人的，由监督检查部门没收违法所得，处10万元以上300万元以下的罚款。情节严重的，吊销营业执照。

（3）经营者违反《反不正当竞争法》规定对其商品作虚假或者引人误解的商业宣传，或者通过组织虚假交易等方式帮助其他经营者进行虚假或者引人误解的商业宣传的，由监督检查部门责令停止违法行为，处20万元以上100万元以下的罚款；情节严重的，处100万元以上200万元以下的罚款，可以吊销营业执照。

（4）经营者以及其他自然人、法人和非法人组织违反《反不正当竞争法》规定侵犯商业秘密的，由监督检查部门责令停止违法行为，没收违法所得，处10万元以上100万元以下的罚款；情节严重的，处50万元以上500万元以下的罚款。

（5）经营者违反《反不正当竞争法》规定进行有奖销售的，由监督检查部门责令停止违法行为，处5万元以上50万元以下的罚款。

（6）经营者违反《反不正当竞争法》规定损害竞争对手商业信誉、商品声誉的，由监督检查部门责令停止违法行为、消除影响，处10万元以上50万元以下的罚款；情节严重的，处50万元以上300万元以下的罚款。

（7）经营者违反规定妨碍、破坏其他经营者合法提供的网络产品或者服务正常运行的，由监督检查部门责令停止违法行为，处10万元以上50万元以下的罚款；情节严重的，处50万元以上300万元以下的罚款。

3. 刑事责任

经营者实施不正当竞争行为,情节严重,构成犯罪的,依法承担刑事责任。根据《反不正当竞争法》和《刑法》的规定,有关不正当竞争行为的犯罪主要包括以下几种:假冒注册商标罪,侵犯商业秘密罪,虚假广告罪,损害商业信誉、商品信誉罪,串通投标罪,强迫交易罪。

项目训练

■ 概念与知识

1. 基本概念

不正当竞争行为　商业贿赂行为　商业秘密　商业诽谤行为

2. 选择题

（1）反不正当竞争法中的经营者是指（　　）。
  A. 一切法人
  B. 一切法人和个人
  C. 从事商品经营或营利性服务的法人、其他经济组织和个人
  D. 从事营利性服务的法人、其他经济组织

（2）商业秘密的特征包括（　　）。
  A. 秘密性　　　B. 实用性　　　C. 保密性　　　D. 技术性

（3）经营者从事不正当竞争行为时承担行政责任的形式主要有（　　）。
  A. 罚款　　　　　　　　B. 赔偿损失
  C. 没收违法所得　　　　D. 吊销营业执照

（4）监督检查部门在监督检查不正当竞争行为时,（　　）应当如实提供有关资料或者情况。
  A. 被检查的经营者　　　B. 利害关系人
  C. 证明人　　　　　　　D. 国家机关

（5）下列做法中,违反《反不正当竞争法》规定的是（　　）。
  A. 使用与知名商品近似的名称、包装、装潢
  B. 抽奖式的有奖销售,最高奖的金额超过5 000元
  C. 季节性降价
  D. 因转产、歇业降价销售商品

3. 简答题

（1）不正当竞争行为有哪些？
（2）什么是混淆行为？其表现形式有哪些？
（3）什么是商业秘密？侵犯商业秘密的行为有哪些？
（4）不正当竞争行为的法律责任有哪些？

■ 分析与应用

案例1

某有线电视台为了提高收视率,以吸引更多的广告客户,推出了集娱乐、休闲、广告抽奖为一体的"缤纷时刻"栏目,开展"日日送奖,月月送礼"活动,每天向观众出一道简单的问题,猜对的观众通过抽奖即可获得每日送出的一台VCD或者一部摩托罗拉手机,每月还送出一个超过10万元的大奖即一套公寓。此举引起了强烈的社会反响。另外,该省拥有多家电视台,电视台之间的竞争非常激烈,而该有线电视台开展的有奖竞猜活动的目的是招揽广告客户。

问题:该电视台的行为违反了反不正当竞争法,应如何处理?

案例2

甲厂生产高级旅游饭盒。某日,该厂召开新闻发布会宣布:现在市场上用的一般塑料饭盒存在着见热后渗出弱毒物质的严重缺陷,使用后对身体有害,我厂引进外国先进设备和原料,制成中国首创的新型合成材料高级旅游饭盒,它无毒、无害、安全、可靠。消费者得到消息后纷纷改用甲厂所产的饭盒,于是,其他塑料饭盒厂的产品严重积压。国外一些客户听说中国的塑料饭盒有毒,坚决要求退货,致使国内出口商损失惨重。后有关专家对此事做了结论:市场上用的一般塑料制成的饭盒无毒、无害、安全、可靠,而甲厂的所谓新型合成材料饭盒只是在一般的塑料原料中加入了一种着色剂,除了起到改变饭盒颜色和光泽的作用外,别无价值。

问题:

(1)甲厂的行为属于什么性质?理由是什么?

(2)对甲厂的行为应当如何处理?

■ 实训题

进行一次调研活动,观察、了解经济生活中的不正当竞争行为,学会判定不正当竞争行为并熟悉其法律责任。

产品质量法

学习目标	
知识目标	了解产品质量监督的法律制度； 掌握生产者、销售者的产品质量责任和义务； 掌握产品责任的构成要件、免责事由及其责任的承担。
能力目标	能够区分认定产品质量瑕疵责任和产品责任，正确处理产品责任纠纷。

任务一　认识产品质量法

任务导入

小刘在学习产品质量法时对以下产品产生的质量问题是否适用这一法律产生疑问：甲自产自用的木椅；乙销售的木椅；丙自建自用的木屋；丁销售的木屋。

任务要求：请你帮助小刘分析产品质量法的适用范围。

相关知识

一、产品质量法的概念

产品质量法是调整产品质量监督管理关系和产品质量责任关系的法律规范的总称。一般包括产品质量监督和管理、生产者和销售者的产品质量责任和义务、违反产品质量法的法律责任等方面的法律规定。1993 年 2 月 22 日第七届全国人民代表大会常务委员会第三十次会议通过了《中华人民共和国产品质量法》（以下简称《产品质量法》），该法于 2000 年、2009 年、2018 年进行了三次修正。

二、产品质量法的适用范围

在中华人民共和国境内从事生产、销售活动，必须遵守产品质量法。产品质量法中的产品是指经过加工、制作，用于销售的产品，不包括初级农产品和不动产。建设工程不适用产品质量法的规定，但是，建设工程使用的建筑材料、建筑构配件和设备属于产品定义范围的，适用产品质量法的规定。

任务二　产品质量的监督管理

任务导入

2015 年 7 月 26 日，湖北省荆州市安良百货商场内发生一起电梯"吃人"事故，商场内的手扶电梯顶层踏板突然裂开，一名乘梯女士被电梯卷入缝隙之中，被救出时已无生命迹象。事发后官方公布的消息显示：造成本次电梯事故主要的原因是苏州申龙电梯股份有限公司生产的涉案电梯结构设计不合理，容易导致松动和翘起，安全防护措施考虑不足，涉及事故的 3 块盖板尺寸与图纸不符；次要原因是湖北安良百货集团有限公司商场工作人员发现故障后应急处置措施不当。近年来，类似的电梯事故频发，电梯的生产商、安装及维修单位难辞其咎，同时也暴露出各地质量监督部门监管方面存在的严重不足。

任务要求：结合本案，了解我国的产品质量监管制度，理解产品质量监管的重要意义。

相关知识

一、产品质量监督管理机关

根据我国《产品质量法》的规定，产品质量监督管理机关包括：

（1）国务院市场监督管理部门主管全国产品质量监督工作。国务院有关部门在各自的职责范围内负责产品质量监督工作。

（2）县级以上地方市场监督管理部门主管本行政区域内的产品质量监督工作。县级以上地方人民政府有关部门在各自的职责范围内负责产品质量监督工作。

法律对产品质量的监督部门另有规定的，依照有关法律的规定执行。

二、产品质量监督管理制度

1. 产品标准化管理制度

产品标准化管理是工业产品质量标准的制定、实施、监督、检查的各项规定的总和，是产品质量监督管理的依据和基础。我国现行标准化体系分为国家标准、行业标准、地方标准和企业标准。

可能危及人体健康和人身、财产安全的工业产品，必须符合保障人体健康和人身、财产安全的国家标准、行业标准；未制定国家标准、行业标准的，必须符合保障人体健康和人身、财产安全的要求。禁止生产、销售不符合保障人体健康和人身、财产安全的标准和要求的工业产品。

2. 企业质量体系认证制度

企业质量体系认证制度是指国务院市场监督管理部门或者由它授权的部门认可的认证机构，依据国际通用的"质量管理和质量保证"系列标准，对企业的质量体系和质量保证能力进行审核，合格后颁发企业质量体系认证证书以兹证明的制度。

《产品质量法》规定，国家根据国际通用的质量管理标准，推行企业质量体系认证制度。企业根据自愿原则可以向国务院市场监督管理部门认可的或者国务院市场监督管理部门授权的部门认可的认证机构申请企业质量体系认证。经认证合格的，由认证机构颁发企业质量体系认证证书。

3. 产品质量认证制度

产品质量认证制度是指国家认可的认证机构依据产品标准和相应的技术要求，对某项产品进行审核并证明其符合相应的标准和技术要求的法律制度。

产品质量法规定，国家参照国际先进的产品标准和技术要求，推行产品质量认证制度。企业根据自愿原则可以向国务院市场监督管理部门认可的或者国务院市场监督管理部门授权的部门认可的认证机构申请产品质量认证。经认证合格的，由认证机构颁发产品质量认证证书，准许企业在产品或者其包装上使用产品质量认证标志。

任务三　生产者、销售者的产品质量义务

任务导入

李某从本市某商场购买了"南极"牌电冰箱一台，使用了3个月后，冰箱起火，给李某造成经济损失7 000多元。事发后，李某找到商场，商场同意赔偿3 000元，李某认为商场至少应赔5 000元。双方遂起纠纷，李某诉至法院。法院审理后认为：认定产品有质量问题，应由技术监督部门出具鉴定书。但技术监督部门提出，该冰箱已烧毁，又无库存，无法鉴定。法院开庭，认为不能排除消费者使用不当造成冰箱起火的可能性，虽然冰箱没有合格证，但产品质量问题证据不足，驳回起诉。

任务要求：冰箱产品质量是否合格？法院判案是否正确？本案应如何处理？结合本案，分析生产者及销售者的产品质量义务。

相关知识

一、生产者的产品质量义务

1. 对生产的产品质量负责

生产者生产的产品在质量上应当符合下列要求。

（1）不存在危及人身、财产安全的不合理的危险，有保障人体健康和人身、财产安全的国家标准、行业标准的，应当符合该标准。

（2）具备产品应当具备的使用性能，但是，对产品存在使用性能的瑕疵作出说明的除外。

（3）符合在产品或者其包装上注明采用的产品标准，符合以产品说明、实物样品等方式表明的质量状况。

2. 标明产品标识

根据《产品质量法》的规定，产品或者其包装上的标识必须真实，并符合下列要求。

（1）有产品质量检验合格证明。

（2）有中文标明的产品名称、生产厂厂名和厂址。

（3）根据产品的特点和使用要求，需要标明产品规格、等级、所含主要成分的名称和含量的，用中文相应予以标明；需要事先让消费者知晓的，应当在外包装上标明，或者预先向消费者提供有关资料。

（4）限期使用的产品，应当在显著位置清晰地标明生产日期和安全使用期或者失效日期。

（5）使用不当，容易造成产品本身损坏或者可能危及人身、财产安全的产品，应当有警示标志或者中文警示说明。

裸装的食品和其他根据产品的特点难以附加标识的裸装产品，可以不附加产品标识。

（6）易碎、易燃、易爆、有毒、有腐蚀性、有放射性等危险物品以及储运中有不能倒置和其他有特殊要求的产品，其包装质量必须符合相应要求，依照国家有关规定作出警示标志或者中文警示说明，标明储运注意事项。

3. 不得从事法律所禁止的行为

（1）生产者不得生产国家明令淘汰的产品。

（2）生产者不得伪造产地，不得伪造或者冒用他人的厂名、厂址。

（3）生产者不得伪造或者冒用认证标志等质量标志。

（4）生产者生产产品，不得掺杂、掺假，不得以假充真、以次充好，不得以不合格产品冒充合格产品。

二、销售者的产品质量义务

1. 进货检查验收

销售者应当建立并执行进货检查验收制度，验明产品合格证明和其他标识。销售者履行验收义务，可以防止不合格产品进入市场。

2. 保持产品质量的义务

销售者应当采取措施，保持销售产品的质量，防止产品变质、腐烂；防止产品丧失或降低使用性能；防止产品产生危害人身、财产的瑕疵。

3. 销售的产品标识符合规定

销售者的产品标识应当符合法律的规定，不得更改产品标识，以保证产品标识的真实性。

4. 不得从事法律禁止的行为

不得销售国家明令淘汰并停止销售的产品和失效、变质的产品；不得伪造产地，不得伪造或者冒用他人的厂名、厂址；不得伪造或者冒用认证标志等质量标志；销售者销售产品，不得掺杂、掺假，不得以假充真、以次充好，不得以不合格产品冒充合格产品。

任务四　违反产品质量法的责任

任务导入

2021年8月的一天，陈某被发现在家中淋浴时死于卫生间的地板上，死时手握热水器的喷浴头。该热水器系某电器有限公司生产，是死者一家在经济技术开发区炉具商店购买的。市公安局经过刑事技术鉴定，根据损伤、解剖、病理学检验，得出结论：陈某死于电击。死者三位继承人以原告身份提起诉讼，认为死者是由于使用了该电器有限公司生产的、炉具商店销售安装的质量不合格的热水器淋浴时被电击致死，要求生产者和销售者赔偿死亡补偿费、丧葬费、被扶养人生活费等费用以及精神损害。

两被告认为，被告生产、出售的是合格产品，原告不能证明是由于热水器存在缺陷造成陈某死亡。该热水器的绝缘性经检测是符合国家标准要求的，不存在缺陷，故死者的死亡与使用热水器没有因果关系，不应要求二被告承担赔偿责任。陈某在洗浴时遭电击可能是多种原因造成的。但被告未能提供证据证明陈某系故意或重大过失等自身原因造成死亡，也不能提供陈某是被其他电器击死的证据。

任务要求：本案二被告是否应承担赔偿责任？为什么？结合本案，分析产品责任的构成要件及法律责任。

相关知识

产品质量责任是指生产者、销售者以及其他对产品质量负有责任的人违反《产品质量法》规定的产品质量义务应承担的法律责任。产品质量责任主要包括民事责任、行政责任和刑事责任。

一、民事责任

1. 产品瑕疵责任

产品瑕疵责任是指因生产、销售的产品存在瑕疵，即产品质量不符合明示或默示的质量要求，生产者或销售者应当承担的法律责任。产品瑕疵责任实际上是一种合同责任。

我国《产品质量法》规定,售出的产品有下列情形之一的,销售者应当负责修理、更换、退货;给购买产品的消费者造成损失的,销售者应当赔偿损失:①不具备产品应当具备的使用性能而事先未作说明的;②不符合在产品或者其包装上注明采用的产品标准的;③不符合以产品说明、实物样品等方式表明的质量状况的。

销售者依照上述规定负责修理、更换、退货、赔偿损失后,属于生产者的责任或者属于向销售者提供产品的其他销售者(即供货者)的责任的,销售者有权向生产者、供货者追偿。

2. 产品缺陷责任

产品缺陷责任一般也称为产品责任,是指产品的生产者、销售者因产品存在缺陷而给消费者造成人身伤害或者缺陷产品以外的其他财产损失时所应承担的赔偿责任。产品缺陷责任实质上是一种侵权责任。

(1)产品缺陷责任的归责原则

根据我国《产品质量法》的规定,产品生产者适用的是无过错责任原则,销售者适用的是过错责任或过错推定责任原则。

(2)产品缺陷责任的构成要件

① 生产者承担产品责任的条件:具备下列三个条件,生产者应当承担产品侵权损害赔偿责任:第一,产品存在缺陷,即产品存在危及人身、他人财产安全的不合理的危险。第二,有损害事实的存在,即因产品缺陷造成了消费者、使用者或其他第三人的人身伤害或财产损失。第三,产品缺陷与损害后果之间有因果关系,即损害的结果是由产品缺陷直接导致的。

② 销售者承担产品责任的条件:由于销售者的过错使产品存在缺陷,造成人身、他人财产损害的,销售者应当承担赔偿责任,销售者不能指明缺陷产品的生产者,也不能指明缺陷产品的供货者的,销售者应当承担赔偿责任。

(3)产品缺陷责任的责任主体

因产品存在缺陷造成人身、缺陷产品以外的其他财产损害的,受害人既可以向产品的生产者要求赔偿,也可以向产品的销售者要求赔偿。属于产品的生产者的责任,由产品的销售者进行赔偿的,产品的销售者有权向产品的生产者追偿;反之,属于产品的销售者的责任,由产品的生产者进行赔偿的,产品的生产者有权向产品的销售者追偿。

(4)承担产品缺陷责任的方式

因产品存在缺陷造成受害人人身伤害的,侵害人应当赔偿医疗费、治疗期间的护理费、因误工减少的收入等费用;造成残疾的,还应当支付残疾者生活自助器具费、生活补助费、残疾赔偿金以及由其扶养的人所必需的生活费等费用;造成受害人死亡的,并应当支付丧葬费、死亡赔偿金以及由死者生前扶养的人所必需的生活费等费用。

因产品存在缺陷造成受害人财产损失的,侵害人应当恢复原状或者折价赔偿。受害人因此遭受其他重大损失的,侵害人应当赔偿损失。"其他重大损失"是指其他经济等方面的损失，包括可以获得的利益的损失。

（5）生产者的免责情形

我国《产品质量法》规定，生产者能够证明下列情形之一的，不承担赔偿责任：①未将产品投入流通的；②产品投入流通时的科学技术水平尚不能发现缺陷存在的；③产品投入流通时，引起损害的缺陷尚不存在的。

（6）诉讼时效

因产品存在缺陷受到损害要求赔偿的诉讼时效期间为2年，自当事人知道或者应当知道其权利受到损害时起计算。因产品存在缺陷受到损害要求赔偿的请求权，在造成损害的产品交付最初用户、消费者满10年后丧失；但是，尚未超过明示的安全使用期的除外。

实务操作指南——违约责任与侵权责任的选择适用

缺陷产品导致该产品的买受人损害前，在产品销售者、制造者与买受人即受害人之间原本就存在合同关系，双方当事人是合同关系的债权人和债务人，在发生缺陷产品造成损害之后，在加害人与受害人之间产生两个损害赔偿法律关系，一是侵权损害赔偿法律关系；二是违约损害赔偿法律关系，形成侵权责任与违约责任的竞合。根据合同法的规定，因当事人一方的违约行为，侵害对方人身、财产权益的，受损害方有权选择要求其承担违约责任或依照其他法律要求其承担侵权责任。受害人在选择适用违约责任或产品侵权责任时应注意二者的区别，包括：

（1）责任范围不同。合同违约的损害赔偿责任不包括精神损害的赔偿，产品侵权责任的损害赔偿不仅包括财产损失的赔偿，而且包括人身伤害和精神损害的赔偿。

（2）诉讼管辖不同。根据我国民事诉讼法规定：因合同纠纷提起的诉讼，由被告住所地或者合同履行地人民法院管辖，合同的双方当事人可以在书面合同中协议选择被告住所地、合同履行地、合同签订地、原告住所地、标的物所在地人民法院管辖；而因侵权行为提起的诉讼，由侵权行为地或者被告住所地人民法院管辖。

特别需要注意的是，受害人只能在违约责任和产品侵权责任中选择一种责任提出请求，而不能同时基于两种责任提出请求。另外，如果因产品缺陷遭受损害的人不是直接购买产品的人，即受害人不是合同当事人，只能依据侵权责任要求赔偿。

二、行政责任

违反《产品质量法》应承担的行政责任方式主要有：责令停止生产、责令停止销售、没收违法所得、罚款、吊销营业执照等。具体体现在以下方面。

1. 生产者、销售者承担行政责任的情形

（1）生产、销售不符合保障人体健康和人身、财产安全的国家标准、行业标准的产品。

（2）在产品中掺杂、掺假，以假充真，以次充好，或者以不合格产品冒充合格产品。

（3）生产国家明令淘汰的产品，销售国家明令淘汰并停止销售的产品。

（4）销售失效、变质的产品。

（5）伪造产品产地，伪造或者冒用他人厂名、厂址，伪造或者冒用认证标志等质量标志。

（6）产品标识不符合《产品质量法》的相关规定。

生产者或销售者从事上述行为的，由产品质量监督管理部门责令其改正，并根据情节分别给以下行政处罚：警告，罚款，没收违法所得，责令停止生产、销售，吊销营业执照。

2. 产品质量检验机构、认证机构承担行政责任的情形

（1）产品质量检验机构、认证机构伪造检验结果或者出具虚假证明的，责令改正，对单位处5万元以上10万元以下的罚款，对直接负责的主管人员和其他直接责任人员处1万元以上5万元以下的罚款；有违法所得的，并处没收违法所得；情节严重的，取消其检验资格、认证资格。

（2）产品质量检验机构、认证机构出具的检验结果或者证明不实，造成损失的，应当承担相应的赔偿责任；造成重大损失的，撤销其检验资格、认证资格。

（3）产品质量认证机构违反法律规定，对不符合认证标准而使用认证标志的产品，未依法要求其改正或者取消其使用认证标志资格的，对因产品不符合认证标准给消费者造成的损失，与产品的生产者、销售者承担连带责任；情节严重的，撤销其认证资格。

3. 市场监督管理部门或者其他国家机关承担行政责任的情形

（1）市场监督管理部门在产品质量监督抽查中超过规定的数量索取样品或者向被检查人收取检验费用的，由上级市场监督管理部门或者监察机关责令退还；情节严重的，对直接负责的主管人员和其他直接责任人员依法给予行政处分。

（2）市场监督管理部门或者其他国家机关违反法律规定，向社会推荐生产者的产品或者以监制、监销等方式参与产品经营活动的，由其上级机关或者监察机关责令改正，消除影响，有违法收入的予以没收；情节严重的，对直接负责的主管人员和其他直接责任人员依法给予行政处分。

（3）市场监督管理部门或者工商行政管理部门的工作人员滥用职权、玩忽职守、徇私舞弊，构成犯罪的，依法追究刑事责任；尚不构成犯罪的，依法给予行政处分。

（4）各级人民政府工作人员和其他国家机关工作人员有下列情形之一的，依法给予行政处分：包庇、放纵产品生产、销售中违反本法规定行为的；向从事违反法律规定的生产、销售活动的当事人通风报信，帮助其逃避查处的；阻挠、干预产品质量监督部门或者工商行政管理部门依法对产品生产、销售中违反本法规定的行为进行查处，造成严重后果的。

三、刑事责任

生产者、销售者、产品质量检验机构、认证机构、市场监督管理部门或其他国家机关及其工作人员的违法行为，如果已经触犯刑法，构成犯罪的，依照《刑法》的规定依法追究刑事责任。有关产品质量方面的犯罪主要有：生产、销售伪劣商品罪，玩忽职守罪，徇私枉法罪，妨害公务罪等。

项目训练

■ 概念与知识

1. 基本概念

产品　产品瑕疵担保责任　产品缺陷　产品缺陷责任

2. 选择题

（1）属于《产品质量法》调整范围的产品为（　　　）。
　　A. 建筑工程　　　B. 原矿　　　C. 苹果　　　D. 电视机

（2）生产者承担产品缺陷责任的归责原则是（　　　）。
　　A. 过错责任原则　　　　　　B. 无过错责任原则
　　C. 公平原则　　　　　　　　D. 过错推定原则

（3）产品缺陷责任的诉讼时效是（　　　）年。
　　A. 1　　　　　B. 2　　　　　C. 5　　　　　D. 20

（4）下列产品中应有警示标志或中文警示说明的有（　　　）。
　　A. 有副作用的药品　　　　　B. 需稀释方可使用的农药
　　C. 易燃易爆物　　　　　　　D. 书籍

（5）销售者在产品质量方面承担民事责任的具体形式有（　　　）。
　　A. 修理　　　B. 更换　　　C. 退货　　　D. 赔偿

3. 简答题

（1）我国产品质量监督管理制度包括哪些？
（2）生产者、销售者的产品质量责任和义务有哪些？
（3）产品缺陷责任的构成要件有哪些？

■ 分析与应用

案例 1

2019 年 6 月 5 日，吴某从某商场买回一台电视机，保修期为一年。开始，该电视机的图像、音响效果都不错。2021 年 1 月 3 日，当吴某全家人正在收看节目时，发现电视机后面突然冒出黑烟，吴某赶紧叫家人都躲开，自己上前去拔电源。但是还未等吴某切断电源，电视"轰"的一声发生了爆炸，家中的家具和冰箱等被炸坏，吴某由于躲避及时，只受了一点轻伤。事故发生后，吴某找到电视机生产厂家要求赔偿；该厂家认为吴某买的电视机早已过了保修期，因此对发生的损害不负责任。后吴某经多次交涉未果，向人民法院提起诉讼。

问题：电视机生产厂家的理由是否成立？本案应如何处理？

案例2

某企业为了表示慰问，过年前将自产经检验合格但未投入流通的一批洗衣机作为福利分给职工。职工甲拿到厂里分的洗衣机后非常高兴，将洗衣机运回家。恰逢妻子乙在，便让其用该洗衣机把家里的沙发罩等洗一下。结果，因洗衣机漏电，乙被当场电死，于是，甲向人民法院提起诉讼。

问题：该企业是否应该承担产品责任？为什么？

实训题

调查我国近年来常见的产品责任事故，分析产品责任事故产生的原因，理解运用追究产品责任的条件及责任类型。

消费者权益保护法

学习目标	
知识目标	了解消费者的观念及消费者权益保护法的适用范围； 掌握消费者的权利、经营者的义务； 掌握侵害消费者权益的法律责任。
能力目标	学会运用消费者权益保护法的基本理论维护自身的权利； 能够正确处理消费纠纷。

任务一　认识消费者权益保护法

任务导入

王某是普通的公司职员，经常收到莫名其妙的短信或者电话，内容包括房产广告、发票、保险等垃圾信息和诈骗信息。和王某一样，相当一部分消费者也会遭遇这样的情形，垃圾短信和骚扰电话无孔不入，甚至影响到正常作息生活，消费者普遍认为隐私很难得到保护。

任务要求：你是否也遇到过类似的情形？观察在生活消费中可能遇到的侵权情形，初步了解消费者权益保护法的适用范围。

相关知识

一、消费者和消费者权益的概念

消费者是指为生活消费需要，购买、使用商品或者接受服务的人。消费者权益是指消费者在购买、使用商品或接受服务时依法享有的受法律保护的权利。

二、消费者权益保护法的概念和适用范围

消费者权益保护法是调整在保护消费者权益过程中发生的社会关系的法律规范的总称。消费者权益保护法有广狭义之分，1993年10月31日第八届全国人大常委会第四次会议通过了《中华人民共和国消费者权益保护法》（以下简称《消费者权益保护法》），该法自1994年1月1日起施行。2013年10月25日全国人大常委会对《消费者权益保护法》进行了修订，修订后的《消费者权益保护法》自2014年3月15日起施行。

《消费者权益保护法》从主体和行为的角度明确了该法的适用范围：消费者为生活消费需要购买、使用商品或者接受服务，其权益受本法保护；经营者为消费者提供商品或服务，应当遵守本法；另外，农民购买、使用直接用于农业生产的生产资料所产生的社会关系也适用消费者权益保护法。

三、消费者权益保护法的立法宗旨及基本原则

消费者权益保护法的立法宗旨是保护消费者的合法权益，维护社会经济秩序，促进社会主义市场经济健康发展。

消费者权益保护法的基本原则有：自愿、平等、公平、诚实信用的原则；国家保护消费者的合法权益不受侵害的原则；国家保护与社会监督相结合的原则。

任务二　消费者的权利与经营者的义务

任务导入

方小姐到北京某大型超市购物，出来后被超市保安以偷窃为名强行拖回。保安用语言侮辱方小姐，并要强行搜身，后经民警核实，方小姐并未偷东西。然而，方小姐的精神受到严重伤害，除了母亲梅女士外不敢接触任何人。方小姐被家人送到精神病院住院治疗，花费巨大。梅女士作为方小姐的监护人起诉超市，要求超市对已经发生的费用作出赔偿。经鉴定，方小姐的精神病与超市的搜身有因果关系。

任务要求：超市侵犯了方小姐的什么权利？结合案例理解消费者的权利及经营者应承担的义务。

相关知识

一、消费者的权利

所谓消费者权利，是指消费者在消费领域中，即在购买、使用商品或者接受服务中所享有的权利。消费者的权利是保护消费者的权益的核心问题。《消费者权益保护法》规定了消费者享有的九项权利，即安全权、知情权、自主选择权、公平交易权、求偿权、结社权、获取知识权、维护尊严权、监督权。

1. 安全权

安全权是消费者首要的、第一位的权利，是指消费者在购买、使用商品和接受服务时享有人身、财产安全不受损害的权利。消费者有权要求经营者提供的商品和服务，符合保障人身、财产安全的要求。否则，造成损失，消费者有权要求经营者予以赔偿。《消费者权益保护法》第7条规定："消费者在购买、使用商品和接受服务时享有人身、财产安全不受损害的权利。"

2. 知情权

知情权是指消费者在购买、使用商品或接受服务时，了解与其购买、使用的商品或接受的服务有关的真实情况的权利。消费者有权根据商品或者服务的不同情况，要求经营者提供商品的价格、产地、生产者、用途、性能、规格、等级、主要成分、生产日期、有效期限、检验合格证明、使用方法说明书、售后服务，或者服务的内容、规格、费用等有关情况。

3. 自主选择权

消费者享有自主选择商品或者服务的权利。消费者有权自主选择提供商品或者服务的经营者，自主选择商品品种或者服务方式，自主决定购买或者不购买任何一种商品，接受或者不接受任何一项服务。消费者在自主选择商品或者服务时，有权进行比较、鉴别和挑选。

4. 公平交易权

公平交易权是指消费者在购买商品或者接受服务时，有权获得质量保障、价格合理、计量正确等公平交易条件，有权拒绝经营者的强制交易行为。

5. 求偿权

消费者因购买、使用商品或者接受服务受到人身、财产损害的，享有依法获得赔偿的权利。商品的购买者、商品的使用者、服务的接受者以及在他人购买、使用商品或接受服务的过程中受到人身或财产损害的人，只要其人身、财产损害是因购买、使用商品或接受服务而引起的，都享有求偿权。除了因为人身或财产受到损害而要求获得赔偿外，消费者还可以要求其他经营者承担其他责任，如修理、重作、更换、恢复原状、消除影响、恢复名誉、赔礼道歉等。

6. 结社权

结社权是指消费者为维护自身合法权益而依法建立社会团体的权利。消费者依法成立维护自身合法权益的社会团体，通过有组织的活动，维护自身的合法权益，既是一项权利，也是国家鼓励全社会共同保护消费者合法权益的体现。

7. 获取知识权

获取知识权是指消费者有获得消费者权益保护方面的知识，包括有关商品和服务的基本知识、有关消费者权益保护方面的知识等。消费者应当努力掌握所需商品或者服务的知识和使用技能，正确使用商品，提高自我保护意识。

8. 维护尊严权

消费者在购买、使用商品和接受服务时，享有其人格尊严、民族风俗习惯得到尊重的权利。人格尊严包括姓名权、名誉权、荣誉权、肖像权等。民族风俗习惯受尊重权是坚持民族团结和民族平等原则，尊重民族感情和民族尊严的体现。在市场交易过程中，消费者的人格尊严、民族风俗习惯依法应当受到商家的尊重和保护。

9. 监督权

消费者享有对商品和服务以及保护消费者权益工作进行监督的权利。消费者有权检举、控告损害消费者权益的行为和国家机关及其工作人员在保护消费者权益工作中的违法失职行为，有权对保护消费者权益工作提出批评、建议。

二、经营者的义务

经营者是与消费者相对应的一方主体,经营者义务的履行,是保障消费者权利实现的首要条件。根据《消费者权益保护法》的规定,经营者应承担以下义务。

1. 履行法定义务和约定义务

经营者向消费者提供商品或者服务,应当依照《产品质量法》和其他有关法律、法规的规定履行义务。经营者和消费者有约定的,应当按照约定履行义务,但双方的约定不得违背法律、法规的规定。

经营者向消费者提供商品或者服务,应当恪守社会公德,诚信经营,保障消费者的合法权益;不得设定不公平、不合理的交易条件,不得强制交易。

2. 接受监督的义务

经营者应当听取消费者对其提供的商品或者服务的意见,接受消费者的监督。这是基于对消费者的监督权提出的对经营者的要求。

3. 保证消费者人身和财产安全的义务

保证消费者人身和财产安全的义务是与消费者安全权相对应的经营者的义务。经营者应当保证其提供的商品或者服务符合保障人身、财产安全的要求。对可能危及人身、财产安全的商品和服务,应当向消费者作出真实的说明和明确的警示,并说明和标明正确使用商品或者接受服务的方法以及防止危害发生的方法。

宾馆、商场、餐馆、银行、机场、车站、港口、影剧院等经营场所的经营者,应当对消费者尽到安全保障义务。

经营者发现其提供的商品或者服务存在缺陷,有危及人身、财产安全危险的,应当立即向有关行政部门报告和告知消费者,并采取停止销售、警示、召回、无害化处理、销毁、停止生产或者服务等措施。采取召回措施的,经营者应当承担消费者因商品被召回支出的必要费用。

4. 提供真实信息的义务

经营者向消费者提供有关商品或者服务的质量、性能、用途、有效期限等信息,应当真实、全面,不得作虚假或者引人误解的宣传。经营者提供商品或者服务应当明码标价。

采用网络、电视、电话、邮购等方式提供商品或者服务的经营者,以及提供证券、保险、银行等金融服务的经营者,应当向消费者提供经营地址、联系方式、商品或者服务的数量和质量、价款或者费用、履行期限和方式、安全注意事项和风险警示、售后服务、民事责任等信息。

5. 标明真实名称和标记的义务

经营者应当标明其真实名称和标记。租赁他人柜台或者场地的经营者,应当标明其真实名称和标记。

6. 出具购货凭证或服务单据的义务

经营者提供商品或者服务，应当按照国家有关规定或者商业惯例向消费者出具发票等购货凭证或者服务单据；消费者索要发票等购货凭证或者服务单据的，经营者必须出具。

7. 保证商品和服务质量的义务

经营者应当保证在正常使用商品或者接受服务的情况下其提供的商品或者服务应当具有的质量、性能、用途和有效期限；但消费者在购买该商品或者接受该服务前已经知道其存在瑕疵，且存在该瑕疵不违反法律强制性规定的除外。

经营者以广告、产品说明、实物样品或者其他方式表明商品或者服务的质量状况的，应当保证其提供的商品或者服务的实际质量与标明的质量状况相符。

经营者提供的机动车、计算机、电视机、电冰箱、空调器、洗衣机等耐用商品或者装饰装修等服务，消费者自接受商品或者服务之日起六个月内发现瑕疵，发生争议的，由经营者承担有关瑕疵的举证责任。

8. 三包义务

经营者提供的商品或者服务不符合质量要求的，消费者可以依照国家规定、当事人约定退货，或者要求经营者履行更换、修理等义务。没有国家规定和当事人约定的，消费者可以自收到商品之日起七日内退货；七日后符合法定解除合同条件的，消费者可以及时退货，不符合法定解除合同条件的，可以要求经营者履行更换、修理等义务。依照前述规定进行退货、更换、修理的，经营者应当承担运输等必要费用。

经营者采用网络、电视、电话、邮购等方式销售商品，消费者有权自收到商品之日起七日内退货，且无须说明理由，但下列商品除外：①消费者定作的；②鲜活易腐的；③在线下载或者消费者拆封的音像制品、计算机软件等数字化商品；④交付的报纸、期刊。

除前款所列商品外，其他根据商品性质并经消费者在购买时确认不宜退货的商品，不适用无理由退货。

消费者退货的商品应当完好。经营者应当自收到退回商品之日起七日内返还消费者支付的商品价款。退回商品的运费由消费者承担；经营者和消费者另有约定的，按照约定。

9. 不得从事不公平、不合理交易的义务

经营者在经营活动中使用格式条款的，应当以显著方式提请消费者注意商品或者服务的数量和质量、价款或者费用、履行期限和方式、安全注意事项和风险警示、售后服务、民事责任等与消费者有重大利害关系的内容，并按照消费者的要求予以说明。

经营者不得以格式条款、通知、声明、店堂告示等方式，作出排除或者限制消费者权利、减轻或者免除经营者责任、加重消费者责任等对消费者不公平、不合理的规定，不得利用格式条款并借助技术手段强制交易。

格式条款、通知、声明、店堂告示等含有前款所列内容的，其内容无效。

10. 不得侵犯消费者人身权的义务

经营者不得对消费者进行侮辱、诽谤，不得搜查消费者的身体及其携带的物品，不得侵犯消费者的人身自由。

11. 正确使用消费者个人信息的义务

经营者收集、使用消费者个人信息，应当遵循合法、正当、必要的原则，明示收集、使用信息的目的、方式和范围，并经消费者同意。经营者收集、使用消费者个人信息，应当公开其收集、使用规则，不得违反法律、法规的规定和双方的约定收集、使用信息。

经营者及其工作人员对收集的消费者个人信息必须严格保密，不得泄露、出售或者非法向他人提供。经营者应当采取技术措施和其他必要措施，确保信息安全，防止消费者个人信息泄露、丢失。在发生或者可能发生信息泄露、丢失的情况时，应当立即采取补救措施。

经营者未经消费者同意或者请求，或者消费者明确表示拒绝的，不得向其发送商业性信息。

任务三　消费者权益争议的解决与法律责任

任务导入

2021年5月，雷先生花了2 449元为母亲添置了一台冰箱，但是新冰箱用了不到半年就发生了爆炸。事故不仅造成机箱背后底端严重变形，冰箱上方的天花板也全部被浓烟熏黑，客厅内摆放的电视机、消毒柜、沙发和餐桌上均布满了一层厚厚的烟灰。事故发生后，雷先生向销售商提出5 000元的赔偿要求，可商家工作人员表示无法满足他提出的这一要求，认为雷先生只有拿到事故发生原因鉴定书、商品本身存有质量问题鉴定书以及由权威机构出具的检测报告，确认属于产品质量问题方可赔偿。但是雷先生了解到，由于受技术方面的制约，当地并没有这方面的鉴定机构，如果要鉴定只能去省会城市。同时，鉴定是一个比较烦琐的过程，时间长、费用高不说，还不一定有机构愿意接受个人提出的质量鉴定申请。于是雷先生的维权陷入了僵局。

任务要求：商家的理由是否成立？按照新《消费者权益保护法》的规定，本案应由哪方承担举证责任？本案应如何处理？结合相关案例，分析运用消费者权益争议的解决方法与法律责任。

相关知识

一、消费者权益争议的解决途径

《消费者权益保护法》第6章对争议的解决作了专门规定，消费者和经营者发生消费者权益争议的，可以通过下列途径解决：①与经营者协商和解；②请求消费者协会调解；③向有关行政部门申诉；④根据与经营者达成的仲裁协议提请仲裁机构仲裁；⑤向人民法院提起诉讼。

二、承担责任的主体

1. 生产者、销售者、服务者

消费者在购买、使用商品时，其合法权益受到损害的，可以向销售者要求赔偿。销售者赔偿后，属于生产者的责任或者属于向销售者提供商品的其他销售者的责任的，销售者有权向生产者或者其他销售者追偿。

消费者或者其他受害人因商品缺陷造成人身、财产损害的，既可以向销售者要求赔偿，也可以向生产者要求赔偿。属于生产者责任的，销售者赔偿后，有权向生产者追偿。属于销售者责任的，生产者赔偿后，有权向销售者追偿。

消费者在接受服务时，其合法权益受到损害的，可以向服务者要求赔偿。

2. 变更后的企业

消费者在购买、使用商品或者接受服务时，其合法权益受到损害，因原企业分立、合并的，可以向变更后承受其权利义务的企业要求赔偿。

3. 营业执照的使用人或持有人

使用他人营业执照的违法经营者提供商品或者服务，损害消费者合法权益的，消费者可以向其要求赔偿，也可以向营业执照的持有人要求赔偿。

4. 展销会举办者、柜台出租者

消费者在展销会、租赁柜台购买商品或者接受服务，其合法权益受到损害的，可以向销售者或者服务者要求赔偿。展销会结束或者柜台租赁期满后，也可以向展销会的举办者、柜台的出租者要求赔偿。展销会的举办者、柜台的出租者赔偿后，有权向销售者或者服务者追偿。

5. 虚假广告的经营者

消费者因经营者利用虚假广告提供商品或者服务，其合法权益受到损害的，可以向经营者要求赔偿。广告的经营者发布虚假广告的，消费者可以请求行政主管部门予以惩处。广告的经营者不能提供经营者的真实名称、地址的，应当承担赔偿责任。

三、法律责任

1. 民事责任

（1）侵犯消费者人身权的民事责任

《消费者权益保护法》关于侵犯消费者人身权的民事责任有以下规定：①致人伤害的民事责任。经营者提供商品或者服务，造成消费者或者其他受害人人身伤害的，应当支付医疗费、治疗期间的护理费、因误工减少的收入等费用，造成残疾的，还应当支付残疾者生活自助器具费、生活补助费、残疾赔偿金以及由其扶养的人所必需的生活费等费用。②致人死亡的民事责任。经营者提供商品或者服务，造成消费者或者其他受害人死亡的，应当支付丧葬费、死亡赔偿金以及由死者生前扶养的人所必需的生活费等费用；构成犯罪的，依法追究刑事责任。③侵犯人格尊严或人身自由的民事责任。经营者违反法律规定，侵害消费者的人格尊严或者侵犯消费者人身自由的，应当停止侵害、恢复名誉、消除影响、赔礼道歉，并赔偿损失。

（2）侵犯消费者财产权的民事责任

经营者侵犯消费者的财产权应承担以下责任：①经营者提供商品或者服务，造成消费者财产损害的，应当按照消费者的要求，以修理、重作、更换、退货、补足商品数量、退还货款和服务费用或者赔偿损失等方式承担民事责任。②经营者对国家规定或者与消费者约定包修、包换、包退的商品，必须按约定履行"三包"义务。在保修期内两次修理仍不能正常使用的，经营者应当负责更换或者退货。对包修、包换、包退的大件商品，消费者要求经营者修理、更换、退货的，经营者应当承担运输等合理费用。③经营者以邮购方式提供商品的，应当按照约定提供。未按照约定提供的，应当按照消费者的要求履行约定或者退回货款；并应当承担消费者必须支付的合理费用。④经营者以预收款方式提供商品或者服务的，应当按照约定提供。未按照约定提供的，应当按照消费者的要求履行约定或者退回预付款，并应当承担预付款的利息、消费者必须支付的合理费用。⑤依法经有关行政部门认定为不合格的商品，消费者要求退货的，经营者应当负责退货。⑥经营者提供商品或者服务有欺诈行为的，应当按照消费者的要求增加赔偿其受到的损失，增加赔偿的金额为消费者购买商品的价款或者接受服务的费用的三倍；增加赔偿的金额不足五百元的，为五百元。法律另有规定的，依照其规定。经营者明知商品或者服务存在缺陷，仍然向消费者提供，造成消费者或者其他受害人死亡或者健康严重损害的，受害人有权要求经营者依照《消费者权益保护法》第49条、第51条等法律规定赔偿损失，并有权要求所受损失二倍以下的惩罚性赔偿。

实务操作指南——人身损害赔偿标准及赔偿计算公式

（1）医疗费赔偿计算公式：医疗费赔偿金额＝诊疗费＋医药费＋住院费＋其他医用费用。

（2）住院伙食补助费赔偿计算公式：住院伙食补助费赔偿金额＝当地国家机关一般工作人员的出差伙食补助标准×住院天数。

（3）营养费赔偿计算：营养费赔偿金额根据伤残情况参照医疗机构意见确定。

（4）受害人误工费赔偿计算公式：误工费赔偿金额＝受害人固定收入（天/月/年）×误工时间或者[上年度在岗职工平均工资（城镇）÷365日]×误工天数。

（5）陪护费赔偿计算公式：陪护费赔偿金额＝陪护人的原收入×陪护时间或者同等级别护工报酬标准×陪护时间。

（6）交通费赔偿计算公式：交通费赔偿金额＝实际发生的交通费用（凭票）。

（7）住宿费赔偿计算公式：住宿费赔偿金额＝当地国家机关一般工作人员出差住宿标准×住宿天数。

（8）残疾赔偿金计算公式。

① 受害人在60岁以下：城镇居民残疾赔偿金＝上年度城市居民人均可支配性收入×20年×伤残赔偿指数，农村居民残疾赔偿金＝上年度农民家庭人均纯收入×20年×伤残赔偿指数。

② 受害人在60~74岁：城镇居民残疾赔偿金＝上年度城市居民人均可支配性收入×[20年－（受害人实际年龄－60岁）]×伤残赔偿指数，农村居民残疾赔偿金＝上年度农民家庭人均纯收入×[20年－（受害人实际年龄－60岁）]×伤残赔偿指数。

③ 受害人在75岁以上：城镇居民残疾赔偿金＝上年度城市居民人均可支配性收入×5年×伤残赔偿指数，农村居民残疾赔偿金＝上年度农民家庭人均纯收入×5年×伤残赔偿指数。

（9）残疾辅助器具费赔偿计算：残疾用具费＝普通适用器具的合理费用。

（10）被扶养人生活费赔偿计算公式。

① 被扶养人在18周岁以下：城镇居民被扶养人生活费赔偿金额＝上年度城市居民人均消费支出×（18岁－被扶养人实际年龄）÷对被扶养人承担扶养义务的人数×伤残赔偿指数（受害人死亡的，不乘以伤残赔偿指数），农村居民被扶养人生活费赔偿金额＝上年度农民家庭人均生活费支出×（18岁－被扶养人实际年龄）÷对被扶养人承担扶养义务的人数×伤残赔偿指数（受害人死亡的，不乘以伤残赔偿指数）。

② 被扶养人在18~60周岁：城镇居民被扶养人生活费赔偿金额＝上年度城市居民人均消费支出×20年÷对被扶养人承担扶养义务的人数×伤残赔偿指数（受害人死亡的，不乘以伤残赔偿指数），农村居民被扶养人生活费赔偿金额＝上年度农民家庭人均生活费支出×20年÷对被扶养人承担扶养义务的人数×伤残赔偿指数（受害人死亡的，不乘以伤残赔偿指数）。

③ 被扶养人在60~74周岁：城镇居民被扶养人生活费赔偿金额＝上年度城市居民人均消费支出×[20年－（被扶养人实际年龄－60岁）]÷对被扶养人承担扶养义务的人数×伤残赔偿指数（受害人死亡的，不乘以伤残赔偿指数），农村居民被扶养人生活费赔偿金额＝上年度农民家庭人均生活费支出×[20年－（死亡人实际年龄－60岁）]÷对被扶养人承担扶养义务的人数×伤残赔偿指数（受害人死亡的，

不乘以伤残赔偿指数)。

④ 被扶养人在75周岁以上：城镇居民被扶养人生活费赔偿金额 = 上年度城市居民人均消费支出 × 5年 ÷ 对被扶养人承担扶养义务的人数 × 伤残赔偿指数（受害人死亡的，不乘以伤残赔偿指数），农村居民被扶养人生活费赔偿金额 = 上年度农民家庭人均生活费支出 × 5年 ÷ 对被扶养人承担扶养义务的人数 × 伤残赔偿指数（受害人死亡的，不乘以伤残赔偿指数）。

（11）丧葬费赔偿计算公式：丧葬费赔偿金额 = 上年度在岗职工平均工资（城镇）÷ 12个月 × 6个月。

（12）死亡赔偿金计算公式。

① 受害人在60周岁以下：城镇居民死亡赔偿金 = 上年度城市居民人均可支配性收入 × 20年，农村居民死亡赔偿金 = 上年度农民家庭人均纯收入 × 20年。

② 受害人在60~74岁：城镇居民死亡赔偿金 = 上年度城市居民人均可支配性收入 × [20年 − (死亡人实际年龄 − 60岁)]，农村居民死亡赔偿金 = 上年度农民家庭人均纯收入 × [20年 − (死亡人实际年龄 − 60岁)]。

③ 受害人在75岁以上：城镇居民死亡赔偿金 = 上年度城市居民人均可支配性收入 × 5年，农村居民死亡赔偿金 = 上年度农民家庭人均纯收入 × 5年。

伤残等级作为赔偿标准的系数，即一至十级对应百分比系数分别为100%至10%，具体计算方式如下：一级伤残为上一年度城镇居民人均可支配收入或者农村居民人均纯收入标准乘以20年再乘以100%，二级伤残则乘以90%，以此类推，九级伤残乘以20%，十级伤残乘以10%。

---

2. 行政责任

经营者承担行政责任的形式主要有：责令改正、警告、没收非法所得、罚款、责令停业整顿、吊销营业执照等。根据《消费者权益保护法》第56条规定，经营者有下列情形之一，除承担相应的民事责任外，其他有关法律、法规对处罚机关和处罚方式有规定的，依照法律、法规的规定执行：法律、法规未作规定的，由工商行政管理部门或者其他有关行政部门责令改正，可以根据情节单处或者并处警告、没收违法所得、处以违法所得1倍以上10倍以下的罚款，没有违法所得的，处以50万元以下的罚款；情节严重的，责令停业整顿、吊销营业执照。

（1）提供的商品或者服务不符合保障人身、财产安全要求的。

（2）在商品中掺杂、掺假，以假充真，以次充好，或者以不合格商品冒充合格商品的。

（3）生产国家明令淘汰的商品或者销售失效、变质的商品的。

（4）伪造商品的产地，伪造或者冒用他人的厂名、厂址，篡改生产日期，伪造或者冒用认证标志等质量标志的。

（5）销售的商品应当检验、检疫而未检验、检疫或者伪造检验、检疫结果的。

（6）对商品或者服务作虚假或者引人误解的宣传的。

（7）拒绝或者拖延有关行政部门责令对缺陷商品或者服务采取停止销售、警示、召回、无害化处理、销毁、停止生产或者服务等措施的。

（8）对消费者提出的修理、重作、更换、退货、补足商品数量、退还货款和服务费用或者赔偿损失的要求，故意拖延或者无理拒绝的。

（9）侵害消费者人格尊严、侵犯消费者人身自由的或者侵害消费者个人信息依法得到保护的权利的。

（10）法律、法规规定的对损害消费者权益应当予以处罚的其他情形。

3. 刑事责任

违反《消费者权益保护法》，构成犯罪的行为包括：

（1）经营者提供商品或者服务，造成消费者或其他受害人受伤、残疾、死亡的。

（2）以暴力、威胁等方法阻碍有关行政部门工作人员依法执行职务的。

（3）国家机关工作人员玩忽职守或者包庇经营者侵害消费者合法权益的。对这些行为应根据情节依法追究刑事责任。

项目训练

■ 概念与知识

1. 基本概念

消费者　安全权　知情权　自主选择权　获取知识权　公平交易权

2. 选择题

（1）经营者提供商品或者服务有欺诈行为的，应当按照消费者的要求增加赔偿其受到的损失，增加赔偿的金额为消费者购买商品的价款或接受服务的费用的（　　）倍。

　　A. 1　　　　　　B. 2　　　　　　C. 3　　　　　　D. 4

（2）消费者和经营者发生消费者权益争议的，可以通过下列（　　）途径解决。

　　A. 与经营者协商和解

　　B. 请求消费者协会调解

　　C. 根据与经营者达成的仲裁协议提请仲裁机构仲裁

　　D. 向有关行政部门申诉

（3）经营者侵害消费者的人格尊严或者侵犯消费者人身自由的,应当负下列（　　）责任。

　　A. 停止侵害　　B. 恢复名誉　　C. 消除影响　　D. 赔礼道歉

（4）《消费者权益保护法》调整的对象是（　　）。

　　A. 消费者为生产需要购买、使用商品或接受服务时所发生的法律关系

　　B. 各商家为经营需要而发生的购销关系

C. 消费者为生活消费需要购买，使用商品或者接受服务而发生的法律关系
D. 消费者为营利而进行的购销活动

（5）在我国现行的《消费者权益保护法》中，没有明确规定消费者的（　　）。
　　A. 安全权　　　　B. 结社权　　　　C. 公平交易权　　D. 隐私权

3. 简答题

（1）消费者的权利有哪些？
（2）经营者的义务有哪些？
（3）消费争议的解决途径有哪些？侵犯消费者权益的责任主体有哪些？

■ 分析与应用

案例 1

张女士在某百货商店购买了一件纯羊毛大衣，售价 1 280 元。商店标明"换季商品，概不退换"，穿了三天后大衣起满毛球，张女士于是到市质量监督部门检验。鉴定结果证明，羊毛大衣所用原料为 100% 腈纶，张女士到购买衣服的百货商店要求退货并赔偿因此而造成的损失，商店营业员回答：当时标明"换季商品，概不退换"，再说店内该柜是出租给个体户的，现在他已破产，租借柜台的费用尚未付清，人也找不到，张女士只能自认倒霉。

问题：百货商店侵犯了张女士的什么权利？应承担哪些责任？

案例 2

李小明（14 岁）和他的母亲王某相依为命。2021 年 3 月，王某买了一辆自行车送报纸用，但刚用的第二天就因车闸坏掉而致王某从车上摔下，右腿粉碎性骨折，从此丧失劳动能力。经查，自行车存在质量问题。

问题：王某可以采取什么方式维护自己的权利？可以要求经营者赔偿哪些费用？请为其提供法律咨询服务。

实训题

开展一次"消费维权"法律咨询活动，熟悉消费者的权利、经营者的义务及消费纠纷的解决方式。

项目十二

税　法

学习目标	
知识目标	掌握税收的概念、特征； 掌握税法的概念、构成要素； 熟悉现行主要税种的主要内容； 掌握税收征收管理的有关内容； 熟悉税收争议的处理方式及法律责任。
能力目标	能够熟练运用增值税、所得税等主要税种的计算方法； 熟悉税收征缴的程序； 能够识别违反税法的行为与责任后果。

任务一　认识税法

任务导入

小王经常听到一句话：税收"取之于民，用之于民"，但是他对税收收入和税收支出等具体内容并不了解，他想找老师具体了解一下税收方面的知识。

任务要求：请你简要地给小王介绍税收的基本知识。

相关知识

一、税收的概念和特征

税收是指国家为实现其职能，凭借政治权力，按照预先规定的标准，强制地、无偿地参与社会产品或国民收入分配的一种方式。

税收具有以下三个特征。

（1）强制性。税收的强制性是指国家以社会管理者的身份，通过政治权力，用法律、法规等形式对征收捐税加以规定，并依法强制征税。

（2）无偿性。税收的无偿性是指国家征税后，纳税人所纳税款的所有权随之发生转移，国家对具体纳税人既不需要直接偿还，也不付出任何形式的直接报酬。

（3）固定性。税收的固定性是指国家通过法律形式预先规定了征税对象和征税标准。征税对象和征税标准确定后，征纳双方都要共同遵守，不经国家批准不能随意改变。

二、税法的概念和构成要素

1. 税法的概念

税法是调整税收关系的法律规范的总称。税法可分为实体税法和程序税法，实体税法是指规定国家征税和纳税人纳税的实体权利和义务的法律规范的总称，其内容包括流转税法、所得税法、财产税法、行为税法等，具体由《中华人民共和国个人所得税法》《中华人民共和国企业所得税法》《中华人民共和国增值税暂行条例》《中华人民共和国个人所得税法实施条例》等法律、行政法规组成。程序税法是指规定税务管理、征税和纳税程序方面的法律规范的总称，其主要表现形式是《中华人民共和国税收征收管理法》（以下简称《税收征管法》）。

2. 税法的构成要素

税法的构成要素主要包括以下内容。

（1）纳税义务人，即纳税主体，主要是指一切履行纳税义务的法人、自然人及其他组织。

（2）征税对象，即纳税客体，主要是指税收法律关系中征纳双方权利义务所指向的物或行为。这是区分不同税种的主要标志。

（3）税目，是各个税种所规定的具体征税项目。它是征税对象的具体化。

（4）税率，是对征税对象的征收比例或征收额度。税率是计算税额的尺度，也是衡量税负轻重的重要标志。我国现行的税率主要有比例税率、累进税率、定额税率。

（5）纳税环节，主要是指税法规定的征税对象在从生产到消费的流转过程中应当缴纳税款的环节。

（6）纳税期限，是指纳税人按照税法规定缴纳税款的期限。

（7）减免税，主要是对某些纳税人和征税对象采取减少征税或者免予征税的特殊规定。

（8）法律责任，是税法规定的纳税人和征税工作人员违反税法规定应当承担的法律后果。

任务二　我国现行主要税种

任务导入

某大学张教授2021年的收入情况如下：①每月工资收入为18 000元；②向某家公司转让专有技术一项，获得特许权使用费6 000元；③为某家企业进行产品设计，取得报酬150 000元；④在某学校举办讲座，取得收入2 000元；⑤因汽车失窃，获得保险公司赔偿8万元；⑥因勇斗歹徒获得市政府颁发的见义勇为奖金2 000元。张教授想知道自己应缴纳多少个人所得税。

任务要求：帮助张教授计算应缴纳的所得税，并熟悉所得税、增值税等主要税种的征收范围、税率及应纳税额的计算方法。

相关知识

一、流转税

流转税是以商品生产、商品流通和劳务服务的流转额为征税对象的一类税收。其中,流转额包括商品交易的金额或数量和劳务收入的金额。我国传统的增值税、消费税、关税均属于流转税。

1. 增值税

增值税是以商品生产流通和提供劳务所产生的增值额为征税对象的一种流转税。所谓增值额是指纳税人销售某种商品或提供劳务所取得的收入价格与商品或劳务的购进价格之间的差额。增值税是流转税中最重要的税种。

（1）增值税的纳税主体

增值税的纳税主体是指在我国境内销售货物或提供加工、修理修配劳务销售服务、无形资产、不动产以及进口货物的单位和个人。增值税纳税人分为一般纳税人和小规模纳税人。小规模纳税人是指年应税销售额在规定标准以下并且会计核算不健全的纳税人。个人、非企业性单位、不经常发生应税行为的企业，即使年应税销售额超过小规模纳税人的标准，也视同小规模纳税人。一般纳税人是指实行根据增值税专用发票上注明的税款抵扣制度的纳税人。

（2）增值税的征税范围

增值税的征税范围包括销售货物、销售服务、无形资产，提供加工、修理修配劳务以及进口货物。

（3）增值税的税率

增值税的税率分为三档，即基本税率、低税率和零税率。基本税率为13%，适用于一般情况下的销售货物、进口货物、提供应税劳务。低税率为9%，适用于下列货物的销售和进口：食用植物油；自来水、暖气、冷气、热水、煤气、石油液化气、天然气、沼气、居民用煤类制品；图书、报纸、杂志；饲料、化肥、农药、农机、农膜；国务院规定的其他货物。零税率适用于法律不限制或不禁止的出口货物，以及输往海关管理的保税区等特殊区域的货物。

小规模纳税人销售货物或提供应税劳务的征收率为3%。

（4）增值税的税收减免

下列项目免征增值税：农业生产者销售的自产农业产品；避孕药品和用具；古旧图书；直接用于科学研究、科学试验和教学的进口仪器、设备；外国政府、国际组织无偿援助的进口物资和设备；来料加工、来件装配和补偿贸易所需进口的设备；由残疾人组织直接进口供残疾人专用的物品；销售自己使用过的物品。

2. 消费税

消费税是对特定的消费品和消费行为征收的一种流转税。

（1）消费税的纳税主体

消费税的纳税主体是在我国境内生产、委托加工和进口应税消费品的单位和个人。

（2）消费税的征税范围

目前,消费税的征收范围包括15个税目,有的税目还下设若干子项目。具体包括烟、酒、高档化妆品、贵重首饰及珠宝玉石、鞭炮焰火、成品油、小汽车、摩托车、高尔夫球及球具、高档手表、游艇、木制一次性筷子、实木地板、电池、涂料。

（3）消费税的税率

消费税多数为比例税率，少数为定额税率。

3. 关税

关税是指一国海关对进出境的货物或者物品征收的一种税。关税分为进口税和出口税。

（1）关税的纳税主体

关税的纳税主体包括进口货物的收货人、出口货物的发货人、进出境物品的所有人。

（2）关税的征税范围

关税的征税范围包括进出境的货物和物品。货物是指贸易性的进出口商品；物品是指入境旅客随身携带的行李物品、个人邮递进境的物品、各种运输工具上的服务人员携带进口物品、馈赠物品，以及其他方式进入关境的个人物品。

（3）关税的税率

关税采用比例税率，又分为出口税率和进口税率。进口税率分普通税率和优惠税率两种差别税率。对产自与中国订有互惠协议的国家或地区的进口货物，适用优惠税率；否则，一律适用普通税率。为了鼓励出口，只对部分商品征收出口税。

（4）关税的减免

下列货物，经海关审查无误，可以免税：关税税额在人民币 50 元以下的一票货物；无商业价值的广告品和货样；外国政府、国际组织无偿赠送的物资；进出境运输工具装载的途中必需的燃料、物料和饮食用品。有下列情形之一的进口货物，海关可以酌情减免关税：在境外运输途中或者在起卸时，遭受损坏或者损失的；起卸后海关放行前，因不可抗力遭受损坏或者损失的；海关检验时已经破漏、损坏或者腐烂，经证明不是保管不慎造成的。

二、所得税

所得税也称为收益税，是指对纳税人的各种收益额为征税对象征收的一种税收。所得税包括企业所得税和个人所得税两种。

1. 企业所得税

企业所得税是以企业的生产经营所得和其他所得为征税对象所征收的一种税。2007 年 3 月 16 日，第十届全国人民代表大会第五次会议审议通过了《中华人民共和国企业所得税法》，内资、外资企业适用统一的企业所得税。该法于 2017 年、2018 年进行了两次修正。

（1）企业所得税的纳税主体

在我国境内，企业和其他取得收入的组织为企业所得税的纳税人，依法缴纳企业所得税。企业分为居民企业和非居民企业。居民企业是指依法在中国境内成立，或者依照外国（地区）法律成立但实际管理机构在中国境内的企业。非居民企业是指依照外国（地区）法律成立且实际管理机构不在中国境内，但在中国境内设立机构、场所的，或者在中国境内未设立机构、场所，但有来源于中国境内所得的企业。

居民企业应当就其来源于中国境内、境外的所得缴纳企业所得税。非居民企业在中国境内设立机构、场所的，应当就其所设机构、场所取得的来源于中国境内的所得，以及发生在中国境外但与其所设机构、场所有实际联系的所得，缴纳企业所得税。非居民企业在中国境内未设立机构、场所的，或者虽设立机构、场所但取得的所得与其所设机构、场所没有实际联系的，应当就其来源于中国境内的所得缴纳企业所得税。

（2）企业所得税的征税范围

企业所得税的征税范围为企业的生产经营所得，也就是应纳税所得额。企业每一纳税年度的收入总额，减除不征税收入、免税收入、各项扣除以及允许弥补的以前年度亏损后的余额，为应纳税所得额。纳税人的收入总额包括：销售货物收入；提供劳务收入；转让财产收入；股息、红利等权益性投资收益；利息收入；租金收入；特许权使用费收入；接受捐赠收入；其他收入。企业实际发生的与取得收入有关的、合理的支出，包括成本、费用、税金、损失和其他支出，准予在计算应纳税所得额时扣除。企业发生的公益性捐赠支出，在年度利润总额12%以内的部分，准予在计算应纳税所得额时扣除。按照规定，下列支出不得扣除：向投资者支付的股息、红利等权益性投资收益款项；企业所得税税款；税收滞纳金；罚金、罚款和被没收财物的损失；公益性捐赠支出以外的捐赠支出；赞助支出；未经核定的准备金支出；与取得收入无关的其他支出。

（3）企业所得税的税率

企业所得税的税率为25%。非居民企业在中国境内未设立机构、场所的，或者虽设立机构、场所但取得的所得与其所设机构、场所没有实际联系的，就其来源于中国境内的所得缴纳企业所得税，适用20%的税率。

（4）企业所得税的减免

企业的下列收入免征所得税：国债利息收入；符合条件的居民企业之间的股息、红利等权益性投资收益；在中国境内设立机构、场所的非居民企业从居民企业取得与该机构、场所有实际联系的股息、红利等权益性投资收益；符合条件的非营利组织的收入。企业的下列所得，可以免征、减征企业所得税：从事农、林、牧、渔业项目的所得；从事国家重点扶持的公共基础设施项目投资经营的所得；从事符合条件的环境保护、节能节水项目的所得；符合条件的技术转让所得；非居民企业在中国境内未设立机构、场所的，或者虽设立机构、场所但取得的所得与其所设机构、场所没有实际联系的，就其来源于中国境内的所得缴纳企业所得税时可以免征、减征企业所得税。

2. 个人所得税

个人所得税是对个人（自然人）取得的各项应税所得征收的一种税。

（1）个人所得税的纳税主体

在中国境内有住所，或者无住所而一个纳税年度内在中国境内居住累计满183天的个人，为居民个人。居民个人从中国境内和境外取得的所得，依照《个人所得税法》规定缴纳个人所得税。在中国境内无住所又不居住，或者无住所而一个纳税年度内在中国境内居住累计不满183天的个人，为非居民个人。非居民个人从中国境内取得的所得，依照《个人所得税法》规定缴纳个人所得税。

（2）个人所得税的征税范围

个人所得税的征税范围包括：①工资、薪金所得；②劳务报酬所得；③稿酬所得；④特许权使用费所得；⑤经营所得；⑥利息、股息、红利所得；⑦财产租赁所得；⑧财产转让所得；⑨偶然所得。居民个人取得上述第①项至第④项所得(以下称综合所得)，按纳税年度合并计算个人所得税；非居民个人取得上述第①项至第④项所得，按月或者按次分项计算个人所得税。纳税人取得上述第⑤项至第⑨项所得，依照规定分别计算个人所得税。

（3）个人所得税的税率

个人所得税实行超额累进税率和比例税率相结合的税率。综合所得适用3%~45%的超额累进税率；经营所得适用5%~35%的超额累进税率；利息、股息、红利所得，财产租赁所得，财产转让所得和偶然所得，适用比例税率，税率为20%。

（4）个人所得税的减免

下列各项个人所得，免纳个人所得税：省级人民政府、国务院部委和中国人民解放军军以上单位，以及外国组织、国际组织颁发的科学、教育、技术、文化、卫生、体育、环境保护等方面的奖金；国债和国家发行的金融债券利息；按照国家统一规定发给的补贴、津贴；福利费、抚恤金、救济金；保险赔款；军人的转业费、复员费、退役金；按照国家统一规定发给干部、职工的安家费、退职费、基本养老金或退休费、离休费、离休生活补助费；依照我国有关法律规定应予免税的各国驻华使馆、领事馆的外交代表、领事官员和其他人员的所得；中国政府参加的国际公约、签订的协议中规定免税的所得；经国务院财政部门批准免税的所得。有下列情形之一的，经批准可以减征个人所得税：残疾、孤老人员和烈属的所得；因严重自然灾害造成重大损失的；其他经国务院财政部门批准减税的。

三、财产税

财产税是以纳税人拥有的财产数量或财产价值为征税对象的一类税收。财产税主要包括房产税和契税。

1. 房产税

房产税是以房屋为征税对象，按房屋的计税余值或租金收入为计税依据，向产权所有人征收的一种财产税。房产税的税率，从价税率为1.2%，从租税率为12%。

下列房产免纳房产税：国家机关、人民团体、军队自用的房产；由国家财政部门拨付事业经费的单位自用的房产；宗教寺庙、公园、名胜古迹自用的房产；个人所有非营业用的房产；经财政部批准免税的其他房产。

2. 契税

契税是土地、房屋权属转移时向其承受者征收的一种税收。契税是以所有权发生转移变动的不动产为征税对象，向产权承受人征收的一种财产税。契税征收范围包括国有土地使用权出让、土地使用权转让、房屋买卖、房屋赠与、房屋交换等。契税税率采用幅度比例税率，3%~5%的幅度不等，依不同情况而定。

有下列情形之一的，减征或者免征契税：国家机关、事业单位、社会团体、军事单位承受土地、房屋用于办公、教学、医疗、科研和军事设施的，免征；城镇职工按规定第一次购买公有住房的，免征；因不可抗力灭失住房而重新购买住房的，酌情准予减征或者免征；财政部规定的其他减征、免征契税的项目。

四、行为税

行为税是指对某些特定行为征收的税。行为税包括主要包括印花税、城市维护建设税、固定资产投资方向调节税、土地增值税、屠宰税、筵席税、证券交易税、燃油税。这些税种是对特定行为或为达到特定目的而征收的。

1. 印花税

印花税是对经济活动书立、领受具有法律效力的凭证征收的一种税。印花税的纳税主体包括立合同人、立账簿人、领受人和使用人。下列凭证为应纳税凭证：购销、加工承揽、建设工程承包、财产租赁、货物运输、仓储保管、借款、财产保险、技术合同或者具有合同性质的凭证；产权转移书据；营业账簿；权利、许可证照；经财政部确定征税的其他凭证。印花税税率分为比例税率和定额税率两种。比例税率包括0.005%、0.03%、0.05%、0.1%四个档次，定额税率为每件5元。

2. 城市维护建设税

城市维护建设税是国家对缴纳增值税、消费税（以下简称"两税"）的单位和个人就其缴纳的"两税"税额为计税依据而征收的一种税。

城市维护建设税的纳税人是指负有缴纳"两税"义务的单位和个人。城市维护建设税的征收范围包括城市、县城、建制镇以及税法规定征收"两税"的其他地区。城建税实行差别比例税率，即按照纳税人所在地的不同，实行了不同档次的税率。具体为：纳税人所在地为城市市区的，税率为7%；纳税人所在地为县城、建制镇的，税率为5%；纳税人所在地不在城市市区、县城或者建制镇的，税率为1%。

五、资源税

资源税是指以纳税人开发和利用的自然资源为征税对象征收的一种税收。资源税的纳税人是在我国境内开采应税矿产品或者生产盐的单位和个人。资源税的征收范围包括矿产品和盐，具体包括原油、天然气、煤炭、其他非金属矿原矿、黑色矿原矿、有色金属矿原矿和盐。资源税实行定额税率和比例税率两种形式。

任务三　税收征收管理

任务导入

某市地税局接到群众举报,称该市某酒家有偷税行为。为获取证据,该地税局派税务人员王某等四人扮作食客,到该酒家就餐。餐后索要发票,服务人员开具了一张商业零售发票,且将饭菜写成了烟酒,当税务人员问是否可以打折时,对方称如果要白条,就可以打折。第二天,王某等四人又来到该酒家,称我们是市地税局的,有人举报你们酒家有偷税行为,并出示税务检查证,依法对酒家进行税务检查。检查中,该酒家老板不予配合。检查人员出示了前一天的就餐发票,同时当着老板的面打开吧台抽屉,从中搜出大量该酒家的自制收据和数本商业零售发票。经核实,该酒家擅自印制收据并非法使用商业零售发票,偷逃营业税等地方税收 58 856.74 元,根据《中华人民共和国税收征收管理法》及其有关规定,依法作出如下处理:补税 58 856.74 元,并处所偷税款 1 倍的罚款,对违反发票管理行为处以 9 000 元的罚款。翌日,该市地税局向该酒家下达了税务违章处罚通知书。该酒家不服,遂向当地人民法院提起行政诉讼。

任务要求:①税务机关的检查行为是否合法?②市地税局的行政处罚是否有效?③市地税局的行政处罚是否符合法律形式?

相关知识

税收征收管理是国家税务机关对纳税人依法征税和进行税务监督管理的活动。税收征收管理法是调整、规范税收征收管理的法律规范的总称。税收征管法是指调整税收征收与税收管理过程中发生的社会关系的法律规范的总称。1992 年 9 月 4 日第七届全国人民代表大会常务委员会第二十七次会议通过了《税收征管法》。1995 年 2 月 28 日第八届全国人民代表大会常务委员会第十二次会议对《税收征管法》进行了第一次修正;2001 年 4 月 28 日第九届全国人民代表大会常务委员会第二十一次会议对该法进行了修订;2013 年 6 月 29 日第十二届全国人民代表大会常务委员会第三次会议对《税收征管法》进行了第二次修正;2015 年 4 月 24 日第十二届全国人民代表大会常务委员会第十四次会议又对该法进行了第三次修正。

一、税务管理

1. 税务登记

税务登记又称"纳税登记",是税务机关对纳税人的生产经营活动实行法定登记的一种管理制度,也是纳税人已经纳入税务机关监督管理的一项证明。

企业,企业在外地设立的分支机构和从事生产、经营的场所,个体工商户和从事生产、经营的事业单位(以下统称从事生产、经营的纳税人)自领取营业执照之日起30日内,持有关证件,向税务机关申报办理税务登记。税务机关应当自收到申报之日起30日内审核并发给税务登记证件。

从事生产、经营的纳税人,税务登记内容发生变化的,自工商行政管理机关办理变更登记之日起30日内或者在向工商行政管理机关申请办理注销登记之前,持有关证件向税务机关申报办理变更或者注销税务登记。

2. 账簿、凭证管理

账簿、凭证管理是税务管理的重要内容,它直接关系到征税依据的真实性。纳税人必须按国家财务、会计法规和税务主管部门的规定设置账簿,根据合法、有效的凭证记账,进行核算,并按规定完整地保存账簿、记账凭证等纳税资料。

3. 纳税申报

纳税人必须在规定的申报期限办理纳税申报,报送纳税申报表、财务会计报表以及有关纳税资料。有特殊情况不能按期办理纳税申报时,必须向税务机关提出书面延期申请,经税务机关核准可以延期申报。

实务操作指南——办理税务登记流程

(1)领取、填写、报送税务登记表。
(2)报送资料:
① 营业执照副本及复印件。
② 企业法人代表身份证及复印件。
③ 全国组织机构统一代码证副本及复印件。
④ 企业公章、财务专用章等印鉴。
⑤ 开户银行账号证明。
⑥ 生产经营地址的产权证书或租赁协议复印件。
⑦ 主管税务机关需要的其他资料。
(3)办理纳税磁卡。
(4)领取税务登记证。

二、税款征收

税款征收是国家税务机关等主体依照税收法律、法规规定将纳税人应当缴纳的税款征收入库的一系列活动的总称。

项目十二 税法

1. 税款征收的方式

税款征收的方式主要有查账征收、核定征收、定期定额征收、代收代缴、代扣代缴、委托代征、查验征收。

2. 税款征收的期限

纳税人、扣缴义务人必须依法按照规定的期限，缴纳或者解缴税款。未按照规定期限缴纳或解缴税款的，税务机关除责令限期缴纳外，从滞纳税款之日起，按日加收滞纳税款万分之五的滞纳金。纳税人因有特殊困难，不能按期缴纳税款的，经省、自治区、直辖市国家税务局、地方税务局批准，可以延期缴纳税款，但是最长不得超过3个月。

3. 税收的减免

纳税人可以依照法律、行政法规的规定书面申请减税、免税。减税、免税的申请须经法律、行政法规规定的减税、免税审查批准机关审批。地方各级人民政府、各级人民政府主管部门、单位和个人违反法律、行政法规规定，擅自作出的减税、免税决定无效。

三、税务检查

税务检查是税务机关依照国家有关税收法律、法规、规章和财务会计制度的规定，对纳税人、代扣代缴义务人履行纳税义务、扣缴义务情况进行审查监督的一种行政检查。

税务机关依法进行税务检查时，纳税人、扣缴义务人必须如实反映情况，提供有关资料，不得拒绝、隐瞒。税务机关派出的人员进行税务检查时，应当出示税务检查证和税务检查通知书，并有责任为被检查人保守秘密。未出示税务检查证和税务检查通知书的，被检查人有权拒绝检查。

任务四 税务争议的处理及违反税法的法律责任

任务导入

安徽破获一起利用"阴阳合同"隐瞒股权转让收入逃税案。安徽省淮南市税务稽查部门根据举报线索，查实安徽某药业公司股东鲍某与殷某签订股权转让协议，将其实际持有的该药业公司51.09%的股权转让给殷某，实际转让价格为7 000万元。后鲍某为偷逃相关税款另行伪造股权转让协议进行纳税申报,少缴税款合计1 175.48万元。淮南市税务稽查部门依法作出对鲍某追缴税款、加收滞纳金并处罚款的处理处罚决定后,鲍某未按期补缴税款、滞纳金和罚款。税务部门随即依法将该案移送公安机关立案侦查,后鲍某被检察院提起公诉。进入司法程序后,鲍某补缴全部税款。2021年3月,安徽省某区人民法院判决认定,鲍某将其持有的某公司股权转让他人后采取欺骗、隐瞒手段进行虚假纳税申报,且涉及金额巨大,其行为已构成逃税罪,依法判处鲍某有期徒刑四年,并处罚金人民币50万元。

任务要求:结合本案分析违反税法的行为表现及法律责任。

相关知识

一、税务争议的处理

税务争议是指税务机关与税务管理相对人之间因确认或实施税收法律关系而产生的纠纷。解决税务争议主要包括税务行政复议和税务行政诉讼两种方式。

纳税人、扣缴义务人、纳税担保人同税务机关在纳税上发生争议时,必须先依照税务机关的纳税决定,缴纳或者解缴税款及滞纳金,或者提供相应的担保,然后可以依法申请行政复议;对行政复议决定不服的,可以依法向人民法院起诉。

当事人对税务机关的处罚决定、强制执行措施或者税收保全措施不服的,可以依法申请行政复议,也可以依法向人民法院起诉。

当事人对税务机关的处罚决定逾期不申请行政复议也不向人民法院起诉、又不履行的,作出处罚决定的税务机关可以采取强制执行措施,或者申请人民法院强制执行。

二、违反税法的法律责任

1. 纳税人、扣缴义务人违反税法的法律责任

纳税人未按照规定办理税务登记;未按照规定进行账簿管理;未按照规定进行纳税申报的,由税务机关责令限期改正,可以处2 000元以下的罚款;情节严重的,处2 000元以上1万元以下的罚款。

扣缴义务人未按照规定设置、保管代扣代缴、代收代缴税款账簿或者保管代扣代缴、代收代缴税款记账凭证及有关资料的,由税务机关责令限期改正,可以处2 000元以下的罚款;情节严重的,处2 000元以上5 000元以下的罚款。

2. 违反税款征收规定的法律责任

(1)偷税行为的法律责任。纳税人伪造、变造、隐匿、擅自销毁账簿、记账凭证,或者在账簿上多列支出或者不列、少列收入,或者经税务机关通知申报而拒不申报或

者进行虚假的纳税申报，不缴或者少缴应纳税款的，是偷税。对纳税人偷税的，由税务机关追缴其不缴或者少缴的税款、滞纳金，并处不缴或者少缴的税款50%以上5倍以下的罚款；构成犯罪的，依法追究刑事责任。扣缴义务人采取上述手段，不缴或者少缴已扣、已收税款，由税务机关追缴其不缴或者少缴的税款、滞纳金，并处不缴或者少缴的税款50%以上5倍以下的罚款；构成犯罪的，依法追究刑事责任。

（2）欠税行为的法律责任。纳税人欠缴应纳税款，采取转移或者隐匿财产的手段，妨碍税务机关追缴欠缴的税款的，由税务机关追缴欠缴的税款、滞纳金，并处欠缴税款50%以上5倍以下的罚款；构成犯罪的，依法追究刑事责任。

（3）抗税行为的法律责任。以暴力、威胁方法拒不缴纳税款的，是抗税，除由税务机关追缴其拒缴的税款、滞纳金外，依法追究刑事责任。情节轻微，未构成犯罪的，由税务机关追缴其拒缴的税款、滞纳金，并处拒缴税款1倍以上5倍以下的罚款。

3. 税务机关及税务人员违反税法的法律责任

（1）税务机关违反税法的法律责任

税务机关违反规定擅自改变税收征收管理范围和税款入库预算级次的，责令限期改正，对直接负责的主管人员和其他直接责任人员依法给予降级或者撤职的行政处分。

（2）税务人员违反税法的法律责任

税务人员徇私舞弊，对依法应当移交司法机关追究刑事责任而不移交，情节严重的，依法追究刑事责任。

税务人员利用职务上的便利，收受或者索取纳税人、扣缴义务人财物或者谋取其他不正当利益，构成犯罪的，依法追究刑事责任；尚不构成犯罪的，依法给予行政处分。

税务人员徇私舞弊或者玩忽职守，不征或者少征应征税款，致使国家税收遭受重大损失，构成犯罪的，依法追究刑事责任；尚不构成犯罪的，依法给予行政处分。

税务人员滥用职权，故意刁难纳税人、扣缴义务人的，调离税收工作岗位，并依法给予行政处分。

税务人员对控告、检举税收违法违纪行为的纳税人、扣缴义务人以及其他检举人进行打击报复的，依法给予行政处分；构成犯罪的，依法追究刑事责任。

项目训练

■ 概念与知识

1. 基本概念

税收　流转税　所得税　财产税　行为税　资源税

2. 选择题

（1）我国现行的流转税主要有（　　）。
　　A. 增值税　　　B. 消费税　　　C. 营业税　　　D. 城市维护建设税

（2）代表国家行使征税职责的国家行政机关包括（　　）。
　　A. 税务机关　　B. 海关　　　　C. 财政机关　　D. 工商行政机关

（3）下列各项中，属于增值税征收范围的有（　　）。
　　A. 纳税人随同销售软件一并收取的软件培训费收入
　　B. 邮政部门发行报刊
　　C. 纳税人销售货物同时代办保险而向购买方收取的保险费收入
　　D. 动漫企业销售其自主开发生产的动漫软件

（4）下列各项中，应当征收消费税的有（　　）。
　　A. 化妆品厂作为样品赠送给客户的洗发水
　　B. 用于产品质量检验耗费的高尔夫球杆
　　C. 白酒生产企业向百货公司销售的试制药酒
　　D. 某木制品公司将自产实木地板作为样品送某房地产公司

（5）下列项目中，属于劳务报酬所得的是（　　）。
　　A. 发表论文取得的报酬
　　B. 提供非专利技术取得的报酬
　　C. 将国外的作品翻译并出版取得的报酬
　　D. 高校教师受出版社委托进行审稿取得的报酬

3. 简答题

（1）税收的特征有哪些？
（2）税法的构成要素有哪些？
（3）我国现行主要税种有哪些？
（4）违反税法的法律责任有哪些？

■ 分析与应用

案例

个体工商户王某于 2021 年 5 月 1 日领取营业执照，并开始从事生产经营活动，同年 8 月 25 日，该县地税局在清理漏征漏管户工作中，发现王某未向地税机关申请办理税务登记，也未申报纳税（应纳税款 5 000 元），于是该县地税局对王某未办理税务登记的行为，责令限期改正，依照法定程序作出罚款 1 000 元的决定；对未申报纳税的行为，责令限期改正，同时依照法定程序作出追缴税款及加收滞纳金，并处以未缴税款 3 倍即 15 000 元罚款的决定。王某对此不服，在接到行政处罚决定书的第二天，以对当事人的同一违法行为不得给予两次以上罚款的行政处罚为由，向市地税局申请行政复议。

问题：

（1）该县地税局作出的行政处罚是否正确？是否违反了"一事不二罚"的原则？为什么？

（2）对王某的行政复议申请，市地税局应当受理吗？

实训题

举行一次"走近税收"宣传活动。

项目十三

会 计 法

学习目标	
知识目标	掌握会计、会计法的概念，会计法的立法宗旨和适用范围，会计法的基本原则； 掌握会计机构会计人员设置的相关要求； 熟悉会计核算的内容、基本要求和程序，掌握会计监督的内容； 掌握违反会计法的法律责任。
能力目标	能够严格遵守会计准则与会计法规，依法经营； 能够识别不同的会计岗位及会计人员职责； 能够识别违反会计核算与会计监督的行为； 能够识别违反会计法的行为与责任后果。

任务一　认识会计法

任务导入

戊公司是一家国有大型企业，2020年12月，公司总经理针对公司效益下滑、面临亏损的情况，电话请示出差在外的董事长。董事长指示把财务会计报告做得漂亮一些，总经理要求总会计师按董事长意见办。总会计师对当年度的会计报告进行了技术处理，虚拟了若干笔无交易的销售收入，从而使公司报表变亏为盈。财务报告经诚信会计师事务所审计后对外报出。2021年5月，财政部门在《会计法》执法检查中发现戊公司存在重大作假行为，拟依法对该公司董事长、总经理、总会计师等相关人员作出行政处罚，并下达了处罚告知书。戊公司相关人员收到处罚告知书后，均要求举行听证会。在听证会上，有关当事人作了如下陈述。公司董事长称：我前段时间出差在外，对公司情况不太了解，虽然在财务会计报告上签名并盖章，但只是履行会计手续，我不能负任何责任。具体情况由公司总经理说明。公司总经理称：我是搞技术出身的，主抓公司生产经营，对会计我是门外汉，我虽在财务会计报告上签名并盖章，那也是履行程序，以前也是这样的，我不应承担责任。有关财务会计报告的情况应由公司总会计师解释。公司总会计师称：公司对外报出的财务会计报告是经过诚信会计事务所审计的，他们出具了无保留意见的审计报告。诚信会计事务所应对公司财务会计报告的真实性、完整性负责，承担由此带来的一切责任。

任务要求：董事长、总经理及总会计师的理由是否成立？结合本案，理解会计法的基本原则。

相关知识

一、会计与会计法的概念

会计是以货币为主要计量单位，采用专门方法，对经济活动进行连续、系统、全面、综合的核算和监督，并在此基础上进行分析、预测和控制的一种管理活动。

会计法是调整会计关系的法律规范的总称。1985年1月21日第六届全国人民代表大会常务委员会第九次会议通过了《中华人民共和国会计法》（以下简称《会计法》），该法于1993年进行了第一次修正，1999年进行了修订，2017年进行了第二次修正。

二、会计法的立法宗旨和适用范围

我国会计法的立法宗旨是：规范会计行为，保证会计资料真实、完整，加强经济管理和财务管理，提高经济效益，维护社会主义市场经济秩序。

根据《会计法》的规定，国家机关、社会团体、公司、企业、事业单位和其他组织办理会计事务，都要遵守《会计法》的规定。个体工商户设置会计账簿，进行会计核算，由国务院财政部门依据《会计法》的原则另行规定。

三、会计法的基本原则

1. 真实性原则

真实性是会计工作的基本要求。会计工作必须实事求是，会计凭证、账簿、报表和其他会计资料必须客观如实地反映经济生活的真实情况，客观真实地反映经营管理水平和经济效益情况，同时，会计资料本身必须是真实合法的，不能弄虚作假。我国《会计法》规定，各单位必须依法设置会计账簿，并保证其真实、完整。单位负责人对本单位的会计工作和会计资料的真实性、完整性负责。

2. 合法性原则

国家机关、社会团体、公司、企业、事业单位和其他组织办理会计事务，必须遵守《会计法》。会计机构、会计人员依照《会计法》的规定进行会计核算，实行会计监督。

3. 统一性原则

会计工作由财政部门统一领导、分级管理。《会计法》规定，国家实行统一的会计制度。国务院财政部门主管全国的会计工作，县级以上地方各级人民政府财政部门管理本行政区域内的会计工作。

任务二　会计机构和会计人员

任务导入

甲公司内部机构调整，会计张某调离会计工作岗位，与接替者王某在财务科长的监交下办妥了会计工作手续，公司出纳赵某兼任会计档案保管工作。年底，财政部门对该单位进行检查时发现该单位会计张某所记的账目中有会计做假账的行为，接替的王某却没发现。张某说已经办理会计交接手续，王某和财政科长均在移交清册上签字，自己不再承担任何责任。

任务要求：张某的说法是否正确？公司负责人是否对会计做假账行为承担责任？公司出纳赵某兼管会计档案保管工作是否符合法律规定？结合本案，理解会计机构及会计人员设置的相关要求。

相关知识

一、会计机构的设置

会计机构是指各单位根据会计业务需要设置的专门负责办理单位会计业务事项，进行会计核算、实行会计监督的内部职能部门。

我国《会计法》规定，各单位应当根据会计业务的需要，设置会计机构，或者在有关机构中设置会计人员并指定会计主管人员；不具备设置条件的，应当委托经批准设立从事会计代理记账业务的中介机构代理记账。国有的和国有资产占控股地位或者主导地位的大、中型企业必须设置总会计师。总会计师的任职资格、任免程序、职责权限由国务院规定。

会计机构内部应当建立稽核制度。出纳人员不得兼任稽核、会计档案保管和收入、支出、费用、债权债务账目的登记工作。

二、会计人员从业资格的管理

从事会计工作的人员，应当具备从事会计工作需要的专业能力。担任单位会计机构负责人（会计主管人员）的，应当具备会计师以上专业技术职务资格或者有从事会计工作三年以上经历。

因有提供虚假财务会计报告，做假账，隐匿或者故意销毁会计凭证、会计账簿、财务会计报告，贪污，挪用公款，职务侵占等与会计职务有关的违法行为被依法追究刑事责任的人员，不得再从事会计工作。

三、会计人员的交接

会计人员调动工作或者离职，必须与接管人员办清交接手续。一般会计人员办理交接手续，由会计机构负责人（会计主管人员）监交；会计机构负责人（会计主管人员）办理交接手续，由单位负责人监交，必要时主管单位可以派人会同监交。

任务三　会计机构核算与会计监督

任务导入

2021年5月15日,某公司会计人员林某在审核一笔托收付款凭证时,无意中发现某商品单价每台高出合同价50元,总差价25 000元。当时业务部门已经在付款凭证上核对,签字同意付款;并且由于该批商品进货及时、对路,已经全部售出,为公司赚了一笔可观的收益,进货业务员也因此受到公司领导的好评。但林某想到自己是会计,必须实事求是、真实反映,在发现托收凭证与合同不对后,林某找到业务员,要求核实情况。业务员一听要核实进货价格,态度蛮横地拒绝了林某的要求。林某又要求他提供合法的凭据,否则拒付差额款。业务员说是对方电话通知涨价,合同价已经更改。林某给供货方打电话,查询此事。对方回答:货款未涨,但我方业务员已"借"走现金25 000元,要求一并托收。事实真相查清后,向单位负责人作了专题汇报。

任务要求:理解会计监督的作用及内容。

相关知识

一、会计核算

1. 会计核算的概念

会计核算是以货币为计量单位,运用专门的会计方法,对生产经营活动或者预算执行过程及其结果进行连续、系统、全面的记录、计算和分析,定期编制并提供财务会计报告和其他一系列内部管理所需的会计资料,为作出经营决策和宏观经济管理提供依据的一项会计活动。

会计核算的方法主要包括设置会计科目和会计账户、复式记账、填制和审核会计凭证、登记会计账簿、成本核算、财产清查、编制会计报表等。

2. 会计核算的内容

根据《会计法》第10条规定,下列事项应当办理会计手续,进行会计核算:①款项和有价证券的收付;②财物的收发、增减和使用;③债权债务的发生和结算;④资本、基金的增减;⑤收入、支出、费用、成本的计算;⑥财务成果的计算和处理;⑦需要办理会计手续、进行会计核算的其他事项。

3. 会计期间与记账单位

会计核算应当划分会计期间，分期结算账目和编制会计报表。我国是以公历年度为会计年度，自公历1月1日起至12月31日止。每一个会计年度又分为季度和月度进行会计核算和编制会计报表。

会计核算以人民币为记账本位币。业务收支以人民币以外的货币为主的单位，可以选定其中一种货币作为记账本位币，但是编报的财务会计报告应当折算为人民币。

4. 会计核算的基本要求

《会计法》规定，会计核算应遵守以下基本要求：会计核算必须以单位实际发生的经济业务为依据；会计凭证、会计账簿、财务会计报告和其他会计资料，必须符合国家统一的会计制度的规定；不得伪造、变造会计凭证、会计账簿及其他会计资料；不得提供虚假的会计资料；使用电子计算机进行会计核算的，其软件及其生成的会计凭证、会计账簿、财务会计报告和其他会计资料，也必须符合国家统一的会计制度的规定。

5. 会计核算的程序

会计核算应按以下程序进行。

（1）凡应当办理会计手续，进行会计核算的事项，必须填制或取得原始凭证，及时送交会计机构。会计机构必须对原始凭证进行审核，对不真实、不合法的原始凭证，有权不予接受，并向单位负责人报告。对不正确、不完整的原始凭证，有权退回更正、补充，并根据经过审核的原始凭证及有关资料编制记账凭证。

（2）会计机构以经过审核的会计凭证为依据，并按照有关法律、行政法规和国家统一的会计制度的规定进行会计账簿登记。会计账簿包括总账、明细账、日记账和其他辅助性账簿。会计账簿应当按照连续编号的页码顺序登记。单位发生的各项经济业务事项应当在依法设置的会计账簿上统一登记、核算，不得违反本法和国家统一的会计制度的规定私设会计账簿登记、核算。

（3）各单位应当定期将会计账簿记录与实物、款项及有关资料相互核对，保证会计账簿记录与实物及款项的实有数额相符、会计账簿记录与会计凭证的有关内容相符、会计账簿之间相对应的记录相符、会计账簿记录与会计报表的有关内容相符。

（4）财务会计报告应当根据经过审核的会计账簿记录和有关资料编制，并符合《会计法》和国家统一的会计制度关于财务会计报告的编制要求、提供对象和提供期限的规定。

财务会计报告应当由单位负责人和主管会计工作的负责人、会计机构负责人（会计主管人员）签名并盖章；设置总会计师的单位，还须由总会计师签名并盖章。单位负责人应当保证财务会计报告真实、完整。

6. 建立会计档案制度

会计档案资料是各单位经济活动的历史记录和证据。《会计法》规定，单位对会计凭证、会计账簿、财务会计报告和其他会计资料应当建立档案，妥善保管。会计档案的保管期限和销毁办法，由国务院财政部门会同有关部门制定。

7. 公司、企业会计核算的特别规定

公司、企业进行会计核算，除应当遵守《会计法》的一般要求外，还应当符合以下要求。

公司、企业必须根据实际发生的经济业务事项，按照国家统一的会计制度的规定确认、计量和记录资产、负债、所有者权益、收入、费用、成本和利润。

公司、企业进行会计核算不得有下列行为：①随意改变资产、负债、所有者权益的确认标准或者计量方法，虚列、多列、不列或者少列资产、负债、所有者权益；②虚列或者隐瞒收入，推迟或者提前确认收入；③随意改变费用、成本的确认标准或者计量方法，虚列、多列、不列或者少列费用、成本；④随意调整利润的计算、分配方法，编造虚假利润或者隐瞒利润；⑤违反国家统一的会计制度规定的其他行为。

实务操作指南——会计凭证审核规范

一、原始凭证的审核规范

1. 原始凭证的合法性

原始凭证应详细审核，如有下列情况者，应当视为不合法。

（1）填写的数字计算错误。

（2）填写的数字与规定及事实经过不符。

（3）与法律和企业有关规定不符者。

2. 支出凭证的审核

（1）支付款项应取得收款人的统一发票，金额较小的可以用收据代替。

（2）对于公司购进商品或支付费用所取得的原始凭证，应盖有对方企业的财务印章，并载明下列各项内容：①该企业的名称、地址；②商品名称、规格及数量或费用性质；③商品的单价、总价；④交易日期等。

（3）对于个人支付费用的原始凭证，应记明下列各项内容：①该用款人的姓名、住址、身份证号码；②支付款项事由；③实收金额；④收到日期等。

3. 收入凭证的审核

（1）各项收入无论属于营业收入或营业外收入，均应取得足够证明收入的凭证。

（2）各项成品销售及其他资产出售所开的统一发票，应记明下列事项：①销售（或出售）日期；②客户名称及地址；③销售成品或其他资产名称、数量；④单价及总价；⑤公司的名称、地址及印章。

（3）收入凭证有下列情况之一者，应当视为不合法：①收入计算及条件与规定

不符；②收入与事实经过不符；③数字计算错误；④手续不全；⑤其他与法律和企业有关规定不符的情况。

二、记账凭证处理规范

记账凭证有下列情况之一者，应视为不合法，须更正。

（1）记账凭证根据不合法的原始凭证填写。

（2）未依规定程序编制。

（3）记载内容与原始凭证不符。

（4）《会计法》规定应记载事项未记明。

（5）依照规定，应经各级人员签章而未签章的，若各单位主管已在原始凭证上签章，则记账凭证可以不用签章。

（6）有记载、计算错误，而未遵照规定更正的。

（7）其他与法律、企业规章不符的情况。

二、会计监督

会计监督是指会计机构和会计人员依照法律的规定，通过会计手续对经济活动的合法性、合理性和有效性进行的一种监督。加强会计监督对于强化单位内部的经营管理、维护国家财经法规具有重要作用。会计监督可以分为单位内部监督、国家监督和社会监督。

1. 单位内部监督

单位内部监督是指各单位的会计机构、会计人员对本单位实行的会计监督。

关于内部监督，《会计法》规定：各单位应当建立、健全本单位内部会计监督制度。单位内部会计监督制度应当符合下列要求。

（1）记账人员与经济业务事项和会计事项的审批人员、经办人员、财物保管人员的职责权限应当明确，并相互分离、相互制约。

（2）重大对外投资、资产处置、资金调度和其他重要经济业务事项的决策和执行的相互监督、相互制约程序应当明确。

（3）财产清查的范围、期限和组织程序应当明确。

（4）对会计资料定期进行内部审计的办法和程序应当明确。

单位负责人应当保证会计机构、会计人员依法履行职责，不得授意、指使、强令会计机构、会计人员违法办理会计事项。

会计机构、会计人员对违反本法和国家统一的会计制度规定的会计事项，有权拒绝办理或者按照职权予以纠正。

会计机构、会计人员发现会计账簿记录与实物、款项及有关资料不相符的，按照国家统一的会计制度的规定有权自行处理的，应当及时处理；无权处理的，应当立即向单位负责人报告，请求查明原因，作出处理。

2. 国家监督

会计工作的国家监督是指财政、税务、审计、人民银行、证券等部门代表国家对各单位的会计工作进行监督。

根据《会计法》的规定，财政部门对各单位的下列情况实施监督：①是否依法设置会计账簿；②会计凭证、会计账簿、财务会计报告和其他会计资料是否真实、完整；③会计核算是否符合本法和国家统一的会计制度的规定。

税务机关在税收征收过程中，可以对单位的纳税情况进行检查，通过检查，进行会计监督。税务机关进行税务检查时，有权检查纳税人的账簿、记账凭证、报表和有关资料，检查扣缴义务人代扣代缴、代收代缴税款账簿、记账凭证和有关资料；到纳税人的生产、经营场所和货物存放地现场检查纳税人的应税商品、货物或其他财产，检查扣缴义务人与代扣、代收税款有关的经营情况；到车站、码头、机场、邮政企业及其分支机构检查纳税人托运、邮寄应纳税商品、货物或其他财产的有关单据、凭证和有关资料；经法定批准手续查询纳税人的存款账户和储蓄存款等。

除财政、税务部门外，人民银行、证券监管、保险监管等部门应当依照有关法律、行政法规规定的职责，对有关单位的会计资料实施监督检查。

上述监督检查部门对有关单位的会计资料依法实施监督检查后，应当出具检查结论。有关监督检查部门已经作出的检查结论能够满足其他监督检查部门履行本部门职责需要的，其他监督检查部门应当加以利用，避免重复查账。实施监督检查的部门及其工作人员对在监督检查中知悉的国家秘密和商业秘密负有保密义务。

各单位必须依照有关法律、行政法规的规定，接受有关监督检查部门依法实施的监督检查，如实提供会计凭证、会计账簿、财务会计报告和其他会计资料以及有关情况，不得拒绝、隐匿、谎报。

3. 社会监督

会计工作的社会监督主要是由注册会计师及其所在的会计师事务所依法对委托单位的经济活动进行审计、验证的一种监督制度。注册会计师及其所在的会计师事务所依法承办下列审计业务：①审查企业会计报表，出具审计报告；②验证企业资本，出具验资报告；③办理企业合并、分立、清算事宜中的审计业务，出具有关的报告；④法律、行政法规规定的其他审计业务。

有关法律、行政法规规定，须经注册会计师进行审计的单位，应当向受委托的会计师事务所如实提供会计凭证、会计账簿、财务会计报告和其他会计资料以及有关情况。任何单位或者个人不得以任何方式要求或者示意注册会计师及其所在的会计师事务所出具不实或者不当的审计报告。财政部门有权对会计师事务所出具审计报告的程序和内容进行监督。

此外，单位或个人检举违反《会计法》和国家统一的会计制度规定的行为，也属于会计工作社会监督的范畴。

任务四　违反会计法的法律责任

任务导入

甲公司伪造进出口凭证，虚报进出口经营业绩，累计虚增经营额 84 640 万元，占公司营业额的 90%，虚增利润 15 600 万元，占公司利润总额的 85%，严重损害了股东和其他人的利益。该行为的直接责任人为 A 某和 B 某（A 某为会计人员，B 某为非会计人员；二者不属于国家工作人员）。为甲公司出具年度审计报告的丙会计师事务所的注册会计师 C 某和 D 某严重不负责任，未进行必要的审计程序，也未认真审核相关会计凭证的真伪，出具了无保留意见的审计报告，尽管属于过失，但造成了严重的后果。

任务要求：本案中哪些主体违反了会计法的规定？应承担哪些责任？结合本案，理解违反会计法的行为表现及法律责任。

相关知识

一、不依法进行会计管理、核算和监督的法律责任

违反《会计法》规定，有下列行为之一的，由县级以上人民政府财政部门责令限期改正，可以对单位并处 3 000 元以上 5 万元以下的罚款；对其直接负责的主管人员和其他直接责任人员，可以处 2 000 元以上 2 万元以下的罚款；属于国家工作人员的，还应当由其所在单位或者有关单位依法给予行政处分。

（1）不依法设置会计账簿的。
（2）私设会计账簿的。
（3）未按照规定填制、取得原始凭证或者填制、取得的原始凭证不符合规定的。
（4）以未经审核的会计凭证为依据登记会计账簿或者登记会计账簿不符合规定的。
（5）随意变更会计处理方法的。
（6）向不同的会计资料使用者提供的财务会计报告编制依据不一致的。
（7）未按照规定使用会计记录文字或者记账本位币的。
（8）未按照规定保管会计资料，致使会计资料毁损、灭失的。
（9）未按照规定建立并实施单位内部会计监督制度或者拒绝依法实施的监督或者不如实提供有关会计资料及有关情况的。
（10）任用会计人员不符合本法规定的。

有上述所列行为之一，构成犯罪的，依法追究刑事责任。会计人员有第一项所列行为之一，情节严重的，由县级以上人民政府财政部门吊销会计从业资格证书。有关

法律对第一项所列行为的处罚另有规定的,依照有关法律的规定办理。

二、伪造、变造、编制虚假会计资料的法律责任

伪造、变造会计凭证、会计账簿,编制虚假财务会计报告,构成犯罪的,依法追究刑事责任。

有上述行为,尚不构成犯罪的,由县级以上人民政府财政部门予以通报,可以对单位并处 5 000 元以上 10 万元以下的罚款;对其直接负责的主管人员和其他直接责任人员,可以处 3 000 元以上 5 万元以下的罚款;属于国家工作人员的,还应当由其所在单位或者有关单位依法给予撤职直至开除的行政处分;其中的会计人员,5 年内不得从事会计工作。

三、隐匿或者故意销毁会计资料的法律责任

隐匿或者故意销毁依法应当保存的会计凭证、会计账簿、财务会计报告,构成犯罪的,依法追究刑事责任。

有前述行为,尚不构成犯罪的,由县级以上人民政府财政部门予以通报,可以对单位并处 5 000 元以上 10 万元以下的罚款;对其直接负责的主管人员和其他直接责任人员,可以处 3 000 元以上 5 万元以下的罚款;属于国家工作人员的,还应当由其所在单位或者有关单位依法给予撤职直至开除的行政处分;其中的会计人员,5 年内不得从事会计工作。

四、授意、指使、强令会计机构、会计人员及其他人员伪造、变造、编制、故意销毁会计资料的法律责任

授意、指使、强令会计机构、会计人员及其他人员伪造、变造会计凭证、会计账簿,编制虚假财务会计报告或者隐匿、故意销毁依法应当保存的会计凭证、会计账簿、财务会计报告,构成犯罪的,依法追究刑事责任;尚不构成犯罪的,可以处 5 000 元以上 5 万元以下的罚款;属于国家工作人员的,还应当由其所在单位或者有关单位依法给予降级、撤职、开除的行政处分。

五、单位负责人对会计人员实行打击报复的法律责任

单位负责人对依法履行职责、抵制违反本法规定行为的会计人员以降级、撤职、调离工作岗位、解聘或者开除等方式实行打击报复,构成犯罪的,依法追究刑事责任;尚不构成犯罪的,由其所在单位或者有关单位依法给予行政处分。对受打击报复的会计人员,应当恢复其名誉和原有职务、级别。

六、其他违反会计法的法律责任

财政部门及有关行政部门的工作人员在实施监督管理中滥用职权、玩忽职守、徇

私舞弊或者泄露国家秘密、商业秘密，构成犯罪的，依法追究刑事责任；尚不构成犯罪的，依法给予行政处分。收到检举的部门、负责处理的部门违反规定，将检举人姓名和检举材料转给被检举单位和被检举人个人的，由所在单位或者有关单位依法给予行政处分。

项目训练

■ 概念与知识

1. 基本概念

会计　会计核算　会计监督

2. 选择题

（1）根据会计法律制度的规定，（　　）对本单位的会计工作和会计资料的真实性、完整性负责。

　　A. 总会计师　　　　　　　　B. 会计机构负责人
　　C. 单位负责人　　　　　　　D. 主管会计人员

（2）根据会计法律制度的规定，会计人员在对原始凭证进行审核时，对于记载不准确、不完整的原始凭证，应当（　　）。

　　A. 不予受理　　　　　　　　B. 予以扣留
　　C. 向单位负责人报告　　　　D. 要求经办人员更正、补充

（3）根据《会计法》的规定，下列单位中必须设置总会计师的有（　　）。

　　A. 国有大型企业
　　B. 国有中型企业
　　C. 国有资产占主导地位的大型企业
　　D. 国有资产占主导地位的中型企业

（4）一般会计人员办理交接手续，由（　　）监交。

　　A. 会计机构负责人　　　　　B. 单位负责人
　　C. 总会计师　　　　　　　　D. 总经理

（5）会计监督是指（　　）。

　　A. 单位内部监督　　　　　　B. 政府监督
　　C. 社会监督　　　　　　　　D. 以上均是

3. 简答题

（1）会计法的立法宗旨和适用范围是什么？
（2）会计法的基本原则有哪些？
（3）会计机构和会计人员法律制度的内容有哪些？
（4）会计核算的内容、基本要求和程序有哪些？

（5）会计监督的内容、方式有哪些？

（6）违反会计法应承担哪些法律责任？

■ 分析与应用

案例

2019年，某国有低压电器厂出租闲置厂房一处，取得租赁收入150万元，厂长刘某暗示财会机构负责人李某，此笔收入可以不入账，留作厂领导交际应酬和年终发放奖金。随即，李某指派会计人员张某办理此事，张某提出反对意见，坚持将此笔收入入账，并按规定缴纳各项税金。厂长刘某为了达到目的，坚持将会计人员张某调离财会机构。

2020年年末，该厂年终预计亏损80万元。为了完成上级主管部门下达的利润指标，厂长刘某授意李某将应计入2020年年度的部分费用挂在长期待摊费用科目，待以后企业经营形势好转再计入成本费用。经过调整，该厂对外报出的2020年年度会计报告反映的利润额为180万元，超额完成利润指标。

2021年年初，审计部门接到举报信后对该厂进行审计。厂长刘某为了防止小金库等问题的败露，指使李某销毁有关小金库的会计资料。经过审计部门的严格审计，发现了该厂的上述问题并加以证实，并给予相关人员处分。

问题：某国有低压电器厂存在哪些违反会计法的行为？应承担什么法律责任？

实训题

前任国家总理朱镕基到中央上任之初，曾公开约法三章，其中一项就是"绝不题字"。但是，绝不题字的朱镕基还是三次破例，三次题字竟是同样的内容："不做假账"。三题"不做假账"，固然显出朱总理对事关市场经济命脉的会计行业的殷殷关切之心，同时，也折射出会计行业造假行为之猖狂和屡禁不止、屡教不改的现状。请收集近些年会计造假的重大事件并分析违反会计法的行为表现及应承担的法律责任。

项目十四

经济仲裁法与经济诉讼法

学习目标	
知识目标	掌握仲裁的概念、特征、适用范围； 掌握仲裁协议的内容及效力； 熟悉仲裁的程序； 掌握经济纠纷诉讼的概念、经济纠纷诉讼的基本制度； 掌握经济纠纷诉讼的管辖制度、证据制度； 熟悉经济纠纷诉讼程序。
能力目标	能够根据案件性质正确选择适用经济仲裁和诉讼； 能够起草仲裁协议，判定仲裁协议效力； 能够起草经济起诉状、答辩状等常用法律文书； 能够熟悉经济仲裁、经济诉讼程序，参加具体的经济仲裁及经济诉讼活动。

任务一　经济仲裁法

任务导入

2021年6月，长春市超越健身房与深圳市健身器械公司签订了一份购销合同。双方约定，因履行合同发生的争议，由双方协商解决；无法协商解决的，由仲裁机构仲裁。2021年8月，双方发生争议，超越健身房向其所在地的长春市仲裁委员会递交了仲裁申请书，但健身器械公司拒绝答辩。同年10月，双方经过协商，重新签订了一份仲裁协议，并商定将此合同争议提交该健身器械公司所在地的深圳市仲裁委员会仲裁。事后超越健身房担心深圳市仲裁委员会实行地方保护主义，偏袒健身器械公司，故未申请仲裁，并向合同履行地人民法院提起诉讼，且起诉时未说明此前两次约定仲裁的情况，法院受理此案，并向健身器械公司送达了起诉状副本，该器械公司向法院提交了答辩状。法院经审理判决被告某健身器械公司败诉，被告不服，理由是双方事先有仲裁协议，法院判决无效。

任务要求：

（1）双方第一次约定的仲裁条款是否有效？争议发生后，双方签订的协议是否有效？

（2）原告超越健身房向法院提起诉讼正确与否？

（3）人民法院审理本案是否正确？为什么？

（4）被告健身器械公司是否可以上诉？其上诉理由是否正确？为什么？

（5）结合本案，理解仲裁协议的有效要件及仲裁相关知识。

相关知识

一、经济仲裁的概念、适用范围

1. 经济仲裁的概念

经济仲裁是指当事人双方根据事前或事后所达成的协议，自愿将他们之间的经济争议提交给仲裁机构进行裁决，从而解决纠纷的法律活动。

仲裁法是调整仲裁关系的法律规范的总称。1994年8月31日第八届全国人民代表大会常务委员会第九次会议通过了《中华人民共和国仲裁法》（以下简称《仲裁法》），该法分别于2009年和2017年进行了修正，最新修正的《仲裁法》自2018年1月1日起施行。

2. 经济仲裁的适用范围

根据我国《仲裁法》的规定，仲裁范围为平等主体的公民、法人和其他组织之间发生的合同纠纷和其他财产权益纠纷。但下列纠纷不能申请仲裁：①婚姻、收养、监护、扶养、继承纠纷；②依法应当由行政机关处理的行政争议。

二、经济仲裁的基本制度

1. 协议仲裁制度

协议仲裁制度是指经济纠纷当事人协议将有关依法可以仲裁解决的争议提交协议所指定的仲裁机构进行裁决的一种制度。协议仲裁制度体现了仲裁的自愿性。协议仲裁制度包括两个方面的含义：一方面，双方当事人只有双方自愿达成仲裁协议，才能通过仲裁这种方式解决纠纷，否则只能通过诉讼或者其他途径解决争议；另一方面，仲裁机构受理案件，必须基于双方当事人的共同授权，如果双方当事人没有签订仲裁协议，仲裁机构则不能受理仲裁申请。

2. 或裁或审制度

或裁或审制度是指双方当事人在纠纷发生前或发生后，有权选择解决争议的途径，该途径分别是：双方达成仲裁协议，将争议提交仲裁解决，或者在争议发生后向人民法院提起诉讼，通过诉讼途径解决争议。如果当事人达成仲裁协议的，就应当向仲裁机构申请仲裁，而不能向法院起诉。

3. 一裁终局制度

一裁终局制度是指仲裁庭作出的仲裁裁决为终局裁决，裁决作出后，当事人就同一纠纷再申请仲裁或者向人民法院起诉，仲裁委员会或者人民法院不予受理。当事人应当自动履行裁决，一方当事人不履行的，另一方当事人可以向法院申请执行。

三、仲裁机构

1. 仲裁委员会和仲裁员

仲裁委员会是民间性的组织，独立于行政机关，与行政机关没有隶属关系，各仲裁委员会之间也没有隶属关系。仲裁委员会可以在直辖市和省、自治区人民政府所在地的市设立，也可以根据需要在其他设区的市设立，不按行政区划层层设立。设立仲裁委员会，应当经省、自治区、直辖市的司法行政部门登记。

仲裁委员会应当具备下列条件。

（1）有自己的名称、住所和章程。

（2）有必要的财产。

（3）有该委员会的组成人员。

（4）有聘任的仲裁员。

仲裁委员会由主任1人、副主任2~4人和委员7~11人组成。仲裁委员会的主任、副主任和委员由法律、经济贸易专家和有实际工作经验的人员担任。仲裁委员会的组成人员中，法律、经济贸易专家不得少于 2/3。

仲裁委员会应当从公道正派的人员中聘任仲裁员。仲裁员应当符合下列条件之一。

（1）通过国家统一法律职业资格考试取得法律职业资格，从事仲裁工作满八年的。

（2）从事律师工作满八年的。

（3）曾任法官满八年的。

（4）从事法律研究、教学工作并具有高级职称的。

（5）具有法律知识、从事经济贸易等专业工作并具有高级职称或者具有同等专业水平的。

2. 仲裁协会

中国仲裁协会经民政部登记后，取得社会团体法人资格。中国仲裁协会实行会员制，各仲裁委员会都是中国仲裁协会的会员。中国仲裁协会是仲裁委员会的自律性组织，指导和协调仲裁委员会的工作。

四、仲裁协议

仲裁协议是指双方当事人自愿将他们之间已经发生或者可能发生的争议提交仲裁解决的书面协议。

1. 仲裁协议的类型

根据仲裁协议存在的方式不同，可将其分为三种类型：①仲裁条款；②仲裁协议书；③其他文件中包含的仲裁协议。

当事人在从事经济活动时，除了订立合同外，还可能在相互之间有信函、电报、电传、传真或其他书面材料。这些文件中如果包含有双方当事人同意将他们之间已经发生或将来可能发生的争议提交仲裁的内容，有关文件亦可构成仲裁协议。

实务操作指南——仲裁协议示范

甲方：××省××市贸易公司

地址：××省××市××路××号

法定代表人：王××　职务：经理

乙方：××省××县××路××号

法定代表人：于××　职务：经理

当事人双方自愿提请××市仲裁委员会按照《仲裁法》规定，仲裁如下争议：

双方于 2021 年 3 月签订购销苹果合同。在合同履行中，因买方对卖方提供的苹果质量等级提出异议，导致双方发生争议，经协商不成。双方一致同意选择××市仲裁委员会依据《仲裁法》及该会仲裁规则对双方合同中涉及苹果的质量等级和双方如何继续履行合同作出裁断。

本协议一式三份，甲乙双方各执一份，×××仲裁委员会一份。

本协议自双方签字之日起生效。

甲方：××贸易公司（盖章）　　　乙方：××县××公司（盖章）
法定代表人：×××　　　　　　　法定代表人：×××

　　　　　　　　　　　　　　　　　　　　　　　　　年　月　日

2. 仲裁协议的内容

仲裁协议必须具有以下内容：①请求仲裁的意思表示；②仲裁事项；③选定的仲裁委员会。

仲裁协议对仲裁事项或者仲裁委员会没有约定或者约定不明确的，当事人可以补充协议；达不成补充协议的，仲裁协议无效。

3. 仲裁协议的有效要件

当事人所签订的仲裁协议只有符合法律规定的有效要件，才能具有法律上的效力，仲裁协议的有效要件主要包括：

（1）当事人具有订立仲裁协议的行为能力，无民事行为能力人或者限制民事行为能力人订立的仲裁协议无效。

（2）当事人订立仲裁协议的意思表示必须是真实的、自愿的。采用欺诈、胁迫手段，迫使对方签订的仲裁协议无效。

（3）提交仲裁的事项具有可仲裁性。我国《仲裁法》规定，约定的仲裁事项超出法律规定的仲裁范围的，仲裁协议无效。例如，对于婚姻、收养、监护、扶养、继承纠纷，以及依法应当由行政机关处理的行政争议不能仲裁。

当事人对仲裁协议的效力有异议的，可以请求仲裁委员会作出决定或者请求人民法院作出裁定。一方请求仲裁委员会作出决定，另一方请求人民法院作出裁定的，由人民法院裁定。当事人对仲裁协议的效力有异议，应当在仲裁庭首次开庭前提出。

4. 仲裁协议的效力

（1）对当事人的效力

仲裁协议生效后，当事人只能将其争议提交仲裁委员会进行仲裁，而不能向法院起诉。

（2）对仲裁委员会和仲裁员的效力

有效的仲裁协议是仲裁委员会受理争议案件的依据，仲裁委员会只能审理有仲裁协议的案件。同时，仲裁委员会只能对当事人在仲裁协议中约定的事项进行仲裁，对超出仲裁协议约定范围以外的事项无权仲裁。

（3）对法院的效力

仲裁协议排除了法院的司法管辖权，对于当事人已经达成仲裁协议的争议法院不得受理。

（4）对主合同的效力

仲裁协议具有独立性，仲裁协议不因主合同的无效或被撤销而无效。我国《仲裁法》规定：仲裁协议独立存在，合同的变更、解除、终止或无效，不影响仲裁协议的效力。

五、仲裁程序

1. 仲裁的申请和受理

当事人申请仲裁应当符合下列条件：①有仲裁协议；②有具体的仲裁请求和事实、理由；③属于仲裁委员会的受理范围。

当事人申请仲裁，应当向仲裁委员会递交仲裁协议、仲裁申请书及副本，并缴纳有关费用。

仲裁申请书应当载明下列事项。

（1）当事人的姓名、性别、年龄、职业、工作单位和住所，法人或者其他组织的名称、住所和法定代表人或者主要负责人的姓名、职务。

（2）仲裁请求和所根据的事实、理由。

（3）证据和证据来源、证人姓名和住所。

仲裁委员会收到仲裁申请书之日起 5 日内，认为符合受理条件的，应当受理，并通知当事人；认为不符合受理条件的，应当书面通知当事人不予受理，并说明理由。

2. 仲裁庭的组成

仲裁庭可以由 3 名仲裁员或者 1 名仲裁员组成，分别称为合议制和独任仲裁庭。当事人选择由独任仲裁庭进行仲裁，应当由当事人共同选定或者共同委托仲裁委员会主任指定仲裁员；如果选择了合议制仲裁庭进行仲裁，双方当事人应各自选定 1 名仲裁员，第 3 名仲裁员则由双方当事人共同选定或者共同委托仲裁委员会主任指定，第 3 名仲裁员是首席仲裁员。

3. 仲裁审理与裁决

仲裁的审理有两种形式，即开庭审理和书面审理。《仲裁法》规定仲裁应开庭审理。仲裁一般不公开进行。当事人协议公开的，可以公开进行，但涉及国家秘密的除外。

开庭前，仲裁委员会应当在仲裁规则规定的期限内将开庭日期通知双方当事人。当事人有正当理由的，可以在仲裁规则规定的期限内请求延期开庭。是否延期，由仲裁庭决定。

申请人经书面通知，无正当理由不到庭或者未经仲裁庭许可中途退庭的，可以视为撤回仲裁申请。被申请人经书面通知，无正当理由不到庭或者未经仲裁庭许可中途退庭的，可以缺席裁决。

当事人应当对自己的主张提供证据。仲裁庭认为有必要收集的证据，可以自行收集。仲裁庭对专门性问题认为需要鉴定的，可以交由当事人约定的鉴定部门鉴定，也可以由仲裁庭指定的鉴定部门鉴定。根据当事人的请求或者仲裁庭的要求，鉴定部门应当派鉴定人参加开庭。当事人经仲裁庭许可，可以向鉴定人提问。证据应当在开庭时出示，当事人可以质证。在证据可能灭失或者以后难以取得的情况下，当事人可以申请证据保全。当事人申请证据保全的，仲裁委员会应当将当事人的申请提交证据所在地的基层人民法院。

当事人申请仲裁后，可以自行和解。达成和解协议的，可以请求仲裁庭根据和解协议作出裁决书，也可以撤回仲裁申请。当事人达成和解协议，撤回仲裁申请后反悔的，可以根据仲裁协议申请仲裁。

仲裁庭在作出裁决前，可以先行调解。当事人自愿调解的，仲裁庭应当调解。调解不成的，应当及时作出裁决。调解达成协议的，仲裁庭应当制作调解书或者根据协议的结果制作裁决书。调解书与裁决书具有同等法律效力。调解书经双方当事人签收后，即发生法律效力。在调解书签收前当事人反悔的，仲裁庭应当及时作出裁决。

仲裁裁决应当按照多数仲裁员的意见作出，少数仲裁员的不同意见可以记入笔录。仲裁庭不能形成多数意见时，裁决应当按照首席仲裁员的意见作出。裁决书自作出之日起发生法律效力。

4. 申请撤销仲裁裁决

当事人提出证据证明裁决有下列情形之一的，可以向仲裁委员会所在地的中级人民法院申请撤销裁决。

（1）没有仲裁协议的。
（2）裁决的事项不属于仲裁协议的范围或者仲裁委员会无权仲裁的。
（3）仲裁庭的组成或者仲裁的程序违反法定程序的。
（4）裁决所根据的证据是伪造的。
（5）对方当事人隐瞒了足以影响公正裁决的证据的。
（6）仲裁员在仲裁该案时有索贿受贿、徇私舞弊、枉法裁决行为的。

人民法院认定该裁决违背社会公共利益的，应当裁定撤销。

当事人申请撤销裁决的，应当自收到裁决书之日起6个月内提出。

人民法院应当在受理撤销裁决申请之日起2个月内作出撤销裁决或者驳回申请的裁定。

人民法院受理撤销裁决的申请后，认为可以由仲裁庭重新仲裁的，通知仲裁庭在一定期限内重新仲裁，并裁定中止撤销程序。仲裁庭拒绝重新仲裁的，人民法院应当裁定恢复撤销程序。

仲裁裁决被人民法院依法撤销后，当事人要想再通过仲裁方式解决其纠纷，必须重新签订仲裁协议，根据新的仲裁协议再申请仲裁。如果当事人不能重新达成仲裁协议，任何一方当事人均可向有管辖权的人民法院提起诉讼。

5. 仲裁裁决的执行

仲裁裁决生效后，当事人应当履行仲裁裁决，一方当事人不履行仲裁裁决的，另一方当事人可申请法院执行仲裁裁决，由法院依照法定程序，强制被执行人履行仲裁裁决所确定的义务。

被申请人提出证据证明仲裁裁决有下列情形之一的，经人民法院组成合议庭审查核实，裁定不予执行。

（1）当事人在合同中没有订有仲裁条款或者事后没有达成书面仲裁协议的。
（2）裁决的事项不属于仲裁协议的范围或者仲裁机构无权仲裁的。

（3）仲裁庭的组成或者仲裁的程序违反法定程序的。
（4）认定事实的主要证据不足的。
（5）适用法律确有错误的。
（6）仲裁员在仲裁该案时有贪污受贿、徇私舞弊、枉法裁决行为的。

人民法院认定执行该裁决违背社会公共利益的，裁定不予执行。

仲裁裁决被人民法院裁定不予执行的，当事人可以根据双方达成的书面仲裁协议重新申请仲裁，也可以向人民法院起诉。

一方当事人申请执行仲裁裁决，另一方当事人申请撤销仲裁裁决的，人民法院应当裁定中止执行。人民法院裁定撤销裁决的，应当裁定终结执行。撤销裁决的申请被裁定驳回的，人民法院应当裁定恢复执行。

任务二　经济诉讼法

任务导入

张某、王某、李某三人为好友，均为 A 县人。一日，三人相约在张某家聚会。张某之妻赵某到某超市购买了 10 瓶绿川牌啤酒，用于招待王某、李某。当天中午，张某、王某、李某三人各饮了 3 瓶啤酒。当晚，三人均出现了不同程度的呕吐腹泻症状。送至医院，医生诊断为食物中毒。赵某将空酒瓶及剩余的一瓶啤酒送至当地卫生防疫部门检验。该卫生防疫部门检验后出具的书面检验报告表明，空酒瓶及该瓶啤酒中均含有致病细菌，正是引发三人中毒的原因。张某、王某决定共同起诉绿川牌啤酒的生产厂家——B 市 C 区的绿川酒业有限责任公司，李某则表示不愿意起诉。有管辖权的人民法院受理该案后，仍将李某追加为原告。在法院主持下，原被告双方达成了调解协议，绿川公司同意付给原告索赔额的 70%。但是，调解书送达时，张某、王某、李某拒绝签收，要求法院按原诉讼请求作出判决。

任务要求：①本案中有管辖权的法院应当是哪个（些）？②法院将李某追加为共同原告是否正确？为什么？李某被追加为原告后，如果不参加诉讼，是否影响本案的审理？③本案中卫生防疫部门出具的书面检验报告能否作为鉴定结论？为什么？④本案中被告方的诉讼参加人应为何人？并请加以简单说明。⑤张某等人拒绝签收调解书有何法律后果？法院对于张某等人拒绝签收调解书后提出的诉讼请求应如何处理？⑥结合本案，熟悉经济诉讼中的管辖、诉讼当事人、证据、诉讼程序等规则。

相关知识

一、经济诉讼的概念及基本制度

1. 经济诉讼的概念

经济诉讼是指人民法院及经济诉讼参与人为解决经济纠纷案件所进行的诉讼活动。

经济纠纷案件的诉讼适用民事诉讼的法律规定。1991年4月9日第七届全国人民代表大会第四次会议通过了《中华人民共和国民事诉讼法》(以下简称《民事诉讼法》)。该法分别于2007年、2012年、2017年、2021年进行了四次修正,最新修正的《民事诉讼法》于2022年1月1日起施行。

2. 经济诉讼的基本制度

(1) 合议制度

合议制度是指由3名以上的法官或法官与陪审员组成合议庭,对案件进行审理并作出裁判的制度。根据《民事诉讼法》的规定,人民法院审理第一审民事案件,由审判员、陪审员共同组成合议庭或者由审判员组成合议庭。合议庭的成员人数,必须是单数。

适用简易程序审理的民事案件,由审判员一人独任审理。基层人民法院审理的基本事实清楚、权利义务关系明确的第一审民事案件,可以由审判员一人适用普通程序独任审理。中级人民法院对第一审适用简易程序审结或者不服裁定提起上诉的第二审民事案件,事实清楚、权利义务关系明确的,经双方当事人同意,可以由审判员一人独任审理。

(2) 回避制度

回避制度是指与案件有一定的利害关系的审判人员或其他有关人员,不得参与案件的审理活动的制度。根据《民事诉讼法》的规定,审判人员有下列情形之一的,必须回避,当事人有权用口头或者书面方式申请他们回避:是本案当事人或者当事人、诉讼代理人的近亲属;与本案有利害关系;与本案当事人、诉讼代理人有其他关系,可能影响对案件公正审理的。

(3) 公开审判制度

公开审判制度是指人民法院审理民事案件,除法律规定的情况外,审判过程及结果应当向群众、社会公开。人民法院审理民事案件,除涉及国家秘密、个人隐私或者法律另有规定的以外,应当公开进行。离婚案件,涉及商业秘密的案件,当事人申请不公开审理的,可以不公开审理。

(4) 两审终审制度

两审终审制度是指一个民事案件经过两级人民法院审判后即告终结的制度。一般的民事诉讼案件,当事人不服一审人民法院的判决、允许上诉的裁定,有权向上一级人民法院提起上诉,二审人民法院对案件所做的判决、裁定为生效判决、裁定,当事人不得再上诉。

二、经济诉讼的管辖

管辖是指各级人民法院和同级人民法院之间受理第一审民事案件的分工和权限。根据《民事诉讼法》的规定,管辖可以分为级别管辖、地域管辖、专属管辖、协议管辖和指定管辖五种情况。

1. 级别管辖

级别管辖是指各级人民法院之间受理第一审民事案件的分工和权限。关于级别管辖的具体规定如下。

(1)基层人民法院管辖第一审民事案件,但《民事诉讼法》另有规定的除外。

(2)中级人民法院管辖下列第一审民事案件:重大涉外案件;在本辖区有重大影响的案件;最高人民法院确定由中级人民法院管辖的案件。

(3)高级人民法院管辖在本辖区有重大影响的第一审民事案件。

(4)最高人民法院管辖下列第一审民事案件:在全国有重大影响的案件;认为应当由本院审理的案件。

2. 地域管辖

地域管辖是指同级人民法院之间受理第一审民事案件的分工和权限。根据《民事诉讼法》的规定,地域管辖分为一般地域管辖、特殊地域管辖。

(1)一般地域管辖

一般地域管辖是指以当事人所在地为根据确定管辖法院。一般地域管辖的原则是"原告就被告",由被告住所地人民法院管辖。被告是公民的,其住所地为户籍所在地;住所地与经常居住地不一致的,由经常居住地人民法院管辖。被告是法人或者其他组织的,其住所地为主要办事机构所在地。

除了一般案件应该由被告所在地人民法院管辖,某些案件则由原告住所地人民法院管辖。根据《民事诉讼法》第23条规定,下列民事诉讼,由原告住所地人民法院管辖;原告住所地与经常居住地不一致的,由原告经常居住地人民法院管辖:①对不在中华人民共和国领域内居住的人提起的有关身份关系的诉讼;②对下落不明或者宣告失踪的人提起的有关身份关系的诉讼;③对被采取强制性教育措施的人提起的诉讼;④对被监禁的人提起的诉讼。

(2)特殊地域管辖

特殊地域管辖是指以诉讼标的所在地、法律事实所在地、被告住所地与法院之间的关系所确定的管辖。特殊地域管辖包括以下情形:因合同纠纷提起的诉讼,由被告住所地或者合同履行地人民法院管辖;因保险合同纠纷提起的诉讼,由被告住所地或者保险标的物所在地人民法院管辖;因票据纠纷提起的诉讼,由票据支付地或者被告住所地人民法院管辖;因公司设立、确认股东资格、分配利润、解散等纠纷提起的诉讼,由公司住所地人民法院管辖;因铁路、公路、水上、航空运输和联合运输合同纠纷提起的诉讼,由运输始发地、目的地或者被告住所地人民法院管辖;因侵权行为提起的诉讼,由侵权行为地或者被告住所地人民法院管辖;因铁路、公路、水上和航空事故请求损害赔偿提起的诉讼,由事故发生地或者车辆、船舶最先到达地、航空器最先降落地或者被告住所地人民法院管辖;因船舶碰撞或者其他海事损害事故请求损害赔偿提起的诉讼,由碰撞发生地、碰撞船舶最先到达地、加害船舶被扣留地或者被告住所地人民法院管辖;因海难救助费用提起的诉讼,由救助地或者被救助船舶最先到达地人民法院管辖;因共同海损提起的诉讼,由船舶最先到达地、共同海损理算地或者航程终止地的人民法院管辖。

3. 专属管辖

专属管辖是指某些特定类型的案件只能由特定的人民法院行使管辖权,其他法院无管辖权,当事人也不得协议变更管辖法院。下列案件为专属管辖:①因不动产纠纷提起的诉讼,由不动产所在地人民法院管辖;②因港口作业中发生纠纷提起的诉讼,由港口所在地人民法院管辖;③因继承遗产纠纷提起的诉讼,由被继承人死亡时住所地或者主要遗产所在地人民法院管辖。

4. 协议管辖

协议管辖又称合意管辖或约定管辖,是指当事人在纠纷发生前或纠纷发生后,以书面形式协商确定管辖法院。《民事诉讼法》第34条规定:"合同或其他财产权益纠纷的双方当事人可以书面协议选择被告住所地、合同履行地、合同签订地、原告住所地、标的物所在地等与争议有实际联系的地点的人民法院管辖,但不得违反本法对级别管辖和专属管辖的规定。"

5. 指定管辖

指定管辖是指上级人民法院以裁定方式,指定下级人民法院对某一案件行使管辖权。《民事诉讼法》第38条规定:"有管辖权的人民法院由于特殊原因,不能行使管辖权签订,由上级人民法院指定管辖。人民法院之间因管辖权发生争议,由争议双方协商解决;协商解决不了的,报请它们的共同上级人民法院指定管辖。"

三、经济诉讼参与人

经济诉讼参与人是诉讼活动中,享有一定诉讼权利,并承担一定诉讼义务的除国家专门机关工作人员以外的人。经济诉讼中的参与人包括诉讼参加人、当事人(原告、被告、共同诉讼人、第三人)和诉讼代理人(法定代理人、委托代理人),以及其他诉讼参与人(证人、鉴定人、勘验人员和翻译人员)。

1. 当事人

当事人是指因民事权益发生纠纷,以自己的名义进行诉讼,与案件审理的结果有法律上的利害关系,并受法院裁判约束的人。具体包括如下内容。

(1) 原告

原告是指为维护自己的经济权益,以自己的名义向人民法院提起诉讼的公民、法人或其他组织。

(2) 被告

被告是指与原告发生经济权益争议,被原告指控,并被人民法院通知应诉的公民、法人或其他组织。

（3）共同诉讼人

共同诉讼人是指当事人一方或双方为二人以上（含二人）以上，诉讼标的是共同的，或者诉讼标的是同一种类、人民法院认为可以合并审理并经当事人同意，一同在人民法院进行诉讼的人。二人以上共同起诉的，称为共同原告，二人以上共同应诉的，称为共同被告。

（4）第三人

经济诉讼中的第三人是指在已经开始的诉讼中，对他人之间的诉讼标的，具有全部的或部分的独立请求权，或者虽然不具有独立请求权，但案件的处理结果与其有法律上的利害关系的人。其中，有独立请求权的第三人与本诉的原被告双方独立，处于原告的地位，享有原告的诉讼权利，承担原告的诉讼义务；无独立请求权的第三人则依附或支持某一方当事人而参加诉讼，在诉讼中享有一定的权利，人民法院判决其承担民事责任的，享有上诉权，以及在二审程序中承认和变更诉讼请求、进行和解、请求执行等权利。

2. 诉讼代理人

诉讼代理人是为被代理人利益，以被代理人名义进行诉讼的人。诉讼代理人又分为法定诉讼代理人和委托诉讼代理人。

法定诉讼代理是根据法律规定代理无诉讼行为能力的当事人实施诉讼行为的人。法定诉讼代理人的范围与监护人的范围是一致的，如未成年人的父母为其法定诉讼代理人，精神病人以其父母、配偶、成年子女为其法定诉讼代理人。

委托诉讼代理人是指受当事人的委托，以当事人的名义代为诉讼的人。当事人、法定代理人可以委托一至二人作为诉讼代理人，下列人员可以被委托为诉讼代理人：①律师、基层法律服务工作者；②当事人的近亲属或者工作人员；③当事人所在社区、单位以及有关社会团体推荐的公民。委托诉讼代理人必须在委托授权范围内实施诉讼行为。

四、证据与举证责任

1. 证据

证据是指能够证明案件真实情况的一切事实。证据主要包括以下形式：书证、物证、视听资料、电子数据证人证言、当事人陈述、鉴定意见、勘验笔录。

2. 举证责任

举证责任又称证明责任，是指当事人对自己提出的主张，有提出证据并加以证明的责任。如果当事人未能尽到上述责任，则有可能承担对其主张不利的法律后果。经济诉讼中实行的是"谁主张，谁举证"的原则。当然，当事人及其诉讼代理人因客观原因不能自行收集的证据，或者人民法院认为审理案件需要的证据，人民法院应当调查收集。

五、审判程序

经济审判程序主要包括第一审程序、第二审程序和审判监督程序。

1. 第一审程序

第一审程序包括普通程序和简易程序。适用普通程序审理的案件，由3名以上的审判员或审判员与陪审员共同组成合议庭审理。适用简易程序的案件，由审判员一人独任审理。第一审普通程序是经济诉讼审判的基础程序，一般包括以下阶段。

1）起诉和受理

起诉是指当事人就经济纠纷向人民法院提起诉讼，请求人民法院依照法定程序进行审判的行为。起诉必须符合下列条件：原告是与本案有直接利害关系的公民、法人和其他组织；有明确的被告；有具体的诉讼请求和事实、理由；属于人民法院受理民事诉讼的范围和受诉人民法院管辖。

起诉时原告应当向人民法院递交起诉状，并按照被告人数提出副本。人民法院经审查，认为符合起诉条件的，应当在 7 日内立案，并通知当事人；认为不符合起诉条件的，应当在 7 日内裁定不予受理；原告对裁定不服的，可以提起上诉。

实务操作指南——民事起诉状示范

原告：周××，女，_____岁，住址：_____，身份证号：_____，联系电话：_____。

被告：刘××，男，_____岁，住址：_____，身份证号：_____，联系电话：_____。

诉讼请求：

1. 要求被告归还向原告所借的人民币壹拾贰万元整（120 000.00 元）。
2. 要求被告支付约定的借款利息。
3. 要求被告承担本次诉讼形成的所有诉讼费用。

事实及理由：

2020 年 1 月 10 日，被告因需要资金，向原告借款 120 000.00 元人民币（大写壹拾贰万元整），并出具借条一张，约定还款日期为 2021 年 1 月 10 日。

还款日期到期后，被告未及时归还借款。为此，原告多次向被告催讨借款，被告以各种理由予以拒绝。事实上，被告有住房 2 套，并有稳定的工资收入，依然不按时支付原告的借款，侵犯了原告的合法权益。

故此，根据《中华人民共和国民事诉讼法》和《民法典》第六百七十五条、第六百七十六条关于借款合同之相关规定，向人民法院提起诉讼，请求支持原告的诉讼请求，维护原告的合法权益，保障债权的实现。

此致

_____人民法院

起诉人：周××

2021 年 9 月 20 日

附：1. 本诉状副本一份
　　2. 借条复印件一份

2）审理前的准备

人民法院应当在立案之日起 5 日内将起诉状副本发送被告，被告在收到之日起 15 日内提出答辩状。被告提出答辩状的，人民法院应当在收到之日起 5 日内将答辩状副本发送原告。被告不提出答辩状的，不影响人民法院审理。

人民法院对决定受理的案件，应当在受理案件通知书和应诉通知书中向当事人告知有关的诉讼权利义务。审判人员确定后，应当在 3 日内告知当事人。

3）开庭审理

开庭审理是指人民法院在当事人和其他诉讼参与人的参加下，依照法定的形式和程序，在法庭上对案件进行全面审理并作出裁判的诉讼活动。人民法院审理民事案件，应当在开庭 3 日前通知当事人和其他诉讼参与人。公开审理的，应当公告当事人姓名、案由和开庭的时间、地点。

（1）宣布开庭

开庭审理前，书记员应当查明当事人和其他诉讼参与人是否到庭，宣布法庭纪律。原告经传票传唤，无正当理由拒不到庭的，或者未经法庭许可中途退庭的，可以按撤诉处理；被告反诉的，可以缺席判决。被告经传票传唤，无正当理由拒不到庭的，或者未经法庭许可中途退庭的，可以缺席判决。开庭审理时，由审判长或者独任审判员核对当事人，宣布案由，宣布审判人员、书记员名单，告知当事人有关的诉讼权利义务，询问当事人是否提出回避申请。

（2）法庭调查

根据《民事诉讼法》的规定，法庭调查依照以下顺序进行：①当事人陈述；②告知证人的权利义务，证人作证，宣读未到庭的证人证言；③出示书证、物证、视听资料和电子数据；④宣读鉴定意见；⑤宣读勘验笔录。

法庭调查阶段，当事人可以提出新的证据。原告有权增加诉讼请求，被告有权提出反诉，第三人提出与本案有关的诉讼请求，人民法院可以合并审理。

（3）法庭辩论

法庭辩论是指当事人及其诉讼代理人就案件事实和适用法律向法庭陈述自己的意见和理由。法庭辩论按照下列顺序进行：原告及其诉讼代理人发言；被告及其诉讼代理人答辩；第三人及其诉讼代理人发言或者答辩；互相辩论。

法庭辩论终结，由审判长或者独任审判员按照原告、被告、第三人的先后顺序征询各方最后意见。

（4）评议和宣判

法庭辩论终结后，当事人不同意调解，或者调解无效的，开庭审理应进入评议宣判阶段。合议庭评议案件，实行少数服从多数的原则。宣判必须公开进行，宣告判决有当庭宣判和定期宣判两种形式。当庭公开宣判的，应在 10 日内向有关人员发送判决书。定期宣判的，宣判完毕即发给当事人判决书。

人民法院适用普通程序审理的案件，应当在立案之日起 6 个月内审结。有特殊情况需要延长的，由本院院长批准，可以延长 6 个月；还需要延长的，报请上级人民法院批准。

2. 第二审程序

第二审程序是指当事人不服地方各级人民法院的第一审裁判，在法定期限内向上一级人民法院提起上诉，上级法院审理上诉案件适用的程序。因此，第二审程序又称为上诉审程序。人民法院审理民事案件，实行两审终审制，故第二审程序也称终审程序。当事人不服一审判决的，上诉期为 15 日；不服第一审裁定的，上诉期为 10 日。

（1）第二审程序的提起与受理

上诉应当递交上诉状。上诉状的内容，应当包括当事人的姓名，法人的名称及其法定代表人的姓名或者其他组织的名称及其主要负责人的姓名；原审人民法院名称、案件的编号和案由；上诉的请求和理由。

上诉状应当通过原审人民法院提出，并按照对方当事人或者代表人的人数提出副本。当事人直接向第二审人民法院上诉的，第二审人民法院应当在 5 日内将上诉状移交原审人民法院。原审人民法院收到上诉状，应当在 5 日内将上诉状副本送达对方当事人，对方当事人在收到之日起 15 日内提出答辩状。人民法院应当在收到答辩状之日起 5 日内将副本送达上诉人。对方当事人不提出答辩状的，不影响人民法院审理。原审人民法院收到上诉状、答辩状，应当在 5 日内连同全部案卷和证据，报送第二审人民法院。第二审人民法院接到原审法院移送的上诉状及其案件材料后，经审查认为上诉符合条件的，应当立案审理。

（2）上诉案件的审理与裁判

第二审人民法院对上诉案件，应当开庭审理。经过阅卷、调查和询问当事人，对没有提出新的事实、证据或者理由，人民法院认为不需要开庭审理的，可以不开庭审理。审理的过程与第一审程序基本相同。

经过审理，第二审法院应根据不同情况，分别作出以下裁判。

① 原判决、裁定认定事实清楚，适用法律正确的，以判决、裁定方式驳回上诉，维持原判决、裁定。

② 原判决、裁定认定事实错误或者适用法律错误的，以判决、裁定方式依法改判、撤销或者变更。

③ 原判决认定基本事实不清的，裁定撤销原判决，发回原审人民法院重审，或者查清事实后改判。

④ 原判决遗漏当事人或者违法缺席判决等严重违反法定程序的，裁定撤销原判决，发回原审人民法院重审。

原审人民法院对发回重审的案件作出判决后，当事人提起上诉的，第二审人民法院不得再次发回重审。

第二审人民法院的判决、裁定，是终审的判决、裁定，当事人不得再行上诉。

人民法院审理对判决的上诉案件，应当在第二审立案之日起 3 个月内审结。有特殊情况需要延长的，由本院院长批准。人民法院审理对裁定的上诉案件，应当在第二审立案之日起 30 日内作出终审裁定，对裁定的上诉案件的审结期限，不能延长。

3. 审判监督程序

审判监督程序也称再审程序,是指人民法院对已经发生效力的判决、裁定及调解书,发现确有错误依法重新审理案件的程序。

(1) 再审程序的提起

各级人民法院院长对本院已经发生法律效力的判决、裁定、调解书,发现确有错误,认为需要再审的,应当提交审判委员会讨论决定。

最高人民法院对地方各级人民法院已经发生法律效力的判决、裁定,上级人民法院对下级人民法院已经发生法律效力的判决、裁定、调解书,发现确有错误的,有权提审或者指令下级人民法院再审。

当事人对已经发生法律效力的判决、裁定,认为有错误的,可以向上一级人民法院申请再审,但不停止判决、裁定的执行。当事人的申请符合下列情形之一的,人民法院应当再审:①有新的证据,足以推翻原判决、裁定的;②原判决、裁定认定的基本事实缺乏证据证明的;③原判决、裁定认定事实的主要证据是伪造的;④原判决、裁定认定事实的主要证据未经质证的;⑤对审理案件需要的证据,当事人因客观原因不能自行收集,书面申请人民法院调查收集,人民法院未调查收集的;⑥原判决、裁定适用法律确有错误的;⑦审判组织的组成不合法或者依法应当回避的审判人员没有回避的;⑧无诉讼行为能力人未经法定代理人代为诉讼或者应当参加诉讼的当事人,因不能归责于本人或者其诉讼代理人的事由,未参加诉讼的;⑨违反法律规定,剥夺当事人辩论权利的;⑩未经传票传唤,缺席判决的;⑪原判决、裁定遗漏或者超出诉讼请求的;⑫据以作出原判决、裁定的法律文书被撤销或者变更的;⑬审判人员在审理该案件时有贪污受贿,徇私舞弊,枉法裁判行为的。

当事人对已经发生法律效力的调解书,提出证据证明调解违反自愿原则或者调解协议的内容违反法律的,可以申请再审。经人民法院审查属实的,应当再审。

当事人申请再审,应当在判决、裁定发生法律效力后六个月内提出;有以下情形之一的,自知道或者应当知道之日起六个月内提出:①有新的证据,足以推翻原判决、裁定的;②原判决、裁定认定事实的主要证据是伪造的;③据以作出原判决、裁定的法律文书被撤销或者变更的;④审判人员审理该案件时有贪污受贿,徇私舞弊,枉法裁判行为的。

最高人民检察院对各级人民法院已经发生法律效力的判决、裁定,上级人民检察院对下级人民法院已经发生法律效力的判决、裁定,发现有上述13种规定情形之一的,应当提出抗诉。

地方各级人民检察院对同级人民法院已经发生法律效力的判决、裁定,发现有上述13种规定情形之一的,应当提请上级人民检察院向同级人民法院提出抗诉。

人民检察院提出抗诉的案件,接受抗诉的人民法院应当自收到抗诉书之日起30日内作出再审的裁定;有上述13种规定中第一项至第五项规定情形之一的,可以交下一级人民法院再审。

（2）再审案件的审判

① 裁定中止原判决的执行。《民事诉讼法》第213条规定：按照审判监督程序决定再审的案件，裁定中止原判决、裁定、调解书的执行，但追索赡养费、扶养费、抚育费、抚恤金、医疗费用、劳动报酬等案件，可以不中止执行。

② 另行组成合议庭。《民事诉讼法》第214条第2款规定，人民法院审理再审案件，应当另行组成合议庭。

③ 分别适用第一审或第二审程序。根据《民事诉讼法》第214条规定，人民法院按照审判监督程序再审的案件，发生法律效力的判决、裁定是由第一审法院作出的，按照第一审程序审理，所作的判决、裁定，当事人可以上诉；发生法律效力的判决、裁定是由第二审法院作出的，按照第二审程序审理，所作的判决、裁定，是发生法律效力的判决、裁定；上级人民法院按照审判监督程序提审的，按照第二审程序审理，所作的判决、裁定是发生法律效力的判决、裁定。

六、执行程序

对于已经发生法律效力的判决书、裁定书、调解书及其他应由人民法院执行的法律文书，当事人必须履行。拒绝履行的，享有权利的一方可向人民法院申请强制执行。

生效的民事判决、裁定、调解书由第一审人民法院强制执行。仲裁裁决书、调解书和公证债权文书由被执行人住所地或被执行财产所在地的人民法院执行。

申请执行的时间是2年。

人民法院可以采取的强制执行措施主要有：冻结、划拨被执行人的银行存款；扣留、提取被执行人应当履行义务部分的收入；查封、扣押、冻结、拍卖、变卖被执行人应当履行义务部分的财产；强制被执行人交付财务或者票证；强制被执行人迁出房屋或退出土地；强制被执行人执行法律文书指定的行为等。

项目训练

■ 概念与知识

1. 基本概念

经济仲裁　仲裁协议　经济诉讼　级别管辖　地域管辖　专属管辖　协议管辖　审判监督程序

2. 选择题

（1）根据《仲裁法》的规定，当事人之间达成的书面仲裁协议，有下列（　　）的，该书面仲裁协议无效。

A. 与人身有关的收养、继承纠纷

B. 无民事行为能力人或限制民事行为能力人订立的仲裁协议

C. 一方采取胁迫手段，迫使对方订立仲裁协议的

D. 由强制性法律规范调整的法律关系的争议
（2）下列各项中，符合我国《仲裁法》规定的有（　　）。
　　A. 仲裁实行自愿原则
　　B. 仲裁一律公开进行
　　C. 仲裁不实行级别管辖和地域管辖
　　D. 当事人不服仲裁裁决可以向人民法院起诉
（3）仲裁与诉讼在原则和制度上均有所不同，下列各项中，表述正确的有（　　）。
　　A. 仲裁必须由双方自愿达成仲裁协议才可进行，而诉讼只要有一方当事人起诉即可进行
　　B. 仲裁实行一裁终局制度，而诉讼则实行两审终审制度
　　C. 仲裁不公开进行，诉讼一般应公开进行
　　D. 仲裁不实行回避制度，诉讼则实行回避制度
（4）当事人可以对下列（　　）组所列全部人员申请回避。
　　A. 仲裁员、书记员、证人、鉴定人
　　B. 书记员、翻译人员、鉴定人、勘验人
　　C. 证人、审判员、书记员、勘验人
　　D. 证人、仲裁员、鉴定人、勘验人
（5）人民法院审理经济案件，审判组织的基本制度是（　　）。
　　A. 公开审判制度　　　　　　　B. 独任制
　　C. 合议制　　　　　　　　　　D. 陪审制

3. 简答题
（1）仲裁的基本制度有哪些？
（2）仲裁协议的内容、仲裁协议的有效条件、仲裁协议的效力有哪些？
（3）仲裁的程序有哪些？
（4）经济纠纷案件的管辖包括哪几种？
（5）经济诉讼的基本制度有哪些？
（6）起诉的条件有哪些？
（7）第一审审判程序包括哪些？

■ 分析与应用

案例 1

某市食品厂和另一市某高级商场签订了一份长期供货合同。最初的一段时间内，食品厂都能够按照合同的约定交付货物。但是后来由于受到外部的冲击，食品厂的效益下滑，同时由于机器设备老化，生产出来的产品的质量下降。因此供给商场的产品多为次品，导致消费者大量投诉，严重影响了该商场的经济效益，给该商场造成的直接经济损失大约15万元。商场多次与食品厂交涉，但是均未能就损害赔偿的具体数额

达成一致意见，后来双方商定，将该合同纠纷提交某市仲裁委员会仲裁，并且签署了仲裁协议。

问题：

（1）如果在签订了仲裁协议后，商场认为该仲裁协议不发生法律效力，双方当事人就此发生争议，此时有关的当事人应当向何机构寻求解决？

（2）如果在仲裁的过程中，仲裁委员会认为双方当事人之间的买卖合同无效，此时仲裁委员会能否根据双方当事人就合同纠纷达成的仲裁协议继续进行仲裁？

（3）如果仲裁委员会作出了仲裁裁决后，食品厂对仲裁裁决不服，是否可以向人民法院提起诉讼？是否可以向人民法院提起上诉？

（4）如果食品厂认为仲裁委员会的仲裁裁决所依据的证据是伪造的，在收到仲裁裁决后，食品厂可以寻求何种救济？

（5）在仲裁委员会进行仲裁时，开庭了，但是没有公开进行。此程序是否正当？为什么？

（6）如果仲裁委员会裁定食品厂赔偿商场 10 万元的损失，但是食品厂没有自行履行该仲裁裁决，商场应当向何机构申请强制执行？

（7）如果商场在向法院申请强制执行后，食品厂向法院提交证据证明仲裁裁决认定事实的主要证据不足，人民法院应当如何处理？如果商场希望再次寻求法律救济，应当申请仲裁还是进行诉讼？

案例 2

杭州市 A 县丁造纸厂排放的废水污染了某县甲、乙、丙 3 个村共有的水库，经济损失达 23 万元。3 个村联合向人民法院起诉要求赔偿。经过人民法院调解，A 县丁造纸厂同意赔偿索赔金额的 50%，甲、乙表示同意，遂与 A 县丁造纸厂达成调解书。调解书送达丙村时，丙村拒收，并声明当天调解他们不在场，甲、乙两村事先未征询他们的意见，因此仍要求按照原诉讼请求赔偿。

问题：

（1）该案应由何地人民法院管辖？

（2）该案是属于哪种类型的诉讼？

（3）丙村在诉讼中的地位为何？与甲村和乙村的关系如何？

（4）甲村、乙村与 A 县丁造纸厂达成的调解协议是否有效？

（5）人民法院应如何处理丙村最后提出的诉讼请求？

实训题

举办一次模拟法庭，撰写经济起诉状、答辩状等法律文书，熟悉经济案件的一审审判程序。

参考文献

[1] 范亚东.经济法概论[M].4版.北京:中国人民大学出版社,2021.
[2] 朱锦清.公司法学[M].北京:清华大学出版社,2019.
[3] 李永军.民法学教程[M].北京:中国政法大学出版社,2021.
[4] 吴汉东.知识产权法[M].北京:法律出版社,2021.
[5] 陈岳松.民事诉讼法教程[M].北京:中国政法大学出版社,2020.
[6] 王玲.法律基础与实务[M].北京:清华大学出版社,2022.